单
望远
镜

冯骥才 著

作家出版社

图书在版编目（CIP）数据

单筒望远镜 / 冯骥才著 . -- 北京 : 作家出版社，
2025. 8. --（冯骥才小说文库）. -- ISBN 978-7-5212-
3652-1

Ⅰ . I247.5

中国国家版本馆 CIP 数据核字第 202598JU76 号

单筒望远镜

作　　者：冯骥才
策划编辑：钱　英
责任编辑：省登宇
装帧设计：TT Studio
出版发行：作家出版社有限公司
社　　址：北京农展馆南里 10 号　　　邮　　编：100125
电话传真：86-10-65067186（发行中心）
　　　　　86-10-65004079（总编室）
E-mail:zuojia @ zuojia.net.cn
http://www.zuojiachubanshe.com
印　　刷：北京博海升彩色印刷有限公司
成品尺寸：145×210
字　　数：250 千
印　　张：10.75
印　　数：001—5000
版　　次：2025 年 8 月第 1 版
印　　次：2025 年 8 月第 1 次印刷
ISBN 978-7-5212-3652-1
定　　价：52.00 元

写作中的冯骥才

摄影：ALEXANDER RUAS（美）

冯骥才

　　1942 年生于天津，祖籍浙江宁波，中国当代作家、画家和文化学者。在中国当代文学史上，冯骥才是新时期崛起的第一批作家，也是"伤痕文学"的代表人物，其作品题材广泛，形式多样，尤以"文化反思"系列小说著称，多次在国内外获奖。已出版各种作品集二百余种，代表作有《啊！》《雕花烟斗》《高女人和她的矮丈夫》《神鞭》《三寸金莲》《珍珠鸟》《一百个人的十年》《俗世奇人》《单筒望远镜》《艺术家们》等。作品被译成英、法、德、意、日、俄、西、阿拉伯等二十余种文字，在海外出版译本六十余种。冯骥才的绘画以中西贯通的技巧与含蓄深远的文学意境见长，因此他又被称为"现代文人画的代表"。自 20 世纪 90 年代初以来，他投身于中国的城市历史文化保护和民间文化抢救，其倡导与主持的中国民间文化遗产抢救工程、传统村落保护等文化行为，对当代人文中国产生了巨大的影响。

◎《单筒望远镜》 2018 人民文学出版社

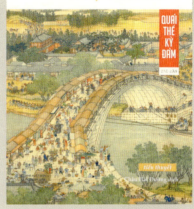

◎《单筒望远镜》越南文版 2020
越南作家协会出版社

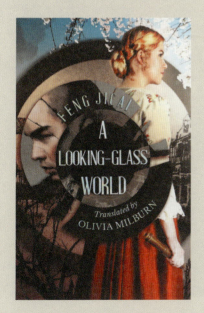

◎《单筒望远镜》英文版 2021
英国查思出版有限公司

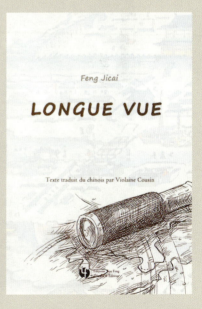

◎《单筒望远镜》法文版 2023
法国友丰书店

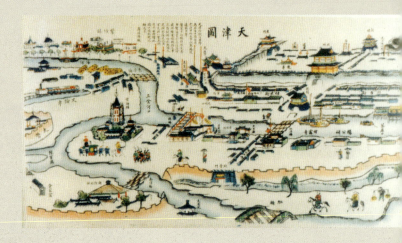

◎ 清代末期木版彩印的《天津图》

◎ 古槐

◎右：清末士人影像

◎左：十九世纪末天津东门内影像

◎天后宫内景

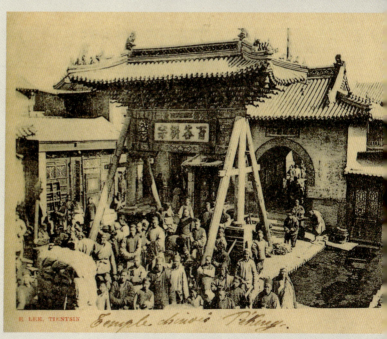

◎ 十九世纪末中国女子影像

◎ 清末城中一户人家的合影照

Wilhelm-Strasse

◎ 上：十九世纪末往来于天津老城与紫竹林租界之间的轿车（版画）
◎ 下：十九世纪末天津紫竹林租界

◎ 上：单筒望远镜
◎ 下：清末光绪年间天津人描绘紫竹林法租界的版画《法界马路》

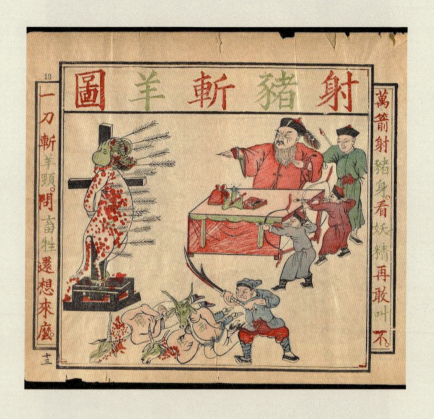

◎《谨遵圣谕辟邪全图》1891年出版于汉口。广泛流传于湖南，后延传于北方

◎ 上：西方油画中描绘的女子形象

◎ 右上：十九世纪末西方人在中国的生活

◎ 右下：戈登堂建于 1890 年，英租界最大建筑。以英国军官查理·乔治·戈登命名。1862 年戈登为英法联军指挥官来过天津。戈登堂在庚子事件中，联军总指挥部设在这里

◎ 义和团民在练习拳法

◎ 清末大户人家生活景象

◎ 清末城中士人生活景象

◎ 大批团民由山东和河北涌入天津

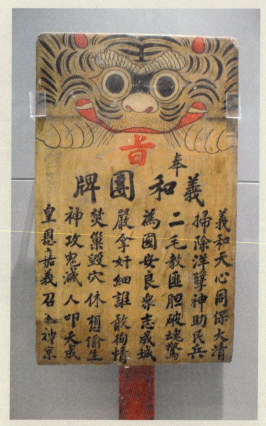

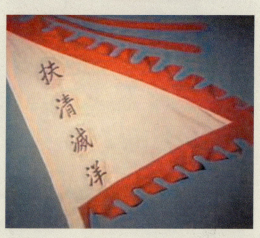

◎ 下：义和团团旗
◎ 上：义和团团牌

奉

义和团牌

义和天心同保大清

扫除洋孽神助民兵

二毛教匪胆破魂惊

为国安良众志成城

严拿奸细谁敢徇情

焚巢毁穴休想偷生

神攻鬼灭人叩天威

皇恩嘉义召入神京

扶清灭洋

◎ 上：义和团极盛时期，一些官兵也加入了义和团

◎ 下：1900 年法国领事馆内的合影

◎下：俄国士兵到达租界

◎上：大清邮局建于 1878 年，坐落于天津法租界大法国路和圣路易路交口处。中国近代邮政发祥地

◎ 上：掌管军需的团民

◎ 下：团民习武时的合影照

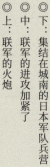
◎下：集结在城南的日本军队兵营
◎中：联军的进攻加紧了
◎上：联军的火炮

◎ 上：联军利用一些废墟作为掩体，向中国军队与义和团打炮

◎ 下：刘十九的快枪队

◎ 上：发生在租界中的巷战

◎ 下：联军中的美国士兵

◎ 上：1900 年 7 月 14 日联军攻破天津城

◎ 下：被捕的团民

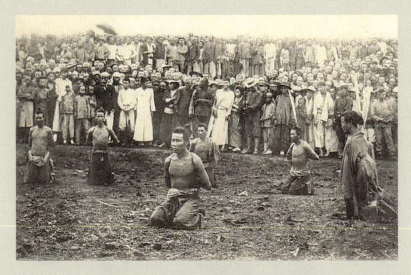

◎ 对团民行刑的场面

◎ 左：遭到屠城的天津老城厢
◎ 右：火炮阵地上一名联军的指挥官

◎ 上：长筒手枪

◎ 下：1901 年八国联军（法国）参战纪念章

◎ 上：《神灯》1981 人民文学出版社
◎ 下：义和团红灯照揭帖 1900 石印

冯骥才 著

神燈

前传

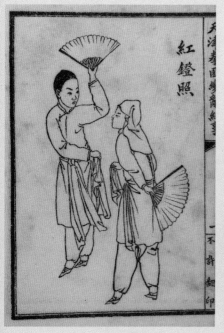

◎ 左：刘孟扬《天津拳匪变乱纪事》红灯照白描绣像 1901 石印
◎ 右：红灯照 1900 大英博物馆藏

◎ 下：黄莲圣母和九仙姑 1900 年联军攻陷天津被捕时的照片

◎ 上：黄莲圣母 彩墨绣像 2021 冯骥才作

紅燈照

黃蓮聖母　九仙姑

庚子六月間紅燈照匪黃蓮聖母偕三仙姑九仙姑到津船泊侯家後河沿直督裕祿躬服跪迎於河岸司道等官參拜於老君堂彼時有人見黃蓮聖母坐於佛堂內垂盫所拜人有匪命舉城於衙署水脫衣死三乃兩後彼無有獻媚中堂此入九黃仙牽仙誣一不津妖人聽之凡低神於撮蓄妖姑投得進婦城去偕破於匪水脫去佛蓮妖婦坐於影破衡婦破及死三乃兩後彼無有獻媚坐於也是後此入九黃仙牽仙誣一不津妖人聽之凡低神於編所像都仙蓮姑不姑妖人聽之凡低著者誌

上卷敘黃蓮聖母處將九仙姑漏去下卷敘黃蓮聖母及九仙姑誤作三仙姑其三仙姑投水一節亦漏去附此補正

我的小说库

（自序）

作家出版社要帮助我以出版方式建立起我的小说库。这想法我不曾有过。

从字面上解，库是存放或收藏东西之处。"我的小说库"应是专放我的小说的地方。可是我的小说都在哪里呢？还不清楚。

和多数作家一样，每写完一篇小说，发表或出版后，便不会再去顾及。写作时与小说的情节、人物、细节、语言死死纠缠，以至"语不惊人死不休"。待写完发表后，便与小说的一切再无瓜葛，很少去翻看，有的甚至一眼也没再看过。为什么？作家竟如此无情吗？当然不是，是因为作家把自己的全部心灵、精神与创造力，都放在下一部小说里了。

作家的工作就是不断拿出对生活的新发现、对文学的新理解，创造出具有新的审美价值与思想深度的作品来。作家永远属于将要写作或正在写作的作品。这样，一路写下来，一边把一篇篇小说交给读者，一边随手放在身边什么地方。丰子恺说放在身边一个篮子里。我没有篮子，我随手乱放。

断断续续写了四十多年小说，究竟写了多少，都是哪些小说，我不大清楚了，以致今天整理我的小说库时，充满了好奇——我怎么写过这篇小说？那篇小说又写了什么？时隔久了，记不清楚，这很自然，就像分别太久的老朋友们。

但谁还需要这些在岁月里长了胡子的小说？

前些天法国一位艺术家把我一个短篇改编成话剧，要在戏剧节上演。据说她很喜欢这个叫人发笑、自谑性、黑色幽默的故事。这小说名叫《我这个笨蛋》，是我1979年写的小说。细节大多记不得了，只记得这小说充满了批判性的调侃和那时代的勇气。还有一次，我收到一位意大利读者寄来的一支名贵的石楠木刻花的烟斗。他是看过《雕花烟斗》后受了感动寄给我的。《雕花烟斗》是我的第一个短篇，写于上世纪七十年代末。

我很奇怪，这些早期的小说还有人会读吗？读者没有把它当作陈谷子烂芝麻吗？其实对于读者来说，没读过的书永远是新的。或者说，书不分新旧，只是有没有阅读价值。有的小说会过时，有的小说可以跨时空。好小说是不长胡子的。

由于这次对"小说库"做整理，我才知道几十年里我写了一百多部长长短短的小说。现在，当我触摸它们时，我仿佛碰到了一个个阔别已久的朋友，感到一种老友重逢的欢悦，我很快拥抱起它们！我闻到了它们曾经的动人的气息，看见了它们昔日的光影与表情，甚至感受到那些过往生活特有的一切。尽管昔日里年轻、单纯还幼稚，但是我被自己昨日的真诚与情感打动了。我从中发现我曾经苦苦的追求、曲折的探索、种种思考，以及得与失，它们原来全在我的小说库里。

只有我离开过它们，它们从来没有离开过我。

在写作中，小说是其中一种；但小说不同于其他写作，它是一种特殊的写作，是虚构的、无中生有的、想象的、创造的。它通过现实主义的写作，对社会现实做出一己的判断；采用浪漫主义的写作，张扬生活情感与想象；凭借荒诞主义写作，强烈地表达生活与人性中的假恶丑与愚昧。一个作家不会只用一种手法写作。何况我生活和写作的城市又是一座"天下无二"的"双城"：一半本土，一半洋化。我是吃着两种食品——煎饼果子和黄油面包长大的。我在两种文化的融合又撞击中生存，我不同于任何人。因之，我的小说世界错综复杂，我的探索之路辗转迂回；尽管小说是纯虚构的，但它或隐或显地折射出我身处的时代的变迁、特异的地域和我人生与精神多磨的历程。

本小说库凡八卷，长篇两卷中篇三卷短篇三卷。虽非全集，略做取舍，但它是我迄今为止小说作品最为齐全的版本。其本意为二：一是为读者提供我小说作品的全貌；二是为自己漫长的小说人生留下一份见证。

为了这个小说库，我的工作室同仁和作家出版社编辑们对我散布各处的小说广为搜集，严格整理，勘误改正，悉心尽力；此事此意，有感于心，在此一并深表谢意。

是为序。

目录

单筒望远镜

神灯

单筒
望远镜

1900

庚 子

大清光绪二十六年

正如男人眼中的女人，不是女人眼中的女人；女人眼中的男人，也不是男人眼中的男人。

中国人眼中的西方人，不是西方人眼中的西方人；西方人眼中的中国人，也不是中国人眼中的中国人。

为此，中西之间相互的认知就必不可少。

可是，在中西最初接触之时，彼此文化的陌生、误读、猜疑、隔阂乃至冲突都势所难免；而在殖民时代，曾恶性地夸张了它，甚至将其化为悲剧。历史存在的意义是不断把它拿来重新洞悉一番，从中获得一点未来所需的文明的启示。

当代人写历史小说，无非是先还原为一个历史躯壳，再装进昔时真实的血肉、现在的视角，以及写作人的灵魂。

上篇

这房子一百多年前还有，一百年前就没了；也就是说，现今世上的人谁也没见过这房子。

在那个时代的天津，没见过这房子就是没眼福，就像没听过刘赶三的《十八扯》就是没耳福，没吃过八大家卞家的炸鱼皮就是没口福，但是比起来，这个眼福还要重要。

据说这房子还在的时候，有个洋人站在房子前边看它看呆了，举着照相匣子"咔嗒"拍过一张照片，还有人见过这张照片，一看能吓一跳。房子并不稀奇，一座不大不小的四合套，三进院落，但稀奇的是从第二进的院子里冒出一棵奇大无比的老槐树，浓郁又密实的树冠好比一把撑开的巨伞，不单把中间这进院子——还把前后两进连屋子带院子统统罩在下边。想一想住在这房子里会是怎么一种生活？反正有这巨树护着，大雨浇不着，大风吹不着，大太阳晒不着，冬暖夏凉，无忧无患，安稳踏实。天津城里的大家宅院每到炎夏酷暑，都会用杉木杆子和苇席搭起一座高高大大的棚子把院子罩起来，好遮挡烈日。这家人却用不着。大槐树就是天然的罩棚——更别提它开花的时候有多美妙！

年年五月，满树花开。每当这时候，在北城里那一大片清一色的灰砖房子中间，它就像一个奇特的大花盆，很远的地方就能看到。刮风的时候，很远的地方还能闻见槐花特有的那种香味儿。若是刮东南风时，这花香就和西北城角城隍庙烧香的味儿混在一起；若是刮西北风时，这花香又扰在中营对面白衣庵烧香的气味里。一天里，槐香最重的时候都在一早一晚，这又是早晚城门开启和关闭的时候；城门的开与关要听鼓楼敲钟，于是这槐香就与鼓楼上敲出的悠长的钟声融为一体。

到底是这花香里有钟声，还是钟声里有着花香？

那么，住在这香喷喷大树底下的一家人呢？他们在这香气里边喘气会有多美，睡觉会更香！北城的人都说，这家人打这房子里出来，身上全都带着槐花的味儿。逢到了落花时节，更是一番风景，屋顶地下，白花花一层，如同落雪。今天扫去，明天又一层。这家女人在院里站一会儿，黑黑的头发上准会落上几朵带点青色和黄色的槐花，好像戴上去的一般；而且在这个时节里，城中几家老药铺都会拿着麻袋来收槐花呢。人们若是到这几家药铺买槐花，伙计都会笑嘻嘻说："这可是府署街欧阳家的槐花呀！"

欧阳家从来不缺槐花用，这是欧阳老爷最得意的事。每到落花时节，他最喜欢把一个空茶碗，敞开盖儿，放在当院的石桌上，碗里边只斟上热白开水，别的什么也不放，稍过会儿，便会有些槐花不声不响地飘落碗中，热水一泡，一点点伸开瓣儿，一碗清香沁人的槐花茶便随时可以端起来喝……

神奇又平凡，平凡又神奇。

真有这么一座房子吗？可是后来它怎么就没了？那家人跑哪儿去了？那棵铺天盖地的老槐树呢？谁又能把这么一棵巨树挪走？不是说洋人给这房子拍过一张照片吗？现在哪儿呢？恐怕连看过照片

的人也都打听不到了吧。

可是，为什么偏要去看那张照片呢？照片不过是一张留下人影的画片而已，能留下多少岁月和历史？要知道得翔实、真切，还得要靠下边的文字吧。

说来说去，最说不清的还是这座奇异的老房子的岁数。前边说"一百多年前还有"，那它就远不止一百多年了。

有人说早在前朝大明时候就有了，也有人说是清初时一个盐商盖起来的。历史的来头总是没人能说清。反正那个盐商后来也搬走了，这房子几经转手、易主，又几次翻修，很难再找到明代的物件了。只有大门口虎座门楼底座上那两个石雕的虎头，开脸大气，带着大明气象。

历来房子都由着房主的性情，谁当了房主谁折腾，就像皇上手里的社稷江山；只有院子里那棵老槐树原封没动，想动也动不了，一动就死了。光绪年间，一个明白人说，自古以来都是先盖房子后种树，不会先种树后盖房子；只要知道这大槐树多大年纪，就知道房子有多少岁数了。于是一个懂树的人站了出来说，这老槐树至少三百年。这一来，房子就有了年份，应该是大明的万历年间。不过这只是说它始建于万历年间。如果看门楼和影壁上的刻画，全都是后来翻修时添枝加叶"捯饬"上去的了。特别是道光前后，这里还住过一位倒卖海货、发了横财的房主，心气高得冲天，恨不得叫这房子穿金戴银，照瞎人眼。他本想把这房子门楼拆了重建，往上加高六尺，屋里屋外的地面全换新石板。幸亏他老婆嫌这老槐树上的鸟多，总有黏糊糊的鸟屎掉在身上，便改了主意，在河北粮店后街买了挺大一块空地，盖了新房，搬走了。这要算老房子的命好，没给糟蹋了。

当这房子到了从浙江慈溪来开纸店的欧阳老爷的手里，就此转了运。欧阳老爷没有乱动手脚。他相中了这房子，就是看上日久年长的老屋特有的厚实、深在、沉静、讲究，磨砖对缝的老墙，铺地锦的窗牖，特别是这古槐的奇观。别看欧阳是个商人，浙江的商人多是书香门第。世人说的江南主要指两个省而言，一是江苏，一是浙江，都讲究诗书继世。不同的是，江苏人嗜好笔墨丹青，到处是诗人画家；浙江人却非官即商；念书人的出路，一半做官，一半经商。单是他那个慈溪镇上历朝历代就出了五百个进士。有了这层缘故，浙江人的官多是文官，商是儒商。别看他们在外边赚的是金子银子，家里边却不缺书香墨香。虽说欧阳老爷没有翻新老屋，却把房子上那些花样太俗气的砖刻木雕全换了，撤去那些钱串子聚宝盆，换上来渔樵耕读、琴棋书画、梅兰竹菊或是八仙人。他只把后来一些房主世俗气的胡改乱造除掉，留下来的都是老屋原本的敦厚与沉静。他心里明白，明代的雍容大气，清代绝对没有了；多留一点老东西就多一点底气。

他是一家之主，本该住在最里边的一进院，但后边两进院给老槐树遮得很少阳光。老爷好养花。他就住在头一进。这里一早一晚，太阳斜入，有一些花儿们欢喜的光照呢。

头一进院，正房一明两暗，中间的厅原本是待客用的，顶子高，门窗长，宽绰舒服。一天，欧阳老爷坐在厅堂里，看到院里树影满地，好似水墨点染，十分好看。

在古今诗文中，他最迷的就是苏轼。自然就想起苏轼《三槐堂铭》中那句"槐荫满堂"，十分契合他这院子，便烦人请津门名家赵元礼给他写了一块匾"槐荫堂"，又花大价钱请来城中出名的木雕高手朱星联，把这几个字刻在一块硬木板上，大漆做底，字面贴金，挂到堂屋迎面的大墙正中，一时感到富贵优雅，元气沛然。由此来了兴致，再在这进房子的门外添了一座精致的垂花门楼，木工是从老家慈溪那边千里迢迢请来的，纯用甬作，不用彩漆，只要木头本色，素雅文静，此中还有一点怀旧的心思吧。

他在老家时就殁了妻子，北上天津后，这里的女人不合他的性情，一直没有再续。如今两个儿子都大了，有了家室，大儿子单字尊，小儿子单字觉。欧阳觉住在最后一进，这巨大的老槐树北边枝叶最密，特别是到了夏天，很少阳光。他娶妻之前，每日午睡醒来，还有一块书本大小的阳光从树间一个缝隙照下来，穿窗而入，热乎乎地照在嘴巴上，很稀罕也很舒服，有时叫他舍不得爬起身来，怕一起来就丢掉了这块阳光。可是自打他娶到妻子庄氏进来之后，树上那个透光地方的叶子忽然长死了，空隙没了，屋里再没有一点阳光，暗暗生出一股湿湿的阴气来。他那时年轻，阳气足，百邪不侵，并没觉察，更不知道这里边暗藏着什么玄机。

欧阳家在这房子里至少住了二十年，最叫欧阳老爷得意的是，这大槐树枝繁叶茂，树干粗大，不单无洞，也没有一个疤结与树瘤，而且从没生过虫子。天津是退海之地，水咸土碱，不生松柏，只长槐柳，河边是柳，陆地是槐。老城已经五百年，城中的老树多在北城，都说与北城外的南运河的水好有关。可是不知为什么到了清代中期以后，这些老树却无缘无故地乏力了，没劲儿了，不行了。除去金家的一亩园里那棵细长的老洋槐是一天夜里给雷劈死的，如今只像一棵黑乎乎的大杆子立在那儿；别的老树虽然没得什么病，却无缘无故地先后一棵棵干了、黄了、枯了、死了，好像人岁数太大最后老死了。每死一棵老树，就叫住在树周围一带的人心疼一阵子；心疼也没用，谁能叫死树活过来？为什么清代中期以后，整个老城都好像喘不上气？有人说，自从咸丰十年，洋鬼子打了进来，天津就走上了背字。人家洋鬼子直到现在还没走，反倒在紫竹林那边开租界，大兴土木，并且像摊煎饼那样愈摊愈大。

可是也有人说，为什么欧阳家的老槐偏偏依然故我，黑绿黑绿，一枝独秀地立在那里，年年照样开花，散香万家，严严实实地庇着那座老房老院。他家纸店的生意也一直兴旺来钱呢。

可是好事不会总不到头。到了光绪二十五年初夏，槐花开过，出了异象。从来不生虫子的老槐树，竟然生出"吊死鬼"来。一根根长长的细丝亮闪闪从树上垂下来，每根丝吊着一个又软又凉、扭来扭去的浅绿色的肉虫子。欧阳家头一次见到这种叫人发瘆的虫子，没等他们想出办法来治却已成了灾。这成百上千吊死鬼好似由天而降，落得满房满地，有的在地上僵死不动，有的爬，有的不停地打着滚儿；走过院子时动不动就会叫树上垂下来的长长的虫丝挂在身上，粘在脸上，踩得大家脚下和地上全是又黏又湿的死虫子。一天，一个吊死鬼掉进大儿媳韦氏的脖颈上，落进衣背，韦氏本来就一惊一乍，这便大叫大喊，像见了鬼。叫女佣姜妈从腰间伸进手去，掏了半天才掏出来，扔在地上踩死。这些天，全家都忙着用各种家伙清除这些可憎又可怕的虫子，再用水把所有地面、石桌、石凳、栏杆、井台，以及所有鞋底，全刷洗干净，前后足足闹腾了一个多月，刚刚过去，才静了下来，忽然一群大黑乌鸦来到这树上。

向来，城里有乌鸦，可是不常看见，也不多，不过零零散散三只两只。这一来却二三十只一大群，像一群婆娘吱吱呀呀吵个不停。这些乌鸦又黑又大，先前从没见过这么大的乌鸦，个子像猫，叫声像喊。原先以为闹几天就走了，可是它们并没有走的意思，每天黄昏一准飞来聚到树上，而且越来越多。它们一来，别的鸟儿都不见了，大概全吓跑了。很快到了秋天，树叶开始掉了，繁密的树枝间一片片黑压压，全是鸦影。叶子掉得愈多，就看得愈清楚。有人说它们在城外西头的开洼里专吃饿殍，所以个个肥壮。黄昏时候飞进城来，聚在欧阳家头上这棵大槐树上过夜。有人站在北城墙上看见过它们在晚霞里成群结队飞进城来一边盘旋一边聒噪一边行进的鸦阵，气势真有点凶。这些在野外食腐的家伙为什么偏偏要聚到这儿过夜呢？难道它们要来生事不成？欧阳老爷觉得诧异，隐隐觉得有点不祥。

一天欧阳老爷举头忽然看到树顶的大树杈上出现一个很大的鸦巢，居然比一个衣箱还大，这可不好，它们要在这儿安家了。如果这些丧气的家伙在头顶上安家，这房子的风水可就全要给破了。他忙叫老仆钱忠用竿子去捅，鸦巢太高，一丈多长的大竹竿一连接绑了三根还是够不到，钱忠就搬来梯子，登梯子上树。钱忠年纪大了，腿脚不灵，一脚踩空掉下来，把骨头摔了，疼得满头冒汗。欧阳忙着叫人请来城中正骨的名医王十二。王十二伸手一摸，麻烦大了，胯骨轴摔断了。年过花甲的人就怕胯骨轴断了，断了接不上，十有九残。

　　这老钱忠是欧阳老爷二十年前从老家带来的。不单使唤起来得心应手，粗细活、内外事都能干，还能烧一手上好的宁波菜。宁波人嘴刁，吃不惯天津人大鱼大肉的粗食。天津人吃东西像虎，狼吞虎咽；宁波人吃东西像鸟，一边吃一边挑。如今钱忠这一摔，就像折一条胳膊。欧阳老爷叫纸店里的伙计把钱忠送回慈溪老家养伤，托人再找来一个男仆。这人四十多岁，叫张义，光脑门一条辫子，大手大脚，身子很结实，地道的天津本地人。欧阳老爷对这个张义还算满意。人热情，实诚，义气，做事不惜力气，只是细活交给他一干就哪儿也不是哪儿了，没法和钱忠比。可是，只能事比事，不能人比人，做饭一类的事只好加到了姜妈身上，姜妈虽然也是天津人，但人稳心细，在欧阳家干了多年，从钱忠那里懂得了宁波人一半的生活的门道。人手这样一拆兑，生活的窟窿暂且堵上。

　　事情还不算完。过年那天夜里，张义告诉欧阳老爷，依照天津这里的俗例儿，应该大放鞭炮，崩一崩这一年接连不断的晦气，于是买来许多炮仗，谁想到焰火竟然把大树引着了。起火那一阵子，大火烧天，照亮夜空，真觉得这个家要遭灾了。多亏不远处有一家名叫致远的水会传锣告急，人来得快，又肯卖力，四台水机子的黄铜龙头一齐朝天吐水，救得急，灭得快，大火没引着房子，却把大树烧去了挺大一块。这大树原先枝丰叶满，现在缺掉了那块露着一块天，而且正是老爷坐在屋里看得见的地方。空空的一片，怎么看都不舒服，好像一扇窗子没了，大敞四开。欧阳老爷苦笑着说："气是不是有点散了。"家里的人宽慰老爷说，春天长出新枝新叶之后，慢慢会好一些。

可是转年初春，大槐树已经不是什么大事了，整个天津城都不对劲了。城里的大街上多了一些模样像外地来的人。这些人都像是庄稼汉，装束有些特别。有的人腰上扎着一条红的黄的带颜色的褡膊，有的头上裹一条巾。既不像道士，也不像兵弁，这些人打哪儿来的，干什么来的？一天，一个黑大胖子从东门进来，就一直走在街中央，迎面来车，他也不让，车子全给他让道，好像他是府县老爷。他长着一张柿子脸，肌沉肉重，一只独眼儿，眼神挺横，头上也裹着一条黄巾，正中用红线绣着的八卦中的坎字符。他经过弥勒庵对面的道署衙门时，顺手从身边的切糕摊上抓一把黏糊糊的糯米糕，走到道署前，往门旁的大墙上一抹，再啪的把一张黄表纸贴在上边，纸上乱七八糟涂抹着一团，有画有字，墨笔写朱笔画；人们上去看，上边只有两行字还能认得："北六洞中铁布衫，止住风火不能来。铁马神骑，八卦来急。"别的是图是符就谁也看不明白了。回头再找那黑大胖子，竟然莫名其妙地不见了。欧阳老爷在家里听到了，不觉联想起半年多来自己家遭遇的邪乎事，感到有些不妙，心里莫名地扑腾腾打起小鼓来。于是，天天在家里的佛龛前都要多磕几个头，暗暗祈求天下太平。

二

今儿一早，二少爷欧阳觉从老槐树下边他那个家出来时兴致勃勃，并没有什么具体的事让他兴致勃勃，只是年轻人都是这样兴致勃勃。

好似春意在春天的树上鼓荡。老槐树满树苍老发黑的枝丫上才刚钻出嫩芽。这些嫩芽看上去更像一颗颗小小的豆豆，嫩绿、膨胀、繁密、生意盈盈。

他身穿青色的长袍，外边套一件绲着绒边的小马褂，头扣一顶乌黑亮缎瓜皮帽，光洁脸儿，朱唇皓齿，眸子发亮，系在腰上的琉璃寿星都是有年份、讲究的器物……这一身自然是城中富贵人家少爷的打扮。他从北城走出来，先在鼓楼金声园买了三块什锦馅的关东糖，边走边一块一块掰开放进嘴里，咯吱咯吱有滋有味地嚼着，甩着两条胳膊顺着东门里大街直朝前走，出东门时，三块糖都咽进肚里，嘴空了，城门内外虽有不少卖酸甜小吃的摊儿，他绝不会去买，他不吃那些烂东西。

天津卫的城里城外向例是两个天地。富有人家多半住在城里，府县衙门大半也设在城里；游民、光棍、指身为业的穷人们大都活在城外。单从衣装打扮就分得清清楚楚，城里人多是袍子马褂长衣衫，城外人都是裤子褂子短打扮。这里边的道理很清楚——短打扮好干活吧。

天津这城真的太老了，包在土夯城墙外边的灰砖，不少已经脱落下来。历来改朝换代，总要修城，把缺掉的砖补上去。可是近几十年官府缺钱，就像穷人补不起牙，只好缺着口儿。这样的城墙便透出了穷气，看上去狼牙狗啃，砖缝里冒出乱草，一些缺砖的地方还长出小树来，一棵榆木杈上都有野鸟筑巢了；自从咸丰年洋人攻破了城，天晚之时常会忘了关城门；护城河的水变黑变黏变稠，臭得难闻。可是瓮城里还是聚着不少闲人和苦力，或是没有活干，或是等着有人找去干活。

这种地方向来人杂，混混也多，不肃静，他这样有头有脸和一身讲究的穿戴，容易招来麻烦，这便快步走下去，穿过浮桥，从磨盘街往西一拐进了宫南大街。没走几步，远远就能看见他家纸店惹眼的招牌。他家在天津有两个铺面挺大的南纸店，店号都是裕光，一个在北城外的估衣街上，一个就在宫南，紧挨着那家出名的卖绒花的老店玉丰泰。斜对面便是天津卫的第一神庙娘娘宫了。

裕光纸店的掌柜是欧阳老爷。他五十多，岁数不算大，身子还硬朗，可是两年前走出来时，街面是新铺的石板，雨后湿滑，一脚没踩实，仰面朝天摔了一跤，所幸骨头没事，但那一跤摔得够狠，好像把他摔散了，他说自己就像一个算盘散了架子。自此，买了一杆上好的紫竹手杖助步，纸店便交给了大少爷欧阳尊来操持。

大少爷比欧阳觉长七岁。哥俩的性情全然不同。大少爷天生有浙江商人的精明，年纪轻轻却成熟老到，人挺强练，钱抓得紧，事盯得死。只是在家有点怕婆，在外边却不会吃半点亏。和大少爷一比，二少爷欧阳觉地地道道是一个书生了，整天和诗文书画扰在一起，这在一个商人家庭里就是不务正业。天津是个跑买卖的码头，笔墨是用来记账的，看不上二少爷这种舞文弄墨、使用不上的人。外边都说欧阳家两个少爷，一个是赚钱的，一个是花钱的。还好，这哥俩不嫖不赌，没什么邪门歪道，而且相互和气，不争不斗；弟弟聪慧却没心眼，凡事都听信哥哥，打心里敬着哥哥，哥哥遇事必护着弟弟，哥俩对父亲也都很依顺。如此一家，在满是嘴的老城里边从来没有招来什么闲言秽语，还叫人敬着，欧阳老爷很是称心如意。

那时候，在天津干纸店没人能越过欧阳一家，他家的纸不单各类各样一应俱全，还都是直接从源头进货。宣纸来自泾县，皮纸来自温州，竹纸来自湘中，元书纸一定是富阳的。那时候天津人糊窗户好用有韧劲的"簾子纹"高丽纸，也全从朝鲜直接运来的。至于各类新鲜好用的洋纸，都是大少爷跟租界那边挂钩，由海外用船拉到天津。天津有海港，得天独厚通着海外。这使得北平、保定、济南等地方纸店纸局的洋纸，也都从裕光批发过去。裕光的能耐谁有？大少爷的心眼活，手段多。只要与纸说得上话，能够赚钱，一概来者不拒。不论是念书人喜欢用的文美斋木版刷印的笺纸，还是女人家绣花离不开的伊德元的剪纸样子，连赵三赵四画的雅俗共赏的山水折扇，全都代销。这便引得店里边天天人来人往。

大少爷说，做买卖的就怕店里空着。愈空愈没人进来，愈挤愈往里边挤。

聪明的买卖人都有自己的生意经。

今天，欧阳觉一进店门，还没看见大少爷，就禁不住叫道："大哥，你给我留的那套'二十四番花信风'呢？"他说的是文美斋刚刚印出来的五彩笺纸，全是张和庵画的折枝花卉，精美至极，比荣宝斋只好不差，一时卖得很抢手。

他用眼睛找大少爷。只见屋子左边那头柜台前站着几个人，听他这一叫，都扭过头来。他一怔，那几个人中间一张奇花异卉般女人的脸儿正对着他——是个洋女人！

他从没见过这样一张脸：完全像是一朵泛着红晕的雪白又娇艳的荷花，蓝宝石般的一双眼睛晶亮发光，从宽檐的软帽中喷涌出来的鬈发好似金色的波浪，蓬松的衣裙有如形态不确定的云……他分明与她离得还远，却不知道自己怎么已经站在这洋女人的面前，也不知道他面对着的是一个绝顶的美人，还是一种从未见过的奇观。他竟然蒙了。

他听到大哥的声音："二弟，我给你介绍。这位是从租界来帮咱家进洋纸的马老板，噢，对了，你们见过——认得。这位是莎娜小姐，不久前从法兰西来到咱们天津租界，今儿马老板陪她来这边逛逛。"

欧阳觉还是有点蒙，不知怎么应酬，一张嘴竟然说出："别客气，别客气。"这两句完全不着边际的话，弄得大家莫名其妙。洋女人听不懂，看着通洋语的马老板，似乎请他翻译。马老板也不知该如何翻译。

欧阳觉发觉自己刚刚说了昏话，他不知自己为什么会说出这样的昏话，脸颊登时发热，不知下边该说什么。

马老板是个机灵的生意人，会说话，马上把眼前的尴尬撤开，他笑嘻嘻说："正要问大少爷，怎么没见二少爷呢，您就来了。"跟着说："这位莎娜小姐不单头次来天津，也是头次来中国。她一进这宫南大街就喜欢得了不得，一会儿还想再陪她去娘娘宫里头转转，她必定会更喜欢。"然后就教给欧阳觉和莎娜怎么相互称呼对方的名字。

欧阳觉只一次就把"莎娜"两个字说清楚了，但是莎娜怎么也说不好"欧阳觉"三个字。她笨嘴拙舌，音咬不清，而且愈说愈费劲。

大少爷欧阳尊在一旁笑呵呵说道："这'欧阳觉'，我怎么听着像'熬羊脚'呢？"一句话惹起大笑。

莎娜见大家笑却不明白什么意思，马老板把"熬羊脚"三个汉字的含意翻译给她，她也大笑，直笑得前仰后合，还一只手指着欧阳觉叫道："熬羊脚！"

这一来，欧阳觉也笑起来。刚刚拘束的感觉立刻没了，似乎这就熟识了。很快活地熟识了。

欧阳觉心里却奇怪，和洋女人熟识怎么这么容易。她怎么不像中国女人那样会害羞呢？

再说了几句，大少爷便对马老板说："娘娘宫就在斜对面。我兄弟熟，叫他领莎娜小姐去逛逛吧。"

大少爷这句话是想把他们几个与生意无关的人支走。可莎娜明白了这话，特别高兴。她似乎对这个长得白净和清秀的"熬羊脚"抱有好感。

这个主意也使欧阳觉心里高兴。他带着他们走出纸店。

欧阳觉除去自己的妻子从来没陪过别的女人逛街逛庙，更没陪过洋女人。那时候洋人是稀罕的，一个洋人就是一道西洋景。今天他也成这西洋景的一部分。走在街上，谁见谁看；而且那时的天津人还有点怕洋人，见到洋人便会闪开，最多是在远处张望或在背后指指点点。这洋女人完全不管别人怎么看，随着性情玩玩乐乐，表达着自己。只是她说的话，欧阳觉完全不懂。宫前大街是天津最古老的一条街，谁不知道"没有天津城，先有娘娘宫"这句话？所有好吃好用好玩的都在这条街上。这就叫莎娜那双蓝眼睛不够用，连街上人们的穿装打扮，手里的东西，吃的零食，她全都好奇。尤其是女人的小脚。富家女人的小脚给衣裙盖着看不见，穷家女子短衣长裤、打着裹腿，两个粽子大小的小脚露在外边，一走三扭，这就叫不裹脚的洋女人看得两眼冒出惊愕的光；还指着中国女人的小脚又说又问，弄得街上的女人躲开她走。

莎娜总有问题问马老板，或者通过马老板问他。不知道为什么他已经解释得很清楚，莎娜还是不明白。有时他会直接对她再多说两句，莎娜却摇着头笑了，耸耸肩——因为他说的是她听不懂的中国话。她这一笑真像花开了一样。

最叫莎娜兴高采烈的还是娘娘宫的大殿。神坛上那些神头鬼脸，个个都有来头，都法力通天，莎娜听得将信将疑。尤其眼光娘娘的神像周身画满了眼睛，叫莎娜惊讶地叫了起来。他通过马老板告诉莎娜，这个女神能消除人们的眼疾。她通过马老板告诉欧阳觉西方也有一个神，眼睛长在手心上，这只眼能够看到未来。但欧阳觉不明白"看到未来"有什么用。

可是，莎娜也不理解这位眼光娘娘，究竟怎么能够帮助人驱除眼疾。她表达出自己对这女神的感受："她满身的眼睛是不是表明她能够看见一切——过去、现在、将来？"

他们的话怎么也说不到一起。此刻，他们肯定都在怀疑马老板翻译的能力很差。

欧阳觉一个主意再好不过，他带领莎娜，从一条又窄又陡的楼梯，爬上娘娘庙东北角的张仙阁。由于保佑婴孩的张仙爷深受本地女人的崇信，使得这个小小的过街的阁楼里每天都挤得满满腾腾。欧阳觉领莎娜到这里来，并不是为了看这些拉弓射天狗的神仙像，而是从阁楼上的窗口可以俯瞰大庙全景、庙前广场、戏楼，和整整一条宫南大街上熙熙攘攘的人流。再向远望，可以看到白河辽阔而动人的景象，以及紫竹林租界那边模模糊糊、有些奇特的远景。这叫莎娜兴奋极了。

他和她凭窗而立。他指她看，告诉她，那个是开庙会时唱戏的戏台，那两根极其高大的旗杆曾是船上的桅杆，那边沿河一排排白花花的小丘是盐坨，再往东边就是她在天津居住的地方——紫竹林租界了。莎娜好像忽然想起什么，她从手袋里抽出一根半尺长的铜棍。铜棍中间一段包着一层很讲究的黑色皮箍。她两手前后一拧一抻，拉出来一节，再一拧一抻又拉一节，竟变成了两尺多长。这东西最前节粗，最后节细，两头都有厚厚的玻璃镜片。她举到眼前，将细的一端紧压在右眼眶上，粗的一端直对着前方看。欧阳觉很奇怪，这是件什么东西？没等他问，马老板说："这是洋人打仗时用的，远处的东西，拿它一照，全都看得清清楚楚。"

欧阳觉说："就是人说的千里眼吗？我听人说过，这是头次见。"

马老板说："这东西洋人叫'望远镜'，有这种单筒的，也有双筒的，双筒两眼一块看，单筒挤着一只眼看。像这种望远镜我告你吧，我要是站在十里开外，你拿它一照，就能把我认出来！"

欧阳觉："这不真成了千里眼？有点玄吧。"

马老板没再解释，把他这意思用洋话对莎娜说了。

莎娜正看得起劲，听到马老板的话，马上扭过头笑嘻嘻地把望眼镜递给他。他接过来，依照莎娜的样子就拿起来看，镜片上一片灰糊糊。他说："什么也没有啊！"

马老板不知道他为什么没看见。

莎娜却发现他把望远镜拿反了，小头朝前了。莎娜大笑起来，笑声惊动了周边的人。莎娜挺聪明，她想出个办法教他怎么使用。她先用镜头对着白河边一艘船，调好焦距，然后叫马老板告诉他对准河上那艘船看。待欧阳觉再举起望远镜看，"呀"地叫出一声，觉得自己真像天上"四大天将"中那个千里眼了！连站在船头的一个老艄公的胡子、烟袋、眼神，居然都看得一清二楚，跟站在眼前一样。他惊讶洋人这东西有如此神奇的功力。莎娜伸过手来，又把望远镜对准下边宫南大街他家的纸店叫他看，这时正巧大哥欧阳尊走出店门送客人，他竟然连大哥嘴下边那颗小痣也看得十分逼真，几乎可以用手去摸。

莎娜很高兴，她挺满足他也得到一种新奇感。好像他领她逛庙，叫她享受到许多新奇有趣的东西，现在她可以回报他了。

看得尽兴，玩得也尽兴，莎娜该返回去了。刚才他们从紫竹林租界来这边时坐着一辆马拉的轿车，一直停在宫南大街的街口。他送他们走到街口，待莎娜和马老板上车一走，欧阳觉忽然觉得好像有什么东西失去了。他从来没有这种感觉，他说不出这是一种什么感觉。有可能只是一种错觉。

晚饭时一家人吃饭。坐在欧阳觉身边的二少奶奶庄娴贤，忽扭头对欧阳觉说："你身上像有什么香味，挺特别。"

欧阳觉笑道："咱家只有槐花的味。现在离花开还早着呢。哪有特别的香味？"正说着，忽然一怔，是不是那莎娜身上的味儿。刚才他和她挤在张仙阁的窗前看千里眼时，他觉得她真香，而且香得特别又好闻。难道自己身上也沾了她的香味儿了？

这一怔，他筷子夹的一块鱼掉在桌上。大少爷眼尖，马上用话遮了："我知道是什么香味，午后二弟到店里来，正巧租界送来一些香粉纸摆在柜上。看来这种洋东西咱不能要，弄不好写字画画的纸都沾上这味儿了。"

欧阳老爷笑道："纸店不少纸是写字画画的，文房不能有脂粉气。"

大家都笑了，接着吃饭。

本来没事，自然就过去了。

三

　　欧阳觉不知妻子娴贤如何闻出他身上的异香，晚间脱下袍子马褂按在鼻子上，使劲闻也闻不出任何香味儿。可奇怪的是，转天早上起来穿衣时，果然闻出昨天那洋女人身上特有的气味。这气味一闻，竟使他心一动，是一种诱惑吗？

　　他暗自奇怪妻子娴贤天天用的香粉，怎么没有这种往人鼻子里、再往人身子里钻的气味儿？

　　洋人用的也是香粉吗？

　　一连许多天，他天天穿这套衣服，为了天天早上穿衣时能够闻到这气味。他有点喜欢这气味儿了？反正一闻到这气味，立时就叫他想起那张奇花异卉般的脸儿，那双怪怪的却无比透彻的蓝眼睛，同时耳边还响起那洋女人叫他"熬羊脚"的声音。直到一天早上爬起来，找不到那套衣服，原来娴贤交给姜妈拿去换洗了。

　　娴贤有些好奇，对他说："你这套衣服穿了七八天，衣领都脏了，怎么也不换？"

　　可是，袍子洗过，香味没了，好像少点什么。这又不觉总往宫南的店里跑。大少爷说："缺什么告诉我，我后晌回家捎给你就是了，跑什么呢？"他心里有事怕给大哥看出来，大哥贼精，从此他再去宫南大街，故意绕开纸店，转两圈便回去。可是每次来一趟都是白跑，没有再遇到那洋女人，渐渐有点失落感。一天他想：人家已经到这里逛过了，没事怎么会再来？自己是不是有点犯傻。于是，只当一只俊俏的异鸟儿偶然飞来，落在自己胳膊上停一下，又飞去罢了。这么一想，渐渐也就安下心来，依旧天天访友寻朋，去琢磨他那些翰墨滋味了。

在外人眼里，在商的欧阳老爷对自己的两个儿子，肯定更喜欢大的。大儿子精明强干，少年有为，早早就把家中大业——两个纸店扛起来，而且炉火愈烧愈旺。可是，他对这个"游手好闲"的小儿子也一样的爱惜。每有人夸赞欧阳觉的文采超群，诗书画在津门后生中"无出其右"，欧阳老爷的两眼立时笑成一对月牙儿。既然小儿子经商不成器，做个名士也不错。反正家里不愁吃穿。两个纸店天天出出进进的全是银子。而且，他家虽富有，却不像八大家那样炫富摆阔。念过书的浙江人凡事有度，不喜张扬和招摇，只求日子过得殷实稳当，富足无忧。每年四月初一城隍会设摆时，城里的富室大户都要在家门口搭一个席棚，将家藏的字画珍玩都摆出来炫耀一番。他却只在大门左边放一张明式朱砂漆的供桌，放一尊浙江东阳金漆木雕的千手观音，东西很精，年份也老，烧香供上。还叫欧阳觉用红纸写一条横批"如在其上"贴在上边。不少人看到，都趴下来磕头拜一拜。

在码头上，没人不挨骂。有人说这个浙江佬真厉害，他把观音摆在房前，就是想叫人给他家磕头。可是谁又能不叫他这么做？天津的混混凶，谁家都敢砸，敢来动一动这尊观音吗？不怕天打五雷轰吗？

这些闲话欧阳老爷听到过，但他什么话也不说。年年城隍会，依旧在门前摆上这尊观音。这些年来，不少大户人家的设摆，有人偷，还有人抢，唯有老槐树下边的欧阳家一直相安无事。要说念书人心里的主意都很正，这话是没错的。

欧阳老爷分外疼爱这小儿子，不仅因为他天资聪颖、勤学和文气，还有一种与自己天生的亲切。欧阳老爷没有女儿，小儿子天性的依顺与乖巧弥补了这点人生的缺憾。欧阳觉从不惹父亲生气。他怕父亲生气。他在意父亲所有喜欢的事。他在外边的花摊上看到什么新鲜的花，总会把这花鲜亮地搬到父亲的院里。父亲那年摔了一跤，用起了手杖，他深知父亲酷爱苏轼，就把东坡那句"竹杖芒鞋轻胜马"写下来，请人刻在父亲的紫竹手杖上。东坡这句诗刻在父亲手杖上，就带一点吉庆之意了。叫父亲欢喜不得，常常拿给人看。

欧阳老爷爱惜这小儿子，还与他故去的妻子相关。他与妻子互为知己，曾经发誓相守一辈子；可是，人是说来就来、说走就走的，生死的事由不得自己。妻子是难产时走的，留下的孩子就是欧阳觉。妻子还留给欧阳老爷最后一句话："你将来要是待他不好，我就在阴间骂你。"这句话是他后来一直没有续弦的缘故。儿子就是他和亡妻之间的情义。

待到欧阳觉成年，他费了不少周折，才为儿子相中这个子不高、微胖、沉稳持重的庄姓姑娘。虽说还算白净细气，却缺少神采，五官小，一双单眼皮。外人说，他是看上了庄家的财富。庄家是做绸缎生意的，津门头号的老店；卖纸总抵不上卖绸缎的，一刀纸也不值一尺绸缎。在外人眼里，欧阳家把庄家小姐娶进门是占了便宜。

俗人看事，用钱做尺。自然不明白欧阳老爷为什么选定这个相貌平平的姑娘。不单是因为她性情温良，平和持重，嘴不能说，又好读诗书，能够与欧阳觉有话可说。更由于庄家的祖祖辈辈都在山东曲阜，那儿的人德行品德靠得住。这样的姑娘在天津应该不多。媳妇不是娶给别人看的，得要能与儿子一起和和美美过日子，这便拜托城中一位有声望的友人出面"说媒"，与庄家定了亲。

不管别人怎么猜度，庄氏过门半年，欧阳老爷的眼光就叫人信服了。这个少言寡语的女子，待人和善，别人与她也很好相处。与人说话时，只要出现一点相悖的意思，她即刻换了话题。开始被人以为她心眼多，渐渐看出这是她的本性——不与人争，也不好为人上。她做起事来不紧不慢，虽不麻利，却很少闲着；有时男仆女佣的事，比如收拾屋子院子、擦擦扫扫等等琐碎的杂务，也顺手做了，似乎哪里乱哪里不干净哪里有尘土她都不舒服，连二少爷桌上的砚台也总要洗净。一次，二少爷对她说："我砚台里的墨你别动，我喜欢用宿墨。"她什么也没说，只笑了笑，从此不再去洗砚台，只是把二少爷有时忘了盖上盖儿的砚台盖好。

二少爷一半时间在书斋里忙，一半时间还是在外以文会友。两人在一起时话并不多。这叫人以为他俩话不投机。一天，欧阳老爷与二少爷闲聊时，顺口说："你和娴贤在一块儿爱聊些什么？"欧阳觉笑道："什么都聊，她话不多，不过她最爱听我说话。"这一句话便叫欧阳老爷放心了。还有一次，欧阳老爷听姜妈说二少爷喜欢吃瓜子，娴贤在屋里无事时就给他嗑瓜子，嗑好后放在一个素白的小瓷缸里，每天一小瓷缸摆在二少爷的书案上。姜妈笑道："二少爷在书房写字画画高兴起来的时候，几大把就把一缸瓜子全吃进肚里。"

欧阳老爷听了笑弯了眼睛，说："娴贤有点宠着他了。"并由此知道了这小两口子叫人不必担心的独特的夫妻生活。

可是，日子久了，叫人担心的事就出来了。这二少奶奶怎么一直没有身孕呢？不光她没有，住在前院的大少奶奶也没有。大少奶奶可是娶进来四年多了。

婚后不孕是女人最大的事。

大少奶奶韦喜凤与娴贤完全是两种人。一切性情，正好相对。一个急一个慢，一个爱使性子一个耐着性子，一个由着自己一个由着别人，一个好发脾气一个没有脾气，一个好吃一个从不挑食，一个浓妆一个淡妆，一个穿红戴绿一个素雅端庄，一个好逛街一个不出门，一个爱说人一个不说人，一个不瞧书一个爱瞧书，一个走路像赶路一个走路脚底下没声音。可是这两个女人遇到怀不上孩子的怪事烦事却是一样。

喜凤刚过门三个月没怀上，就开始心急火燎。几年来成了她愈来愈大愈重的心病。到处找明白人打听，找名医望闻问切，寻觅秘方大碗喝药，肚子里还是没动静。天津的女人只要不生育就去娘娘宫"拴娃娃"。她拉着姜妈陪着她跑到娘娘宫的大殿，趴下来给送子娘娘磕响头，依照"拴娃娃"的规矩趁着娘娘不留神——其实娘娘是泥塑的，哪里会留神不留神——从娘娘宝座下边一堆三寸大小的泥娃娃中"偷"走一个，拿回家中，放在橱柜下边别人瞧不见的暗处。

人说这娃娃就是天后娘娘赐的孩子。别看这娃娃是泥捏的，得要诚心待他，每天吃饭时都分出一点放在娃娃身前，也叫他有口吃的。都说这泥娃娃灵不灵验，就看待他的心诚或不诚。如果一年怀不上，转年还要到娘娘宫再去烧香磕头，再求娘娘。这娃娃也必须带上，还要送到娃娃店里用水化成泥，重塑一个。重塑的娃娃一准大一点，过了一年的娃娃也长了一岁，个子也应该要再大一点。如果哪一天自己真的怀上身孕，生下孩子。这泥娃娃不用送还庙里，改称"娃娃哥哥"，放在家中一直供下去。因为他是娘娘派来送子送福永久保平安的。

喜凤自从娘娘宫拴来娃娃，就一直当作祖宗供着。没多久的一天，忽然呕吐得厉害，真以为娃娃显灵了。请来医师一瞧，脉上并没有喜，原来她嘴馋，好吃零食，吃杏干吃坏了肚子，白白高兴了一场。这一落空更是恼人，她就把不孕的根由，像一个屎盆子扣在大少爷头上。动不动就和大少爷吵。弄得家外边的人都把大少爷看成废物。大少爷怕她，只能心里憋屈。

可是如今二少奶奶也没孕，怎么说呢？事出在哪儿了呢？

二少奶奶很稳，不动声色，从不与人说道。这种事没人敢问，只有喜凤向她打听，她也只是嘴角微微浮出一笑。她表面不急，也不去求医问道，可是她回到西城的娘家时，是否与她娘稍稍说一说，这就谁也不知道了。欧阳老爷却从她平静得如同无风的湖面一般的脸上，偶尔看到一点淡淡的愁云。那时候，一个女人嫁出去，不给夫家生孩子，就是顶大的错了。一天，大少奶奶与大少爷拌嘴，吵来吵去又吵到没孩子这事上，她撒起泼来一发狠说了这么几句："怨谁？二少奶奶为嘛也怀不上？就怨你家这房子太阴，风水全叫这大槐树遮住了。院子里连根草都不长，哪来的孩子？你有本事把这大树拔了，什么都有了！"喜凤的嗓门很高。

欧阳老爷坐在屋里，隔院听到喜凤这话，虽然没有言语，心里却觉得不好，这种话带着邪气，太冲，可别惹着谁。二百年的老树哪能没有神灵？他心里并不是白嘀咕。喜凤这话是头年入夏时说的，没过多久忽然那些吊死鬼由天而降。跟着就是闹乌鸦，摔坏了老钱忠，除夕放焰火又烧去了一块大树，原先"槐荫满院"现在变得白晃晃，好好的日子像要塌下来似的，挡也挡不住……下边接下来还有什么。

这一天，大少爷差人回家找欧阳觉，叫他到宫南的店里去一趟，传话的人也不知道什么事，只说愈快愈好。

欧阳觉赶到宫南，远远看见纸店门口站着两人，一人是大少爷欧阳尊，另一人没认出来是谁，捏着一根衣兜烟卷抽。这种烟卷是由海外运进来的洋烟，和中国人的旱烟袋不同，它把烟丝塞在很细的一根薄纸管里，再放进一个纸盒中，平时掖在衣兜，抽时拿出一根用火点着，很方便。烟丝还有种特别的香味，抽上瘾就绝不会再抽烟袋了。

欧阳觉知道他们干纸店的，最怕的是火，所以店内不能抽烟，抽烟全在店外。他走近了一看，抽烟这人原来是马老板。他一怔，上去搭讪道："马老板怎么来了？"

不料马老板龇牙笑道："这不是请您来了？"

欧阳觉说："请我嘛事？"

马老板还是那张笑脸，"哪是我请，是上次来逛娘娘宫的法兰西的莎娜小姐请您。"

欧阳觉听了不觉心头一亮，他禁不住说："她干吗请我？"

从那次一见，事隔已一个多月，开头还当作事儿，过后以为只是一次偶遇，早撇到一边，完全想不到她还会记得他，甚至叫人来找他。

马老板说："这莎娜小姐说您是好人，瞧上您了，说跟您在一块好玩，打上次回去这一个月里跟我说了好几次，要请您去她家。我一直忙，今儿才过来。"

欧阳觉有点惊喜了，"叫我去租界？嘛时候？"

马老板说："我来一趟也不易，您要是不忙，咱就过去吧。我来时跟她说，要是找到您，就拉着您过去。"

大少爷在一旁听得也觉得新奇。他跟马老板打趣说："可别叫这洋闺女把我兄弟拐走，那我弟妹还不跳井。"

马老板说："你甭说不吉利的话，不过这洋小姐来了一段时候，没人跟她玩，腻得慌。放心吧，下晌我就把二少爷送回这里。走时嘛样，回来嘛样！"

说完便拉着欧阳觉走到宫南大街的街口，上了马车，一路朝着紫竹林去了。这种往来于老城与紫竹林租界之间的新式轿车，轮子大，跑得快，车厢下边有洋人造的弹簧，跑起来不颠屁股。车厢四面全镶着玻璃，欧阳觉坐在里边，觉得分外光明。不知是轿子里的光，还是心里的光。

四

相对他前一次来租界，这是第二次。

那次是随哥哥欧阳尊一起来，买一种修理纸店库房房顶用的防水的灰膏，这种灰膏是从海外运来的很管用的洋货。货物存放在租界靠白河一边的仓库里。实际上那一次他没有进入租界。这次不一样，直入中心，有如进入洋人的肚子里。从车窗上一掠而过的奇形怪状的建筑，怪模怪样的人和装束，离奇的车辆，特别是一个戴小圆帽的洋人骑着一辆只有两个轱辘的怪车非常自如，叫他看得瞠目结舌，以至忘了和身边的马老板说话。马老板却对他说："你这神气就和前些天莎娜小姐走进宫南大街时完全一样。"

面对着笑呵呵的马老板，他不知说什么才好。

车子忽然停下来，车门开了，一下车，完完全全是在另一个世界了。街两边矗立着各样尖顶、方顶和圆顶的小楼，这些楼房比起老城那边的房屋至少高了两倍。身在其中，如在峡谷，一种森然、静穆、奇异又陌生的气息让他不知所措。跟着，糊里糊涂地被马老板引进一道黑色的镂花铁门，面前是一条花木簇拥的石径，一座红色尖顶的洋楼半隐半现在浓密的树丛后边。忽然楼门一开，里边跑出一个人来，好像一只奇大的蝴蝶，伴着笑声，轻快地飞到他眼前。那张灿然开放的荷花一般娇嫩的脸，那种好闻又熟悉的香味，是莎娜。这竟使他比上次见面时还蒙。

莎娜却手指着他，一个字一个字地清脆地叫道："熬——羊——脚！"

她笑，马老板笑，他明白过来，也笑起来。一下子，又和上次一样完全放松开来，又找到了那天在逛娘娘宫和张仙阁时那种感觉。一种挺美好的老朋友相见时的那种感觉来到他的身上。

她高高兴兴引着他们走进她的家。

他头一次进入洋人的家里。

进来一看，洋人才是真的不可思议。屋里的一切一切，全都见所未见，不知或者不懂。沙发、地毯、吊灯、钟表、窗帘、衣镜、油画、摇椅、壁炉、雕塑、十字架、风琴……各种怪模怪样的柜子上各样从未见过的摆饰，高大通顶的书架上各种洋书，还有趴在地上的一只卷毛的大狗，两只很大的耳朵软软地垂在额头两边，虽然一动没动，却用一种警惕的眼神望着他，连这狗的模样也是匪夷所思。他不曾想到世上还有这些东西，他心中的天国里也没有这些东西。这些东西怎么用和究竟有什么用？他连问都不知道怎么问了。

当阳光带着树影穿窗斜入房内，照得满屋子大大小小古怪离奇的东西五光十色。这个洋人的世界真是怪异又神奇。

莎娜把他拉到另一个房间，叫他看到一个竖立着的木架，上边挂着手枪和一把带鞘的军刀。她通过马老板告诉他，这是她爸爸的。她爸爸是法兰西的一个军官。她说起她爸爸时，神气很骄傲，好像在说一个英雄。她说这把手枪是爸爸的心爱之物，枪筒超长，没有人的手枪比这枪筒更长。枪筒愈长，子弹射得愈远。但是这种枪射久了，必须抬起另一只胳膊架着枪筒。她说她爸爸是神枪手。

她拿起这支黝黑发亮的手枪，放在他手上。

他感到很重、很凉，他听人说过洋人的火器能在数百步之外，要人性命。他还感觉有点可怕。莎娜看了看他的面孔，笑嘻嘻从他手里把枪拿去，并对他说了一句话。他听不懂。马老板告诉他："莎娜小姐说，她也不喜欢这种东西。"

他很奇怪，莎娜怎么知道他心里的感觉。

他看见桌上立着许多照片。莎娜指给他看，一个穿军装、挎刀、络腮胡子的男子就是她爸爸，满下巴的黑胡子像是用浓墨画上去的，模样有点吓人。另一张照片上笑眯眯的中年洋女子是她妈妈，虽然装束怪，神情挺和蔼。马老板说她妈妈在法兰西没有来，莎娜也只是来玩一玩，还要回到妈妈身边。此外便是几张年岁不同的小洋姑娘的照片，一看就是一个人，个个都像小猫小鸟，欧阳觉指一指莎娜，莎娜很高兴他认出了她。

欧阳觉已经很喜欢她笑的样子了。

莎娜让他看壁炉架上立着的一件东西，原来就是那个望远镜。她说这是她爸爸的。她爸爸喜欢这种单筒的望远镜，很轻便，握在手里时人很神气。忽然，她上去一把抓在手里，心血来潮般一拉欧阳觉的衣袖，带着他们从家里跑出来。她跑在前边，欧阳觉和马老板跟在后边，连马老板也不知道她要跑往哪里。那只刚才趴在那里的卷毛大狗也跟着跑了出来。跟在他们后边跑了一会儿，才掉过头回去了。

那时租界的房子并不多，横着穿过两条街，房子便愈来愈稀少，再往前边就是没开发的旷野了。野地里没有耕田，光秃秃只有杂草、芦苇、荆棘和灌木丛。然而几百步开外，却有一座白色的空荡荡的小洋楼立在那里。法租界距离白河很近，背后便是长长而幽暗的河水与湿漉漉和发黑的泥滩。河中默默地行走着一些木船，岸上几乎看不到人影。

这是一座没完工的小楼，院里长着齐腰的野草与杂木。不知这小楼当初为什么孤单地建在这里，为什么没有完工，扔在这里至少有几年了吧。一些粗粝的墙面已经被野蔓覆满，使这座身份未知的废楼多一点神秘的气息。初夏方至，鲜亮的黄色的小野花带着生气到处开放，引来一些野蜂嗡嗡飞舞。

莎娜似乎对这座小楼挺熟悉，径直带着他们进院、进楼、上楼。空楼里出乎意料的干净，大概租界是禁区，离老城那边很远，没人会到这儿来。若在老城那边，所有废屋都会腐朽不堪，甚至用作茅厕。这小楼的上上下下连一块碎砖也没有。由于没有安窗，窗口洞开，只有一些干枯的叶子，以及鸟粪与羽毛。

小楼只有两层。可是顶上边还有一间小小的六边形的阁楼，藏在楼房的尖顶里。当他们从一条很窄的木梯登到这阁楼上，景象全然变了。阁楼东西两面墙上各有一个窄长的窗洞。由于这里高，四外一马平川，楼里的风挺大。奇异的是，这两个窗洞面对着的竟然是两个全然不同的风景——一边是洋人的租界，一边是天津的老城。欧阳觉感兴趣的是洋人古怪的世界，莎娜的兴趣却完全在天津老城的一边。她把望远镜拿给欧阳觉，叫他去看她眼中奇妙无比的老城远景。这真有点奇妙！

尽管欧阳觉天天生活在老城里，一切司空见惯，但从这里一看，地阔天宽，竟然如图画一般。从紫竹林这边向老城那边望去，除去沿河一些零散的村人聚落，全是漫漫荒野、草坑、水洼和乱树岗子，以及穷人们零落的野坟。左边是白河，有如一条灰色的带子无尽无休地环绕在苍茫的大地上，并一直伸向无尽的远处。在白河渐渐消隐的前方，有一小块闪闪发亮的地方，大约就是三岔河口了。他把望远镜凉凉地压在眼眶上，居然看到了娘娘宫前的两根旗杆，但已经像两根针一样立在那里；发光的河口右边还竖立着一个小小的灰色的小方块，应该是望海楼教堂吧。他环视一下，不曾想到天津这地方有如此多的寺庙，星罗棋布，形姿各样，好像摆在大地上的一些精致的雅玩，真的好看。正面看去，围在一道矮矮的濠墙后边，铺陈着一片巨大的棋盘状低矮拥挤、密密麻麻的建筑群，肯定就是天津老城了。他用眼睛细细寻找，渐渐将四座城门和四个角楼逐一找到。可是由于城中千家万户的烟火，城池上边压着一层灰蒙蒙的云烟，即使莎娜教给他如何转动望远镜的上下两节去看清远处的景物，却怎么也看不清城里边更细小的东西了。

欧阳觉想告诉莎娜，自己就住在那里。但是他们之间没有语言，他只好向她指了指自己，又指了指那里。

她不明白，朝他皱眉。她皱眉的样子也很可爱。

他灵机一动，先指指自己说了一句"熬羊脚"，跟着再指向远处老城的远影，莎娜马上明白——那里是他居住的地方。莎娜似乎对他很赞赏，他的机智使他们相互沟通了。

他们还会怎么沟通呢?

他们相互向对方介绍窗外自己居住的那片天地，还有那片天地中的自己——这些就要靠马老板帮忙了。

马老板笑道："原来莎娜小姐最想知道的是二少爷，二少爷最想知道的是这位莎娜小姐。"

太阳偏西时，他们才走下这个小楼，他们全都心满意足。

马老板叫来一辆车子，他还要亲自把欧阳觉送回老城。在莎娜的家门口，欧阳觉登上轿车告辞回城时，心里边竟有一点流连之感。他说不出为什么会流连。不知道这流连出自内心，还是从莎娜眼睛里看出来的。他能看出来这双蓝眼睛里那种微妙的情不自禁的意思吗？

车子走了起来，他隔着车玻璃，看着她一直站在那里——站在那个花枝缠绕的黑铁门前；在渐行渐远中，她好似一点点退入一幅画里。

在车上，他和马老板交谈的话题，只有莎娜，没有纸店。他从马老板嘴里知道莎娜比自己小六岁，今年十八岁。她来到租界两个月吧，本来是来找父亲玩的，但现在中外的关系很复杂，民间对洋人的强势渗入很反感，租界的处境有点紧张，她爸爸想找一位可靠的要回国的人把她带回去。马老板说："我和她爹熟，她爹在租界两三年了。管着法租界的军队和保安。前次是她爹叫我陪她到老城去逛逛。那次我也是和她头回见面。我和她远不如跟您熟。我还对她说您是天津卫的才子，能诗会画，写一手好字。"

"真的？"

"什么真的。不是我非要告诉她，她对您刨根问底。"

"对我刨根问底干吗？"

马老板笑道："那您得问她去。别看我总跟洋人打交道，洋人的心思我摸不清。她说您特别像一本洋书里写的一个中国人。"

"什么书？"

"我说洋话行，洋文不行，我怎么知道。"

说话时候，车子已经过了大营门。欧阳觉说："我怎么觉得回来的路比去时的路短？"

马老板说："不会啊，同一条道啊。"

马老板是个靠得住的买卖人。他一直把二少爷送到宫南。天已经擦黑了，大少爷还在店里等着兄弟。马老板见面便对大少爷说："完璧归赵。我把二少爷好好给您送回来了。不过您可得看住了二少爷，那位洋小姐对您家二少爷着迷了。"

"甭我看着，你别再拉他去就是了。"大少爷说。

大家说说笑话，都没当作事，随即散了，各奔东西。

心里边有一点事是欧阳觉，但叫他说，恐怕他也说不出是什么事儿。他与大少爷哥俩儿关了店，叮嘱好值夜便一同叫辆敞篷的马车回家去了。

到了家，见张义守在门口，说欧阳老爷叫他们回到家，先去老爷那里，老爷有事在屋里等着。

他俩进了屋便见父亲神色凝重，一问，欧阳老爷拿出两张画放在桌上，叫他们看。他俩取过来看，是两张木版彩印的小画，像是年画。不过画上的内容从来没有见过。一幅画着一群老少，文武僧俗，一起举棒痛打几头猪。上边一佛一道脚踩祥云高悬顶上。画上题着五个大字"释道治鬼图"。另一幅上边写着"射猪斩羊图"，看上去有点像十殿阎君的图画，可是阎君换成一位大官。手下一些兵弁拉弓施射。另一端是一头黑猪被绑在洋人教堂里那种十字架上，黑猪身上已中满了箭，鲜血淋漓，咧嘴嚎叫。这幅画两边写着一副对联："万箭射猪身，看妖精再敢叫不；一刀斩羊颈，问畜生还想来么。"

欧阳老爷说："这是今天下晌张义去北大关荣昌海货店买鱼时，一个人塞给他的。"

大少爷接过话说："这是仇教的画，我见过。画上的猪是指教堂里洋人信奉的神仙耶稣。这画多半是山东那边传过来的。打头年那边就闹义和团，官府一直弹压，今年开春以来又闹得厉害起来。"

欧阳觉没见过这画，对大哥说的这些事不很清楚，没有插嘴。

欧阳老爷说："我看这画正是这个意思。虽说义和团打的旗号是'扶清灭洋'，不跟官府作对，只跟洋人为仇。可洋人都住在咱天津的租界里，只要别闹到咱这儿来就好。"

大少爷说："近来市面上确实有点不安静，人杂一些，传言也多，但都不足为信。只是信洋教的有点犯嘀咕，还没听说出什么事。反正咱家没有信教的，杀猪杀洋也杀不到咱家来。眼下看，还算太平吧。"

欧阳老爷还是心事重重，他瞥了一眼桌上那两幅画，说："看这股子劲儿，一旦闹起来可就要杀人放火。三十年前天津望海楼教案死了多少人？那时还没有老二。我人还在老家，听了都怕。"他忽对小儿子欧阳觉说："你怎么一直没说话？"

谁想欧阳觉笑了，说："我看这两幅画是俗画，很难看。人不像人，鬼不像鬼。"

欧阳老爷听了有些气愤。他对欧阳觉说："老二，您念书念傻了吗？念书可以不做官，总不能两耳不闻窗外事，整天全是唐宋八家、四王吴恽。若是世道乱起来，圣贤书是不管事的。"说着，气又上来一些，加重声音说："国事、家事全都连着，你先都把写字画画的事撂一撂吧。从今天起，你们两人各盯一个店，你也帮帮你兄长。"

欧阳觉不知父亲为什么凭空把这些还没有的事看得这么重。他怕父亲生气，忙说："父亲说怎样就怎样。"

欧阳老爷沉了沉，放缓了语气说："顶要紧是门户和防火。首要是防火。假若时局有变，纵火是常有的事。干纸店的最怕是火。据说山东、河北那边乡间义和团闹事就是放火，烧教堂时连带着烧店铺。店里的水一定要备足了，水会那边要多走动走动，天津的水会很讲规矩，可是还是要多使些钱，真用上人家时，人家便会出力。"

哥俩答应。欧阳老爷说："你们两个谁盯哪个店？"

欧阳觉马上说："我在宫南吧。"

谁也不知他为什么抢着要盯宫南的店，大概只有他自己明白。大少爷也没多想，便说："也好。宫南的店二弟更熟一些。估衣街那边店大人杂，我盯那边吧。"

待把这些事安顿了，欧阳老爷也就定了神。

从欧阳老爷院里出来时，大少爷对欧阳觉说："二弟，你可别再去租界，叫人把你当成二毛子。"

欧阳觉怔了一下，跟着笑道："我干脆也加入义和团吧。"他向来不关心时局，没把父亲和大哥那些话太当作事。

大少爷忽然一本正经地说："进屋先把衣服换下。今儿那香味更大，挺冲，别叫娴贤起疑心。"

欧阳觉又一怔，抬起胳膊闻了闻自己的衣袖，这次还真闻到那种美妙的香味儿了。是啊，想想这一下午，他和莎娜一直都挤在那小楼的小小的窗口边。

五

自今日始，欧阳觉就在宫南的裕光纸店当班了。但人在曹营心在汉。他人在这儿，心却没在这儿。

幸亏裕光纸店并不指着他。二十年来，这纸店早叫欧阳老爷调教得有章有法，进货出货，进钱出钱，进账出账，人管着事，人管着人，全有规矩。大少爷接过纸店这两年多，一切都遵从父亲制定的章法办事。连自己要多用点钱，都得回家向父亲要，不在纸店的账务随便拿银子。这表明这家宁波人门风清正，家教严明。外人都说这家裕光纸店，即使掌柜的三个月不来，店内店外照旧井井有条。因此如今欧阳觉在店里舒服得很，甚至有点闲了。他坐在那儿，心里边瞎琢磨的既不是笔墨意趣，更不是时局，他心里向来没有时局；打他心里头不时冒出来的，还是前两天在租界的小白楼用望远镜看到的那些景象，还有那双亮晶晶照人的蓝眼睛，以及叫他"熬、羊、脚"时那种让人喜欢的神气。

这双蓝眼睛已经不那么怪怪的了。它止不住地在他心里亮闪闪，叫他有点坐不住了。

几天来，他一步也不离开店铺。好像一直在等人，等着谁呢？只有自己明白——是在等马老板。

一天，真的有人来找他，却不是马老板，是嫩贤。她怕他在外边吃不好，打北城里亲自送来一提盒菜食。娴贤是小脚，她不肯费钱雇一辆胶皮，走这一趟不算近，她叫张义送一趟不就行了，为什么偏要自己颠颠地跑来？显然她心疼这位从来不当班的二少爷。细竹条编织的提盒里边上下三层，一层是鲜芦丝炒肉，一层是炸河虾，一层摆着十六个猪肉白菜馅的饺子。每一层都用新生出来的湛绿的小荷叶垫在下边。这一切都是她亲力亲为。一瞬间，叫他心里不知怎么生出一点歉意来。

一天，他听一位管运货的伙计韦小三说，近来洋纸一直缺货，时下时兴石印，石印的东西又快又漂亮又省钱，老式的木版刷印根本没法比。但石印是海外传进来的，机器是人家洋人的，纸也是洋纸好用，都得从租界那边进货。洋纸用量大，货跟不上就会中断，热买热卖的东西就怕断货。二少爷说："那得快去找马老板啊，要不你去把他找来。"说这话时，他心想这可是个好机会，马老板肯定一叫就来。

谁知韦小三摇摇脑袋说："马老板信教，租界那边信教的现在都不大敢过来，这边整天嚷嚷义和团快来了，专逮租界里的二毛子，据说逮住了就割鼻子割耳朵挖眼珠子。"

欧阳觉说："哪会呢？"

韦小三说："外边说得更玄了，都说义和团还要来拆紫竹林租界呢。"

"洋楼怎么拆？"

"听说义和团用一种红绳拴住洋楼，一拉就倒。"

"洋人的洋枪我见过，那可不叫吃素的。"

"人说义和团会法术。上了法，个个如同身穿铁布衫，刀枪不入，还能把洋炮上的螺丝钉全取下来。炮都不能打，甭说洋枪了。"韦小三说得像是真的一样。

二少爷不信，笑着说："真比孙猴子还厉害呢。你说的义和团在哪儿呢，你领几个来叫我开开眼。"

他叫韦小三无话可说，可是马老板真的不露面了。

两天之后，一早欧阳觉从家里去往宫南纸店，刚到街口，就见那里停着一辆玻璃轿车，车窗玻璃后边恍惚有一个人影，向他起劲地招手，定睛一瞧，好像是莎娜！他过去，车门忽然开了，一只雪白的手伸出来，抓着他的胳膊用力一拉，拉他的劲儿很大，他不由自主地被拉上去。人一到车上，车子便走了。这时他发现，车上的人真是莎娜，而且只有莎娜一个人，这次没有马老板。马老板怎么没来？她拉他上车的劲儿怎么这样大？她拉他去哪儿？

他问她："马老板呢？"

问完之后才想到他们的语言不通。

莎娜却好像明白他的问题。她从手包里拿出一个纸条给他。上边写着几个毛笔字："今天有事不能去。"然后手指着纸条说了一个"马"字的中文发音，意思是这纸条是马老板写的。

他明白了，立即点头，并会意地朝她笑了。

莎娜很高兴他明白了，带着一点淘皮的神气，指着纸条连续发出了这个中文字音："马、马、马"。

两人都笑起来。他们有了沟通，还有了一种逾过障碍的快感。

在这行进中有些颠簸的车子里，没人帮助他们沟通，一切只有靠他们自己。他们便尝试着从眼前的事物开始——比如：你、我、车子、头、嘴、吃、看、想等等一个个意思，把各自的念法与发音告诉给对方，也模仿对方的发音与念法。由于发音和念法不同，说不清谁的嘴笨，谁的嘴灵，谁念得对或者不对。可是，每每弄明白了对方的一个意思，就给他们带来很大的快乐。但有时也会陷入语言隔绝的困境里；一同摇头，陷入无奈。他们感到各自的语言都是对方的墙，但他们努力翻越。就这样，他们像哑巴学话那样，不知不觉来到了海大道。

他还是不明白，她要拉他到哪儿去？干什么去？但这些问题他无法表达。

莎娜没有让车子走进街口，下车之后，也没领着他去到她家，而是径直去往那个兀自立在租界外边荒野里孤零零白色的小楼。这时他才明白她的想法。她已经把这里当作他们的乐园。

他们高高兴兴地向里跑进去。莎娜跑在前边，她翻动的裙脚撩动着草地里长茎的野花欢快地摇摆。欧阳觉从来没和任何女人这样一起玩过，这次居然是一个洋女人，这使他有一种特别新奇的快感与兴奋。他们跑进楼，径直上去，在登上阁楼那个又窄又陡的楼梯时，她回转过身，伸过一只手来，他大着胆子把手伸给她。她很大方，一把抓住。一握手的当口，他感到她的手光滑、细腻、柔软，又小。他有一点心魂荡漾。

在阁楼里，她又把那支黄铜的单筒望远镜掏了出来。这次，她还掏出一个长方形的小纸盒，是衣兜烟卷，但只是装烟卷的空盒；她从中拿出一沓方形的硬纸片。她拿给他看，纸片正反两面全有字，一面写着鬼画符一样、看不懂的洋文，一边写着中文字，一个或两三个字，都是用墨笔写的。这纸片两面的字意是相同的吗？它是干甚用的？

莎娜指着租界这边远处一个高高的尖顶房子，先叫欧阳觉用望远镜找到，然后从纸片中找出一个纸片来。她是凭洋文找的。然后，她把这纸片反过来递给欧阳觉，叫他看上边的中文。欧阳觉一看，上边的字是：教堂。

欧阳觉脱口说出："教堂。"

莎娜高兴地点头，并大声说了"教堂"的洋文。随后又从烟盒中找出另一个纸片，递给欧阳觉，这纸片上边的毛笔字是"是"字。她向他表示，远处那座高高的尖顶的房子——"是"——教堂。

欧阳觉把纸片的"是"字念出来。

莎娜立即模仿欧阳觉，也念出："是"。她发音很准。

欧阳觉点头连连说："是！是！是！是！"他称赞她念得对。

于是，他们快乐地笑起来。好像他们之间又搭上一条跳板。

欧阳觉反复地说这个"是"字，连连点头，称赞她的聪明。谁能想出用这小小的纸片——这个极其绝妙的好办法，一下子就使他们隔着一条河，把手牵了起来。莎娜明白他在称赞自己，笑容满面的脸上似乎还有一种成就感呢。

于是他们继续用这些奇妙的纸片，加上各自的聪明，相互沟通着。

他感觉这纸片上的字，应是马老板帮她写的。就询问她。他先用手比画写一个中文的"马"字，然后说出这个"马"字。他想，她肯定听过别人用"马"字的中文发音，呼叫过马老板。

果然，她明白，立即从手中这沓纸片找出汉字的"马"字来，跟着把她刚学会的"是"字，再次念了出来！她运用得极恰当！

两人都快活至极，人的沟通原来可以这么快活有趣。这个洋女子竟然这么灵光、有趣、可爱。

阁楼的窗洞又小又窄，两人兴致勃勃在窗洞口一起向外张望时，不自觉地挤在一起。这使他闻到她身上迷人的香味儿。现在这香味不是从她的衣服，而是从她身体里散发出来的；从她金色的鬈发和光洁又细长的脖颈散发出来的。由于他离着她太近了，看见这脖颈上一层细细的柔软的绒毛。他正紧挨着她柔软又温暖的肉体。他感觉有一种比兴奋更强烈的东西，不像语言那样需要沟通，一下子就从他的身体、他的本能里蓬勃而出。他的脸发热，心儿噗噗地跳。

这当儿，她正扭过头来，好像要对他表达些什么。但这一瞬，她看到眼前这中国男人眼睛里有一种炽热的东西，她不再需要语言，一下子就读到了这种东西。

她那如花一般的脸正与他面对面。

那一刻静止了。幸福诞生之前有时有点可怕。

他直视着她的蓝眼睛。通彻、透亮、纯净；虽然他从来没有直视过一双蓝色的眼睛，但不再感到怪异，而且他从中居然看到那种使他牵动魂魄的东西。不需要理解，不需要多想。忽然，她上来吻了他的脸颊。

也许这一切来得太突然、太意外、太急促，也太热烈。欧阳觉竟然像傻子一样站在那里，一动不动。他不知发生了什么。如果这时一切都要依靠他的本能，他的本能也停滞了。他完全不知道自己接下来该做什么。

半天，莎娜才扭过身，从放在烟盒中的纸片中找了半天才找出两个字：抱歉！

欧阳觉还是不知怎么表达。当然他要拒绝道歉，却没办法表达。两个人此前所有的沟通方式好像又都消失了。

他们无奈、尴尬、无措，刚刚发生的美好的一切又莫名其妙地中断了。

从小白楼走出来后，他们一路无言。两人在海大道口分手，欧阳觉登上租来的车子，咯吱咯吱走了不久，莎娜居然坐着另一辆马车追上来。她给他一张纸片。欧阳觉拿在手里一看，上边的中文字居然是：明天。

此时，她的蓝眼睛里的东西很难弄懂。是一种歉意、悔意、失落、担忧，还是一种深切的祈望？

欧阳觉回到宫南，已过了午时。

他在街上的玉食轩要了一碗肉丝面，吃进肚子。但他的魂儿不在身上，吃完好像没吃。他进了纸店，和伙计们心不在焉地打过招呼，便一头扎到纸店后边的房间。本想歇一歇，可是身子歇着，心里边却歇不住。伙计送来的热茶，带着盖儿就喝，弄得半碗热茶都倒在桌上，把账本也泡了。伙计说，今儿上午没开张，这两天市面有点怪，人愈来愈少，宫南大街所有店面都冷清得很，只有去庙里烧香的人愈来愈多。韦小三说总督裕禄大人今天一早把武卫前军调到城东把守铁路，是不是和眼下说不清道不明的事情有关？

欧阳觉未置可否。

韦小三是个好说话好打听事的人，有点大舌头，说话含糊不清，听起来像"跑火车"。他很想把各处听来的消息和二少爷起劲地说一说。可是欧阳觉跟大少爷不一样，对市面上闲杂的事情向来没有兴趣，现在更没心思听这些乱七八糟，便叫他到街上去买两张近几天的《国闻报》，其实他平日根本不看这种报纸，只想托词把他打发走。

快到晌午，有三个外地来的人推门进店，装束非常特别，脑袋上都扎黄巾，一个满脸乱糟糟的胡子，一个耳朵缺了一块，另一个平平常常；多半就是人们说的义和团。他们说是要买黄麻纸，印揭帖用。不过人挺规矩，按价付钱，反比本城动不动就耍横的锅伙混混们要强。

此后便再没人进店买东西。

欧阳觉一直坐到后晌下班，看着伙计们上了门板。回到家，吃过饭，便一头扎到书斋里。他今天遇到的事叫他心旌荡漾，难以平复，却不能叫人看出来，只有一个人待在书斋，可又不能闲坐着，看书看不下去，只好写字。他想起还欠着朋友一幅字，此刻心里没有灵气，只好写老词儿。于是铺开纸去写《左传》上"惟力是视"那句现成的话。提笔刚写到第三字"是"时，眼前又冒出莎娜那小纸片上马老板写的"是"字……跟着便是白天发生的那些奇妙的事。那双叫他魂迷的蓝眼睛、脖颈的绒毛、肉感的小手，还有她突然送给他的一吻，全都涌了上来。他反复揣摩那一吻的感觉，奇怪的是为什么这最惊心的一吻反倒没有任何感觉？他伸手摸了摸自己的脸颊，并无异样。再去感觉，更无感觉，那个吻跑到哪里去了？脸颊是毫无记忆的吗？他渴望她再给自己这样一吻，于是想到她给他看的那张写着"明天"两个字的纸片——这是约定他明天再见。那么，将要到来的明天将会发生什么？

他禁不住放纵地去想，一堆疯狂的画面出现在他的想象里。

门开了。娴贤安静地来到他的书斋，端给他一小瓷缸嗑好的瓜子，个个洁白可爱。她倚着身边一把座椅高高的椅背，细声慢语地说道："你今天好像有事不愿向父亲说。"

他一怔，静了静，支应地说："是啊，买卖不景气。"

那时这样的家庭，男人在外边做事，女人是不多问的。她便换一句话说："你今天身上香粉气挺重，又有人送那种粉纸来了吧。既然父亲不喜欢，就别进货了吧。"

他又一怔，再静了一下，说："是，不进了。"

"听说山东和河北的义和团往咱天津来了，喜凤说都是从南运河坐着船过来的。大哥不是在估衣街那边的店里吗。官府正派兵去截，不叫他们下船。"

"甭听乱传。"欧阳觉说，一边提起笔来接着写字。

娴贤向来话不多，今天多说两句，本想听听他说一些外边的事，见他无心说话，不想惹他心烦便回房去了。剩给他的都是对明天的胡思乱想了。

六

　　整整一夜，他没有睡，满脑袋里却全是荒诞不经的欲望及想象。他一直背对着嫩贤，好像怕脑袋里的东西给她看见。

　　第二天早起，吃过饭，便去宫南，到了乱哄哄的街口，没有见到莎娜的轿车。他在道边一个杂食摊找一条空凳子坐下，随便要一点吃的，一碗热茶，却没吃没喝，只为了坐在那里等候莎娜的车子来到。一直等到杂食摊的小伙计两次走过来，问他还想添点什么，这种问话实际是催促他快吃快走。可是，莎娜的车迟迟未到。他等得捺不住了。忽然想起，昨天莎娜把那张"明天"的纸片拿给他看时，还曾朝着小白楼那边指了一下。难道是表示她在那里等着他吗？如果真是这样，她已经等他等了许久。他马上雇了一辆轿车，直奔紫竹林。

　　他坐在车里嫌车子慢。

　　待车子过了海大道，离着紫竹林还有一些路时，他就蹦下车来。这叫车夫有点奇怪。前边还有一段路程呢，干什么不坐车非要走呢？

　　他步行，更因为他想不进租界，打算从外边绕到那个小白楼去。可是这一段路全是野地，到处乱树岗子、土丘、草洼、水塘，虽然他心里有大致的方位，走着走着就开始担心自己迷路了。

然而，当他穿过一片遮身挡眼的野生的杂树时，那个渴望中的小白楼竟然出现在前边。这次换了一个角度，小楼背后是一片浩荡而无声的白河，它兀自立在这空荡荡的背景上，有一点孤寂。她在那里等着自己吗？

　　他急忙跑过去了。地上坑坑洼洼和乱草乱枝两次把他绊倒在地。他爬起来继续向前，而且跑得更快更急，没有什么可以阻止他。他跑进院子，没见她的身影；他跑进楼，一直到二楼上，仍然空空无人。他急了，叫起莎娜的名字。好像这洋女子一下子没有了。当他气喘吁吁登上阁楼，依旧没看见人，刚要转下来，忽然两条胳膊从背后把他紧紧抱住。他看不见她，首先看见的是紧紧抓在他胸前两只雪白的手，活灵灵像两只白色的小鸟儿；还有那令他迷醉的香味——莎娜！

　　他猛地转过身，不等他看清她，她那芬芳而柔软的嘴唇就把他的嘴紧紧堵上，她的嘴唇竟然抖动得那么厉害，而且热得发烫！她那细小的鼻孔急促地喘着气，这叫他也用鼻孔喘气。一下子他全身的热血沸腾起来。于是，他的身体与她的身体如两股滚热的潮水那样融为了一体。昨天整整一夜的胡思乱想立即神话一般成为现实。

　　他完全陷入一种不顾一切的疯狂里。既有生命的狂放，翻江倒海般的发泄，尽情的纵欲，自焚一般的无所顾忌，还有来自一个从没有经验过的金发碧眼的女人赤身裸体的刺激，而对于这个洋女人，他这个同样没有经验过的异国的男人是否也是刺激？反正，他们忘乎所以地一同创造着一种极致的要死要活的快乐。

　　开始他不敢看她，不敢看这发生的一切，闭着眼睛，任凭自己生命的冲动；等到他睁开眼睛看到了她金色鬈发中快乐欲绝的表情，雪白的肌肤中赤裸裸暴露着的最私密的地方，他变得不再是自己了，他更像一头发情发狂的野兽。

他身体里一种未知的野性忽然出现并迸发出来。

谁也不会想到，也不会知道，在老城和租界之间一座荒芜和废弃的小楼里会发生如此不可思议的事。

在这狂风暴雨过后，他们像死了一样，莎娜赤裸地趴在他的身上一动不动，他们谁都不动。生命停摆了。他们在享受这神奇的一刻吗？

好像过了许久，她忽然叫了一声，他们听到了什么动静，都吓了一跳。坐起来后，发现楼梯的下端多了一团挺大的东西。开始以为是人，定下神来一瞧，原来是前两天他在她家看到的那只浅棕色的卷毛大狗。它趴在那里一动不动，好像早就趴在那里，没有出声，它不想打扰他们吗？它的目光似乎有点柔和，呆呆地望着他们，直到他们穿上衣服，走下来。

莎娜从手袋里找出那个装着纸片的烟盒，从中找到一个纸片给他看，上边写着"爸爸"两个字。跟着，她发出的洋文的字音竟然也是汉字"爸爸"的声音。洋人叫爸爸也是这个发音吗？他有一点奇怪。

她指一指自己，又指一指自己的家那个方向。他猜想，多半是她爸爸叫这只卷毛大狗来找她、招呼她，她爸爸正在家里等她。她必须回去。

她把他送到海大道的街口，雇到了一辆车。分手那一刻，他发现，她的脸上分明充满了无限的快乐、幸福，还有一种难舍难分的情感。这情感让他十分动心。如果不是有车夫站在那里，她肯定会扑上来抱住他吻他。他登上车，她又跑上来给他看了一如昨天的那个纸片，上边写着有如快乐化身的两个字：明天。

从这天起，他们几乎天天在兀立白河边这个荒芜的小楼里相见，相拥，亲昵，厮缠，纵欲，尽情地欢乐。对于他们，小楼不再是荒野一座废楼，而是他俩的天堂。在这里，各自的世界不再具有魅力，一切魔力都在他们自己的肉体上。他们甚至不再需要那些纸片上的文字了。他们好像天生就会阅读对方，用本能的肢体的行为畅快无比地交流着。这种伟大的天性的交流居然超越了一切文明的障碍。这种超越只是一时的，还是永远的？现在他们会想这些吗？

她和他没有不同。如果有，就是反过来——她比他更主动；如果和他家里的女人嫩贤相比，则更是截然相反。她不像嫩贤那样拘束，节制，被动，总像被捆绑着；捆绑着自己也捆绑着他。莎娜不然，不会害羞，她向他快活地敞开自己，也主动向他索取，享受着他也让他尽情享受着自己。也许正是这样，她叫欧阳觉感受到从未有过的一种本能与天性的放纵。

他们一起随心所欲，相互燃烧。他们在相互爱抚时，还一边自言自语，各说各的，不管对方是否能够听懂。她甚至轻轻唱起一支歌儿来，不知是为他还是为自己唱的。他听不懂歌词，却能从这种不曾听过的古怪又奇妙的曲调里，听出无限的温柔与深情。

这是一种非常美妙又神奇的体验！

她的蓝眼睛已经完全不再怪异了。在那透彻、纯净、空明之中，现在又多了许多东西。他能感知这些东西，这些东西在他心里也有。

欧阳觉不能向任何人诉说这种神奇的快乐。相反，他更不能被人发现。他必须不断改换去往租界那边的各种路径。他过去不曾来过这些地方，现在才知道由老城到紫竹林这一片地域竟然如此辽阔。由于他必须躲开一些有人的地方，往往路途就变得更长、更远。如果他要躲开船多人杂的白河沿岸，路途至少就增加一倍。

有一次，他绕来绕去，走进一个三四十户人家的小村，村边有一些废船，树间晒着黑色的细线绳编织的渔网，村里住的大概都是船户或渔民。村中间一块空地上有人练拳。打春天以来，不少地方年轻人赤膊光背，练这种雄赳赳的"义和拳"。练拳时还唱一种歌谣：

> 天打天门开，
>
> 地打地门来，
>
> 要学真武艺，
>
> 就跟老师来。

他不知这是什么意思，但唱起来很好听。当他穿过这小村时，被村里的人当作从租界出来的信教的二毛子截住了，好一通盘问才放出来。还有一次他赶上骤雨忽至，荒野里无处可躲，钻进一丛密实的野树丛里，足足一个多时辰才把雨躲过，却还是淋成了落汤鸡。待到了那小白楼，叫莎娜笑得喘不过气，把他扒得净光。她喜欢他被扒得净光的样子。

这样，在欧阳家里，最先发现他的变化的就一定是娴贤了。别看她人静默，却敏感而心细，一切她都看在心里。她和喜凤不同，欧阳尊的一切都在喜凤眼里，也在喜凤嘴里，并且总在喜凤的嘴里叨叨；欧阳觉的一切全在娴贤的心里，她却不言不语，含而不露。由他身上的气味，他各种细小的变化与不同，直到他每天回家来的神气，他的言谈话语——她发觉到他与以往大不一样了。

原先那种所谓洋粉纸的异香，现在跑到了欧阳觉的头发里，内衣里，胳肢窝里；他的衣服有时脏了一块，有时破一个裂口，一天居然穿一件亮闪闪、崭新的袍子回家，他说是自己在官前逛盛华衣装店时买的，可是他从来不自己到街上买衣服；年年春秋两季时令更衣之前，都是欧阳老爷从老家请来"红邦"裁缝来为一家老小量体制衣。欧阳老爷认准宁波裁缝的手艺，根本瞧不上粗手笨脚的天津人的针线活儿。

她猜不到他这些变化的缘由。

再去留心和留意，她还发现他许多方面都不对劲儿。说话有时着三不着两。全家一起吃饭时，父亲和大少爷谈起外边日见其乱的时局时，他心不在焉，完全接不上话茬，而且既不上心，也不担忧，好像他在天上活着。有时他会异乎寻常地兴高采烈，吃起东西又多又香，倒在床上呼呼大睡。一天夜里他先上了床，她卸了妆，来到床前，见他已睡得正酣，衣衫也没脱，心想他整天待在店里，太多的辛苦。她想给他脱下衣衫，换上细绸子的睡袍。一掀起他的衣领，吓了她一跳。他肩背上怎么受了伤？细一看，竟是两三排牙印子，细小的牙印，虽然不深，却渗出血迹，这是怎么回事？再往下一拉，露出一个鲜红又清晰的唇印。她看呆了，明白了。

当然，她又不明白，这个留在他肩背上牙印和唇印的女人是谁？即便如此，娴贤仍然相信丈夫的人品，不信他会去嫖娼狎妓。他平日往来全是文人雅士，诗画良朋，这女人会从哪儿来呢？

这一夜娴贤没睡，听了他一夜的鼾声。

转天起来，娴贤照旧侍候他用过早点，去宫南纸店当班。没露出一点心里的东西。

欧阳觉照旧由宫南街口，转道去了租界那边。他已经被卷入欲海之中，什么也顾不得了。直到晌午后才与莎娜分手回到老城这边。

他在街上吃过东西，到店点一点卯，决定先去育婴堂后边的天仙池泡个澡，把在小白楼里滚的一身土洗净。初夏来了，身上有土有汗不舒服。

天仙池是天津最好的浴池了。近两年很时兴，有钱的人都喜欢去泡澡。里边有两个池子一温一热，众人共用。来泡澡的人都脱光了，先在温水池里泡一会儿，让汗毛孔张开，再去热水池里烫一下。热水很烫，进了热水池都免不了大叫一声，可是这热水能把身上的脏东西都烫死。待到热池里烫过，再到温水池里搓洗干净，这便有一种说不出的清爽舒服。都说在这里泡一次，便如同脱去一层皮，成仙一般。

欧阳觉和大少爷每个月至少来两次，天仙池的花费高，来到这儿的人彼此大多认得。今天，欧阳觉脱去衣服，光溜溜进入温水池，池水二三尺，人都靠边坐着泡澡。这时一个人从那边的热水池爬上来，顺着池边从他身后走过，停了一下，忽然蹲了下来。他扭头一看，这人胖大滚圆的身子叫热水烫得红通通，像个刚蒸熟的大河蟹，还冒着热气儿。一张鼓鼓的圆脸朝着他笑嘻嘻。再一看，原来是城内隆盛酱园的少掌柜孙少俊，一个城中无人不知的浪荡公子。孙少俊把脑袋探过来，小声对他说："欧阳二少爷最近跟谁好上了？"

欧阳觉吓了一跳，心想自己的事怎么会叫他知道。他说："胡说什么？"可还是摸不着头脑。

孙少俊还是笑嘻嘻，说："哪是我说的，侯家后谁不知道。"

侯家后在北城外，天津妓院扎堆的地方。欧阳觉一听才放心，原来他是在胡乱说笑，便说："那是你常去的地方，我从来也不去。"

可是，事情并不简单。孙少俊忽用肥胖滚圆的手指肚戳了戳他右边的后肩说："这几口牙印子是谁咬的？说说，哪个妹子这么来劲儿？"说着笑出声来。

欧阳觉又吓一跳，自己后背哪来的牙印子，真的吗？他马上想到是莎娜咬的，他不知怎么回答，有点发傻。所幸这孙少俊并不认真，光着身子，打着趣儿走了。

他马上从池子里爬出来，去到自己包下的一间歇身的小屋子里，屋子里有躺椅、茶桌、衣架、立式的穿衣镜。他赤条条背对着镜子，扭过头一瞧自己的后背，果然有两三排牙印，热水一泡，更加清清楚楚。

他无心再去泡澡，躺在躺椅上想一想，心里开始打鼓，他确信这是莎娜咬的，可是这是在哪一天？如果是今天留下的还好办，如果是前一两天，会不会已经叫娅贤看见了？他仔细回想自己这几天的经历，觉得应该是大前天，当时他好像还叫："哎呀，你咬死我了！"他说的是中国话，她根本听不懂，可是那时谁还管谁说的是什么。

如果真是大前天，晚上睡觉时，娥贤就有可能看到。再一想，他觉得不妙，她应该是看到了，因为今天早上她伺候他吃早饭时，与往日不同，有点闷闷不乐。通常他出门，她都会送他到他们居住那个二道院的院门口。娥贤向例与他相敬如宾，但是她今儿怎么一直待在屋里没动劲儿。欧阳觉原本也还敏感，只不过他的心思全在莎娜一边，一点儿也没有留意。现在愈想就愈觉得她知道了。

后晌回去，他有意试一试她，娥贤如同往日，帮他宽衣换鞋，给他备上洗脸的热水，为他沏茶，还叫姜妈把书斋的熏香点上，一切又像什么事都没有发生，但他心里还是打鼓。他太了解娥贤，她是个把什么不好的事都掖在自己心里的人，一个把伤口藏在心里忍着的人。

七

今年欧阳家老槐树的花期迟了。每年这个时候，全家都会兴致勃勃等着迎接它花儿大开，香气四溢了。

娴贤刚来到欧阳家那年的花开时节，欧阳觉还把一些好友约到他的家来。那天他在大槐树下放一张大画案，摆上纸笔墨砚。欧阳家里的文房器物全是老东西好东西。纸是徽州泾县的，墨是曹素功的，笔是詹大有的，砚是肇庆的端砚，一方明制的天青砚，素面无工，只一个小小的磬片状的墨池，高古简约，叫人生爱。至于笔洗、镇尺、砚滴、笔架等等，无一不是精致的雅玩。这些文友就以头上的槐花为题，诗词唱和，书画帮衬，来一次雅聚。那天，娴贤还用家里保存的去年的槐花，给二少爷的文友们各沏上一杯淡金色的槐花茶，好激发他们的情致。欧阳觉只觉得哪位神仙拍了一下他的脑门，随即写下了一首五言诗：

> 槐灵摇笔管，
> 花魂醉墨池。
> 丹青无须画，
> 心诗天地知。

这首小诗叫友人们都叫好，尤其是"花魂醉墨池"一句，可以入典了。一时叫父亲和家人们都觉得脸上有光。过后，娴贤便用她那规矩又娟秀的馆阁体的小楷，把这首诗抄写在一张自家在文美斋定制的"槐荫堂"的笺纸上。欧阳老爷高兴地说，以后每年槐花时节，都在家里举行这样一次诗画雅聚。地方换到他前边的院里。他那道院有客厅，更气派。他说还要亲自出面，把城里马家桐、赵元礼、孟绣村等等老一辈的名家请来一些，给这些有出息的后生指点指点。

父亲的雅意叫欧阳觉和娴贤兴奋异常，心怀希望。

可是，去年老槐树身上出了那一堆邪乎事，就把这些心思全扰乱了。而且今年天热得奇怪，刚入五月就像下火了，鼓成豆儿一般的槐米就是不张开，花儿好像憋在那儿。要是总不开花，花骨朵不就蔫了，花香也就没了？

但是今年好像没人顾得上这事了。老爷和大少爷整天为时局犯愁。买卖的兴衰从来都是和时局连在一起。谁也猜不透官府到底是想压着义和团，讨好洋人；还是想和义和团联手，煞一煞胃口愈来愈大的列强？时局不定，人心散了，买卖明显一天不如一天。谁还想得起那种太平日子里添花添彩的事。二少爷更像忘了似的，直到今天，对这件诗画雅聚的事只字不提。

惦着这老槐树的似乎只剩下一个人，就是二少奶奶娴贤。其实娴贤是为了大家高兴才更用心。她早早叫人去把落花时收槐花使用的扫帚、簸箕、竹箩和晾晒的竹席全都买来。槐花是要入口的，所用的家什必须是干净的新的精制的。她认真做这些事，是想叫一家人日子安稳，老人心安。

欧阳家的男仆女佣都明白二少奶奶这份心意。

人意还得随着天意。谁也无法知道如今的天意了。

欧阳觉今天早上一出门，看到门前停着一辆轿车，城里边乘坐的车多是胶皮，怎么是辆轿车？恍惚间他竟以为莎娜坐在里边——可是莎娜怎么会跑到他家来？她连老城都没进过呢。只听车门一响，从车上跳下来一个人，却是大少爷欧阳尊。大少爷没等他问，就叫他上车，跟他坐车去一趟估衣街。欧阳觉怕莎娜在小白楼那边等他，便说："嘛事这么要紧，我上午宫南这边有事，下午再去你那边吧。"

大少爷说："嘛事也没这件事要紧，你跟我来吧。"说着硬把欧阳觉拉上车。大少爷比他年长七岁，虽然待他很好，但性子强，自小欧阳觉就对这位兄长惧怕三分。今儿见大哥说话的口气和脸上的神气都有些强硬，不知为了什么，只好依着他了。

一路闷闷无话，车子出了北城门外。可是刚进北大关，情形与平日不同，人很多很杂，正前方真武阁那边更是挤满了人，气氛紧张，好像出了什么事。正这时，有人"啪、啪"拍打车厢，喊着："快下车，大师兄刚下船，马上过来了！"

欧阳觉把车门推开一半，对外边说："我们去估衣街，我们的店就在街上。"

没想到，外边就骂上了："你他娘的就是府县老爷也得滚下来，没听过大师兄一到，文官下轿，武官下马吗？"说着猛一拉车门，差点把欧阳觉带下车去。

大少爷欧阳尊见状不妙，忙说："好说、好说，听你们的，我们这就下车。"

哥俩慌忙下了车，付过车钱，赶紧往估衣街走，都没敢正面瞧瞧喝喊他们下车的是什么人。

今儿估衣街不比往常，人至少多了三倍，好像大庙出会时那样。再一看，来来往往的人也跟平时不大一样，很少逛街和做买卖的，而且全是男人，没什么女人。男人中大汉居多，又黑又壮，全像农家人，身上没什么东西，挺多背个袋子。有的人背后居然插一柄大刀，刀把上垂一条红布穗子；有的人手持红缨扎枪，有的人干脆拿着锄头或一根打狗的榆木棍子。这当儿，一个比常人至少高出两头的光头汉子从对面虎虎生风地走来，忽然站住，瞅着他俩，问一句话，声调像唱戏的铜锤那样瓮声瓮气。欧阳觉没听清他说的是什么，刚回问一句，大汉就火了，朝他叫道："是直眼吗？"

口气凶得吓人。这话是问他俩是不是信教的二毛子。那时候，教徒在教堂里都两眼朝上，望着上帝。不信教的人便骂他们"直眼"或"二毛子"。洋人是"洋毛子"，信洋教的就是"二毛子"或"直眼"。不过"直眼"是山东那边对教徒的蔑称，天津这边多称"二毛子"，欧阳觉不大清楚，大少爷反应神速，笑着说："哪能信那个骗人的破玩意儿，我们是在前边干纸店的。您用纸自管找我。"

光头大汉瞥了他俩一眼，理也不理，径直走过去。好像一只猛虎擦肩而过。

大少爷赶紧拉着他拐进青云栈旁边一条小小的横街。估衣街两边的街巷都是愈往深处愈窄，最窄的小巷像鸡肠子，对面走人时必须侧过身、吸口气才能走过。他拉欧阳觉先走进一条鸡肠小巷，又扎进一个窄仄的小院，再钻进一间斗室，里边坐着一个人，见他们便站起来。这人戴着一个深色的茶镜，唇上两撇小胡，不知是谁。

坐下后，这人把眼镜一摘，一双鼠目直冒光。一看这双眼，有点熟。对方说："二少爷，我是马老板啊。"

欧阳觉这才认出是租界那边的马老板。他哪来的胡子？不等他问，马老板便说："胡子是临时粘上的。"

欧阳觉说："你干吗这个扮相？"

大少爷已经满脸气愤，不容他们多说，就对马老板说："把话全都告诉他吧！"

马老板迟疑了一下，便对欧阳觉说："二少爷，您可甭再往法租界那个破楼去了，再去就没命了！"说话口气很急，好像出了什么事。

欧阳觉很奇怪地问他："你怎么知道的？"

"不光我知道，租界里好几个和这边做买卖的中国人都知道了，有人看见您天天和莎娜小姐到那小楼里边去。您可别怪我说。要在平常我半个字儿也不会说，更不会跟大少爷说。现在我是怕闹出人命来。"

"还有谁知道，莎娜小姐她爹知道吗？"欧阳觉问。

"我就是怕她爹知道才来找您的。她爹可厉害了，他要是知道了还不一枪崩了您，莎娜小姐也肯定好不了。您可千千万万不能再去了！他会带着洋兵找您来，他可有好几百洋兵呢。不单洋枪，连大炮都有。他可是法租界最厉害的武官！"

欧阳觉还要问话，忽然从大少爷那里一个巴掌飞过来，啪！响亮地抽在欧阳觉的脸上。由于用力过猛，竟把欧阳觉连人带椅子全抽翻了。一只鞋飞了起来。

马老板吓得叫出声来。

欧阳觉被这突然猛烈的一击，打傻了。自他长大，他大哥从未打过他，更没使过这么大的劲儿打他。这表明大哥已经怒不可遏。

他被打得晕头转向，耳朵嗡嗡发响。马老板赶紧把他拉起来。只见大少爷脑袋上青筋暴起，眼睛瞪得极其可怕，浑身剧烈地发抖，站在那儿一句话说不出来；他好像还有更大的愤怒要发作出来。

马老板被吓呆了，不知如何缓解这局面，只是说："都怨我，怨我不该说，怨我多嘴，我不该来！"不过他还是苦苦地劝欧阳觉："不过我还是要说，二少爷您可千万不能再到租界那边去了。自打昨天，白河上来了好多外国兵船，哪国都有，租界里到处是洋兵，联军的总部就设在英租界的戈登堂。马上要和咱们这边打仗了。这会儿要是叫洋兵逮着就真没命了。再说，山东河北的义和团都往咱天津这边拥，如果叫他们以为您私通洋人，也没命了。莎娜小姐可是个洋人呵！"

大少爷突然把心里的话叫出来，虽然只是几句话，每句话都裹着一团怒火："这种连王八蛋都不干的事，你干？要是叫嫩贤和爹知道了怎么办？不是要他们命吗？租界那边都有人知道了，这边能没人知道？你不是要把咱家全毁了吗？你叫我怎么办？"说到这儿，气上来，又怒到极点。欧阳觉吓得趴下来给他跪下。他只朝欧阳觉喊了一声："我没你这兄弟了，死活你看着办吧！"扭身拉开门，出去，一摔门，走了。

屋里只剩下欧阳觉和马老板两人。

欧阳觉半天没言语，只是马老板在说："您要怪只怪我，别怪您大哥。他怕您这事惹祸招灾，你们一个买卖人家惹得起谁？该知道，这仗非打不可了。洋人、官府、义和团全要打。租界洋人那边天天增兵，火炮都运来了。打今天开始，租界已经出告示不叫进人了。老城这边也不好过来了。像我这种教民，已经没人再敢往这边来。今天，我是冒着一死，化了装，给您报信儿来的，您听我一句劝吧，千千万万不能再去了。"

欧阳觉开口却说："你可见到了莎娜小姐？"

他这句话叫马老板暗暗吃惊，心想这二少爷非但没有对自己言谢，此刻心里惦着的，居然仍旧是她。马老板摇摇头说："没有。十天前见过她一次，她叫我买一种洋人用嘴吹的'口琴'。打那一次就再没见过她。"

欧阳觉马上联想到，她在小阁楼哼歌给他听那可爱的一幕。他想，她肯定是想用这个"口琴"吹给他听。他问马老板："你能给我带一句话给她吗？我只求你这一件事。"

马老板心想，这二少爷中邪了。别看他长得聪明，心里挺迂。马老板知道这种事劝也没用，便说："您说吧。"

"你告她，今天下午在那小白楼等我，不见不散。"欧阳觉停一下，有点冲动地对马老板又说，"不管怎么样，就是生离死别，我也要再见她一次。"

他居然还要去！

马老板没想到，自他那次带二少爷去莎娜家，前后不过半个多月，到底怎么一回事，这二少爷竟然变成了这样。他认准二少爷着了魔，疯了。没再多说，多说也不管用。心想人家的生死，还得由着人家自己。反正仁至义尽了。他便戴上那个深色的茶镜匆匆告辞而去。

马老板走后，欧阳觉还是放心不下。心想今天整整一个上午，他没有去到小白楼那边，莎娜肯定去了，却一直没见到他。她会为他担心，而且莎娜一定会坚守在那里——等着他，怎么办？他不忍心她死死守在那里。于是，他眼前出现了那个可怜的洋女子孤单单地站在小楼前的身影，就像兀立在野草地里的那个荒废的小楼。自己应该立即站到她的面前。

八

时局如同天气，说变就变，今天和昨天确实不一样了。

这些日子，欧阳觉的眼睛里心里只有莎娜，别的什么也看不见放不下。今天知道自己身上的事与外边的世界相关，才去注意外边。这一看，原来这天下真的有事了，而且要出大事了。

他从估衣街出来，跑到北大关雇一辆胶皮，急急忙忙赶到东南城角，一直往溜米厂，路上处处遇到麻烦。

那时，街上跑的胶皮是从日本来的，称作"东洋车"，不知从哪天开始，这些"东洋车"的车背上都必须贴上一张纸，写上"太平车"才能通行。没贴这张纸的就不让通行。拦车的未必是义和团，有些是本地的混混痞子捣乱，或乘机勒索。欧阳觉坐的胶皮没贴"太平车"，两三次被拦，使点银子才接着跑路。

再往前走，总有麻烦，而且坐在车上又太招眼，就下车改作步行。走在街上，看到一群人连喊带叫往城东北角崇福庵那边跑，说是去看义和团烧教堂去，还有说去老龙头看团民扒铁道。天津这地方一惊一乍好起哄，他也不知道是真是假。

到了大营门他发现，今天去往紫竹林的轿车一辆也不见了。官府居然还派兵设卡盘查，武卫军也出来了，这些兵弁前胸后背都有一个"马"字，肯定是直隶提督马玉崑统领的武卫左军。还有些脑袋上扎着红黄头巾的——这就是义和团了。他们对往来的人问东问西，看似很严，也不知他们和官兵是不是一码事。欧阳觉感觉自己今天不会顺利，要想去租界绝不能走这条路了。如果从地广人稀的南城外那边绕道走，就得兜一个很大的圈子，他从未走过那条路，不知要用多少时间。他在道边一个蒸食摊上狼吞虎咽地吃饱喝足，再买了几个豆馅包揣在怀里，动身向西走去，道上的人愈来愈少。到了南城外的海光寺一带，人烟又变得稠密一些，为了不被人注意，他离开大道，进入野地。当他跨过当年僧格林沁建的那道土围子，就全是大开洼了。他只听说过这地方叫"蓝田"，从未来过，但他心里却有一个明确的租界的方位。他执意这样走下去，便渐渐消没在一片草木丛生、野水纵横的荒地里了。

城之南从来一片蛮荒，水坑遍地，沼泽到处都是，野得很。要想越过这些天然的障碍十分费劲；转来转去，常会乱了方向。像他这样一直待在书斋里的书生，哪有穿越这种荒野的本领。好容易才绕过很大一片沼泽和水域，硬穿过一道密不透风、齐人高的芦苇，前边出现一片绿油油的平地。他想到这块绿地上歇歇腿脚，一步跨上去，竟被一片密集的浮萍骗了，浮萍下边是漆黑可怕的深潭，瞬间只觉得忽地没了下去，冰凉的水一下子齐到胸口！他以为马上要没顶了，自己不会游泳，要没命了！他大喊"救命"——这呼救在荒野是不会有呼应的。谁知这时脚下居然神奇地触到了底。老天不叫他死！他一边挣扎，一边使出全身的力气，用了不少时候，才从这夺命的深潭里挣脱出来。

走出这片凶险莫测的芦苇荡，在前边零零落落也有几个小村。

他绝不敢往村里去，别再遇到麻烦，远远地避开了。直到日头偏西，才看到租界的影子。他有了希望，径直走去。渐渐地，不但看见一些高高矮矮的房子，还看到一条弯弯曲曲的土路，在斜阳里好像一条金色、发光的带子，伏现在暮霭笼罩的幽暗的大地上。他想到莎娜在那座小白楼里等他等得太久了，便加紧了脚步。可是，忽然他看到那条路上站着几个人影。他眼尖，定睛看去，竟然都是背枪的洋兵。他想起了上午马老板所说今天租界开始戒严的话。

依照他心中的方位，小白楼应该在道路的另一边，若要到那一边，就必须从前边眼前这条土路穿越过去；路上有洋兵，就只好等到天色再晚一些穿过。现在周边苇丛中的水鸟太多，只要走动，就会扑喇喇惊起一些，很容易被洋兵发现。

他见右边不远的地方有一片野树林，决定先到那里藏身，歇歇腿脚，补充一些体力。他小心翼翼走过去，钻进了树林，从中找到一块稍稍宽绰又隐秘的地方，先脱去湿漉漉、粘在身体上的袍子，晾在树杈上，又用一个草窝里的积水洗去脸上的泥土，这时才感到上午大哥那记耳光留下了一个奇大的肿胀，沾上水火辣辣的疼，肯定什么地方皮肤被打破了。他把带来的几个豆馅包全都吞进肚子，还趴到坑边喝了不少水，也不管水脏不脏了。他正要坐下来倚着一棵树好好歇一下，忽然从周边昏暗的草丛里迅疾地跳出几个人来，没等他看清是什么人，一团布硬塞进他的嘴里，跟着一个厚厚的麻袋已经套在头上，眼前立时黑了。这几个人很有蛮力，几下就把他翻过身按在地上，手脚全用绳子结结实实地绑上。欧阳觉心想这回完了，落在洋人手里了，没命了。

他被捆身蒙头，被一人扛起来，走了一段路，才放下来。放下来时手很重，像把一只死狗扔在地上。他已经顾不上疼了。他以为到了租界，可是待一会儿，他又被两个人一前一后抬起来继续走路。大概刚才那个背他的人累了，换作两人抬；走一段路，再换成一个人背。他给蒙着头，看不见，却听到全是蹚草和蹚水的声音，好像一直走在这种野地里，他们要把自己弄到哪儿去，租界并没这么远啊，他们不是洋兵吗？可是这些人很怪，沉默着，声也不吭。

走了很长的一段路，停了下来，好像是一块平地了。他又像死狗那样被扔在地上，这一下他左腿的膝盖撞在地上，很疼。他已经顾不上自己的死活了。他一边的耳朵正贴在地上，听到了一些马蹄声愈来愈近，好像还有含糊的说话声。然后他给扛起来，横着撂到一匹马上；他身体朝下，肚子贴着马背，脑袋和双腿垂在马的两边。这时，他忽然听出这些人并不是洋人，说的是中国话，他们是谁？他的头被蒙着，听不清楚他们说的是什么。

跟着，马跑了起来。那些人挟持着他纵骑而行。

他耳边响着急促又混乱的马蹄声，身子在马背上剧烈地上下颠簸着。他感到头昏脑涨，脑袋要裂，脑浆子要迸发出来，肚子里的东西翻腾着，他的腰在马背上很快就要断裂了。他想喊：我不想活了，你们弄死我吧！可是他嘴里堵着布，无法喊叫。他愈来愈喘不上气，不知不觉昏了过去。

下篇

一

　　他醒过来时，什么也看不见，他以为自己瞎了呢，因为他耳朵能听得见声音，听得见人的说话、马的嘶鸣，还有不知什么东西整齐而有力的噗噗声，不知这是什么声音。可是怎么一点光亮也没有，难道自己入了阴间？他动了动身子，觉得肩膀有一种被捆绑过的疼痛；一条腿的膝盖剧痛。这膝痛大概是被人扔在地上时摔的吧。这些疼痛唤起他对此前经历的记忆。现在绑在他身上的绳子没了，蒙在脑袋上的麻袋也没了，为什么还是一团漆黑？他眨了眨眼，眼球还能在眼眶骨碌骨碌转动；吧唧两下嘴，嘴巴清晰地在响；掐了掐自己的胳膊，也有明确的感觉；自己分明还活着。于是他摸了摸身子周边，才知道自己坐在地上，背靠着疙疙瘩瘩的泥墙，地上有许多干草，好像是干稻草。

　　他知道自己被关在一间屋子里，现在很黑很黑，应该是深夜吧，至于谁关了他则一无所知，也无法去猜。

　　过不多久，突然一声巨响，迎面一片强烈的白光亮照得他睁不开眼，随后在这片强光中，他看见一个黑黑的、看起来很强大的男人的身影走了过来。黑影一直投射在他身上。这黑影直冲着他喝道："你是不是洋毛子的奸细？"

这才知道自己确实没有落到洋人手里。他确实被关在一间黑屋子里。到底被关了多少时候？他醒来之前昏去了多少时候？全不知道。跟着，门又开了，又是一道强烈的光线照进来。原来现在并非黑夜，而是白天；这里这么黑，是因为门窗全部死死遮着。

跟着又进来几个汉子，其中两个举着火把，进来之后啪的把门关上。他不明白大白天里为什么不开着门，偏要关上门使用火把。闪动的火光照亮眼前的情景，十分吓人。刚才那大汉坐在屋子正中一条板凳上，壮硕的身躯如铁铸一般，火光中黑红的一张脸阴沉着，身后边几条汉子分列两边，个个满脸凶横，这场面神威雄猛，气势逼人，很像到了关帝庙。再看这些人装束很奇特，头扎蓝巾，腰束蓝带，腿缠蓝布裹腿，腰间斜插大刀；看样子，显然就是义和团了。他没想到天津这地方的义和团已经有了如此的阵势。迎面这大汉还是刚才那句话，厉声问他："你是不是洋毛子的奸细？"

欧阳觉说："我家是开纸店的，又不信教，连洋话都不懂，怎么当奸细？"他说的都是实话。因为全都是实话，说得很自然。

"你跑到租界那边去干吗？"

他哪敢提莎娜。下边的话就是编的了。他说："我店里的洋纸断货了，洋纸向来从租界进，我去看货，可是租界不让进了，再回来就走岔道儿了。"理由是编的，可洋纸的事是真的，他答得也顺溜。

"你右边脸上肿得这么高，怎么回事？"

他不大会说瞎话。可是到了生死关头，瞎话反而给逼出来了。谁知下边这个瞎话竟救了自己。他说："叫洋鬼子打的。上来就抽我一巴掌。"他的瞎话听起来还挺合理。

这大汉听罢，沉吟一下，扭头说："把三师兄叫来，这人归他了！"

很快门开了，随着外边射进的刺目的光线，一个人进来。这人脸很白，爽健清灵，眉眼长得也顺溜，带一股英气。进来就称这大汉为"大师兄"。大师兄把欧阳觉交给三师兄后就带人去了。屋里只剩下这个三师兄和一个举着火把的汉子。三师兄并不凶，说话直截了当，没有废话。他说："我叫人给你们拿点吃的。我不绑你们俩，你们听好了——老实给我待着，不能出屋，有屎就蹲到屋子那边去拉，只要出屋就有人砍了你们。"最后这句话又冷峻又厉害。

三师兄为什么说"你们"而不是"你"？在火把的照耀中，欧阳觉这才发现屋子的另一角，还有一个人，也靠墙坐着。那人似乎很矮小，瘦骨伶仃，像个鸡架子。由于屋子那边暗，火光照不到，他没有看清那瘦子长什么模样。

同时，欧阳觉还发现这屋子里横着几条很粗的榆木杆子，看来这是一间马房。自己被关在一间空马房里。很快就有人送来一盆粥，几个窝头，两个碗。三师兄没再说话，带着人去了，门啪的关上，并在外边锁死，屋里立时又是一团漆黑，一点光亮也透不进来，从这屋里也完全无法看到外边是怎么回事。很奇怪，他们干什么把屋子遮得这么严实。只是为了不叫他们知道外边的事吗？

欧阳觉一闻到粥的味道，即刻感到一种强烈的饥饿感。他朝那些吃的东西摸去，抓到就吃，一通狼吞虎咽。那边那个瘦子也爬过来，两人胡吃了一通，好像吃山珍海味，很快就把食物吃得净光。可是东西刚吃进去不多时，欧阳觉的肚子就疼起来，很快就疼得难忍，感觉自己好像吃进去一肚子坚硬又破碴的石块。他捂着肚子满地打滚，他觉得肚子要破了。黑暗中那瘦子问他："你多少天没吃东西了？"

他看不见瘦子，只听见他的声音有点特别，很沙哑。

"我哪里知道被抓进来多少天了，你呢？"欧阳觉说。

"我进来时，你就一直昏在这里没动劲儿，我已经进来两天了，你肯定时候更长。"瘦子说，"这么说，你好几天空着肚子，现在一下子猛吃进去这么多东西，肚子必定扛不住了。"

瘦子说完爬到门口那边，不知从哪里弄了碗水叫他喝了，又帮他把腿屈起来，抱成团儿卧着忍着。

他疼痛难当之时，不知为什么叫出嫩贤的名字来。那瘦子自然不知他喊叫的这个名字是谁。

他在疼痛的缓和中渐渐睡了。又不知过多长时候，醒来依旧一团黑。瘦子在他身边，告诉他，已经过去了一天。一天里两次有人送进来吃的，他没有叫醒他，因为他现在睡觉比吃东西更重要。瘦子说："我家是开药铺的，我懂点医，你先别吃东西，多喝水，消消食，等到肚子觉得饿就差不多了。"

瘦子又给他弄来一碗水喝下去，然后说："昨天那大师兄审你时，我听得出来，你不是奸细，我也不是奸细。我给谁当奸细？我去年才叫人拉着信了教。教堂总共才去了三四次。什么是教还没弄明白呢。你信教吗？"

"不信。一点也不懂。"欧阳觉有气无力地说，并问他，"他们就为了你信教，才抓你进来的？"

"不是。邻村一家一直欠我家不少钱，赖着不还，跟我家结了恨。义和团起来了，他们就告发我是洋人的奸细，给教堂的神父通风报信。想毁了我家，好把欠我家钱的事就此了了。这边义和团一听我是奸细就把我抓到这里来。"

"义和团会怎么办你？"

"砍头啊。这还不知道？在义和团这儿，给洋人当奸细是最大的罪过，一准砍脑袋！"

"你实话跟他们说啊。"

"谁都不认识谁，你的话谁信？"

"那怎么办？"

"没办法。我挨了几顿臭揍，现在不再揍了。他们说要派人去到我们村里问问，只要有人肯出头给我作保就放我，没人作保就砍我脑袋。现在就看我们村有没有人肯保我了。这个坛口规矩很严，他们不乱砍人。可是如果没人保我，就认准我是奸细，一准要砍我。"

"你没做奸细，就一定有人会保你。"

"说不好。毕竟我是教徒啊，现在谁还敢保二毛子？我肯定没命了。你知道这坛口砍了多少奸细？砍完之后就扔到村子后边的乱葬坑里。"

欧阳觉说："他们会跑那么远的路到天津城里给我取保吗？要是没人去取证，没人作保，我也没命了。"他感觉自己的处境如同这屋子一片漆黑。

两个临死的人只有说话，才好避开心里的恐怖和绝望。

在濒死的面前，欧阳觉已经感觉不到肚子疼了。对于他，现在最想弄明白的是这群义和团到底是怎么回事，他从不关心时局，对义和团知之寥寥，他总不能糊里糊涂叫人弄死，也不能这样束手待毙。他最想的是逃跑。他还是要去找莎娜。他不知道莎娜现在究竟怎样。她已经几天没有等到他，肯定焦急万分。只要他脑袋里出现她焦虑的样子，就更加急不可待地要逃出去。他问瘦子："我们逃不出去吗？你对这里熟不熟？"

"你做梦！你长一对翅膀也飞不出去。"瘦子沙哑的声音说，"这儿可是小南河高家村，人家乾字团队总首领刘十九的总坛口。天牢也没这儿守得严。"

"天牢？难道这儿还关着别的什么要人？"

"这你就不懂了，这儿守得严，不是守着别人，是守着刘十九他自己。眼下不光是洋人，天津城南有权有势的教徒哪个不想要他的脑袋？杨柳青的石士元总听说过吧。"

"没听说过。"欧阳觉说。

"你怎么什么也不知道？石士元在杨柳青镇可是说一不二的大老爷！要人有人，要枪有枪。他信教，当然也不是真信，不过想借一点洋人的威风。义和团闹起来后，他在镇上立起一个假团。"

"什么是假团？"

"不是真的呗。义和团专跟洋人和教徒干。哪有教徒成立义和团的？他一口气安了十三个坛口，他家是总坛口。他居然下帖子到高家村来，请刘十九去'拜坛'，想借机除掉刘十九。结果叫人家刘十九灭了，还把石家的洋枪粮草全都缴了过来，成立了快枪队。刘十九机警过人，下手又狠又辣。在义和团乾字团里他数头一号。"

"他是这高家村的人吗？"

"不是。他是山东那边的。今年开春才到高家村来。"

"刚才那大师兄、三师兄呢？"

"不知道了。我也是才刚见到他们。"

"我不明白他们这些称呼，师兄都是哪些人？刚才这大师兄就是你说的刘十九吗？"

"那可不是！谁能见到刘十九呢？咱们算个屁，哪配刘十九审问？"瘦子说，"义和团的总首领不叫师兄，称作'老师'。这儿的老师是刘十九，听说他的大名叫刘呈祥。老师手下的几个头领才叫'师兄'。依次称作'大师兄''二师兄''三师兄'。"

"刘十九是什么长相？"

"我怎么知道，只知道他十九岁。要不都叫刘十九呢。"

"十九岁怎么会这么厉害？"欧阳觉惊奇地问。

"都说他是刘伯温附体。使火枪打他，像打一面墙，他纹丝不动。"

"真有这种法力？你知道得可真不少。"

瘦子听了，说话有一点起劲。可是愈起劲，声音反倒愈沙哑，好像嗓子是破的。他说："外边传得更神。你别不信。他今年春天才到高家村这边来安坛。他人刚一到，从庆云、盐山、德州那边立马就过来一万多义和团来找他。把津西这一片大大小小村子全占了。没有法力谁跟他？"

"他长什么样？可是威武？"

"没人能说出他长什么样。我是大南河人，据说我们那边义和团的总首领韩以礼来到高家村这边拜坛，他都用红布遮着脸，只露一双眼。"

"他怕人看见他？那是为什么？"

"刚我不是说过，人人想要他脑袋，他怕人行刺！"

欧阳觉很奇怪，说："他不是有法吗，怎么还怕行刺？"

"可是他并不怕死。听说每次上阵打仗，他必杀在最前边，洋人枪炮伤不着他。"

"这能吗？"

"反正洋人都怕他。这儿离租界不算太远，洋人从来不敢到高家村这边来。直隶总督裕禄也敬着他，据说头次和他见面时，还送他一匹红鬃马呢。那是一匹千里马。"

黑暗中，欧阳觉与这瘦子谁也看不见谁，只能听见瘦子沙哑的嗓音。瘦子说的这些见所未见、闻所未闻的事，给他描绘出一个怪诞又离奇的世界。不管他信不信，反正现在自己落到了这个世界里。

几天前自己还在与莎娜一起纠缠在一个美妙无比、幻觉一般的天堂里，忽然一下子又掉到这个荒诞不经、光怪陆离的世界中来，真是难以想象，无法想象！可是，他与莎娜的事是自己真真切切经验过的，刘十九这些事却是瘦子绘声绘色说出来的。他有点怀疑瘦子这些话是否真实，是否是些讹传。他说："我生活在老城里边，完全不知道外边这些事。我想不明白，这儿与老城里怎么会是完全不同的两个天地？你这些话是亲眼所见，还是道听途说来的？"

"我都快掉脑袋了，还有说儿戏的话？如果你们城里也成了义和团的天下，那会更不一样！你想得到吗——义和团从山东、河北那边到天津这边不过才两三个月，现在村村都立起坛口，人人都练拳习法，全要神仙附体。好像洪水到了，一片汪洋大海。要不你怎么会关在这儿？你刚见到的大师兄三师兄也是传闻？"

欧阳觉无语了。他开始想，自己将会怎样？会只有死路一条吗？会不会再有生机？他还会遇到什么更离奇的事？这两个多月他遭遇到的，比他二十多年来遇到的事都多得多，而且全都离奇、荒诞、美妙又可怕。可是想来想去，现在他最惦着的还是分别在老城和租界两边、彼此毫无关系的几个人：一边是在苦苦等着他的莎娜，一边是突然失去了他、一定在焦急地寻找他的父亲、娥贤，还有大哥。他怎样才能见到他们？

此刻，他如同跌落一个无底又无边的井里，愈落愈深，却抓不着任何能够救命的东西。当他感到茫然无助时，长叹一声，绝望地说："生不如死啊！"

瘦子沙哑的应答更绝望，也更冷静："我在劫难逃。"

瘦子猜对了自己的命。转天他被带走。他同村的人无人愿为他担保，依照义和团的规矩，他被拉去砍了头。到底是不是奸细，还是没人能够知道。他是不是屈死鬼，只有阎王明白。虽然这瘦子与他只有几日之交，而且是在伸手不见五指的黑暗里，瘦子留给他的也只有那极沙哑的声音形象；可是这个略通医道的瘦子帮助他消解了腹疼之苦。他心里感谢他。特别是瘦子的这些话，叫他知道了好多事，知道自己极其特殊的处境与险境。这些话告诫了他，帮了他，甚至救了他。

现在，只有欧阳觉孤单一个人蹲在这黑屋子里了。

过几天，忽然门又打开，三师兄爽健的身影在刺眼的亮光中，对他说："你会记账吗？"

这句没头没脑的问话叫他怔了一会儿才说："我家是做买卖的，自然会记。"

三师兄说："你跟我来。"

他迟疑地站起身。刚起身，一时站不住；待站住了，又走不了；身子晃得厉害，左膝依然很疼。他摇晃着身子、一瘸一拐跟在三师兄后边走出屋子。更叫他受不住的是外边太强烈的光线，他在黑屋子里关了好几天，一出来眼睛都要照瞎了。他一边尽量保持身体平衡，不摔倒，一边把眼虚虚乎乎眯缝成一条细缝，才强使自己跟在三师兄的身后走到院子的另一头，进了一个小门。屋里光线暗，眼睛才舒服一些。三师兄说："你在这儿跟着这朱三记账，一切听他的。"

欧阳觉渐渐看清对面坐着一个人，近五十岁，一张暗黄的长脸没有光泽，芝麻小眼，嘴唇发白，鼻孔里伸出很长的鼻毛，像废井里伸出的野草。他身穿一件带补丁的破褂子，头上裹着一条蓝巾；一副不近人情的样子，此时正在一张小木桌前记账。桌上一个破算盘，一块石头砚台，堆满了账本。

三师兄说话做事麻利简练。他只对这朱三说了一句："看好他，把规矩告他，每天后晌有人来领他回马房。"说完转身就走，来去如风。

朱三自己坐着，叫他站那儿听。朱三用训斥的口气，把这里十分苛刻的规矩一一告诉他，然后问他："我告诉你的，可都记住了？"朱三说话明显带着城南一带乡村的口音。

欧阳觉是个读书人，头脑聪明，立即把朱三东一句西一句的话，用《论语》里的话归纳为三条：非礼勿视，非礼勿问，非礼勿动。

但这种聪明在这儿没用，反惹来朱三的不高兴，向他呵斥道："用得着这么咬文嚼字吗？低头干活别东张西望，不准打听坛口里的事，在屋里待着，哪儿也不准去，私自跑出院子就打断你的腿。这几条规矩也记不住，什么木头脑袋？还用我再说第三遍吗？"

欧阳觉赶紧把朱三的话一字不差地重复一遍，朱三才满意。现在他还不知道那个三师兄下边会怎么发落自己，当务之急是保住自己的性命。他最想知道三师兄有没有派人去到老城那边为自己是否是奸细去取证取保，但他不能问，因为取保这事是瘦子告诉他的，并不是三师兄对他说的。现在叫他来记账，至少说明还没有打算要他的性命。他只有把记账的事认真做好，叫他们高兴，认为自己对他们有用，才有活下去的可能。

欧阳觉发现，朱三这人看似不好对付，实际也只是一个认字识数的乡人而已，能耐十分有限。只要自己努力帮助朱三把事做好，并且让旁人觉得这些事全是朱三干的，叫朱三离不开自己，自己就有希望保住性命。其实，原本欧阳觉并没有这种处事处人的心路，现在给死活相逼，总算有一点了。

他干的活儿是给库房记账。库房相当大，前边小屋记账，后边几间大房子储物。这儿原本是一个大户的粮仓。大户是个二毛子，刘十九一到跑了，现在被总坛口用作储备军需物资和粮草的地方。

欧阳觉每日要做的事，是跟着朱三登记进出库房的各种物品。

所有登录账本的数目当天都要禀报三师兄。三师兄管理这些事很像大哥欧阳尊掌管纸店，一切都要巨细无遗，心明眼亮。他们登账的物品很杂，包括衣物、兵器、粮食、药品，打仗缴获来的各种战利品，以及给死去团民安葬的必需品等等。这些东西每天进进出出真不少。甭说朱三本事不大，即使有能耐，一个人也很难扛起来。欧阳觉干得十分卖力，也挺吃力。他过去终日游戏于笔墨之间，没干过这种操心费力的活儿。再说一连折腾了这些天，身体有点垮了，再加上一条腿一瘸一拐，很像破车拉货。可是为了活命，只有豁出命干。

团民们每次出去作战，库房都要大忙一阵。有时单是大刀长枪就要领走几十捆，粮草火药几十车。往往一仗获胜归来，又会有几十车战利品入库进账，收缴的比领取的还多。欧阳觉只管记账，不管卸货，尤其武器之类绝不叫他沾手，他也绝不敢伸手碰一碰。

最初几天，天天早上欧阳觉被朱三从马房领去，晚上有固定团民把他押送回去。天天从不闲着，很是疲乏。可是过了这几天，欧阳觉反觉得身上的元气一点点回来了。主要的原因是在库房干活，一日三餐吃得和团民一样，顿顿有玉米饼子、煮菜和热汤。肚子鼓了，血也活了。所有活物全都靠吃的。

人有了气血，也就有了精神。虽然他用不听不看不问不动严格地管束自己，暗中却留心观察自己所处的环境。他看得出这个坛口有章有矩，井然有序，还有股子紧张和肃杀之气。他发现这里的把守确实极严，几乎无处没有岗哨，每座房的房顶都有团民昂然而立，中间没有空缺与缝隙。自己若要一动，立刻就会被看见。这真应上瘦子的那句带着警告意味的话——"插翅难逃"了。

这里的人相互很少交谈，没人说笑，没人抽烟，绝不准喝酒。偶然听说春天刚刚安坛不久，二师兄去黑牛城打一伙二毛子，回来路上吃饭时喝了一壶酒，回来后叫刘十九闻出来了，亲自在他背上抽了十鞭子，背上抽开了花儿，半个多月天天只能趴着睡觉。

在阳光照耀里，坛口处处闪着刀光。人们见面都单手竖垂胸前，施礼打问讯；双方致问的用语奇怪难解；如果一边说"贵保"，另一边必答"第子"，不知何意。渐渐他还知道，这里虽是总坛口，但师兄们另有住处。至于总首领刘十九老师住在哪儿谁也不知，更不能问。团民们扎营、操练、上法，都在这院子外边。院墙很高，他在里边看不到外边。有时在院里，可以听到外边时常传来团民操练时，用脚一齐跺地——就是那种"噗噗"声。这声音很重，一下一下，大地好似颤动。可以想见外边的团民之多之众，声势之浩大，他像被围在中间，紧紧箍在铁桶里。

他没有想逃，他无法逃。

当然，他渴望逃，渴望去见到他那个已然隔绝多日的莎娜；他见不到她，却看得见那双美丽而深挚的蓝眼睛在远远地期待着他。一天夜里，他被自己喊叫惊醒。醒了之后又给自己的喊声吓得要死。他不知自己喊了什么。幸好没人听到。可是他又想，夜里这么静，屋顶和院中都有岗哨，怎么会没人听到？是不是他的叫喊只在自己的心里，并没有发出声音？

他必须克制自己，首先把自己的命留下来。现实逼得他必须现实起来。

二

进入五月中旬，城中一日一变。

老城西北边，大批鲁冀两地的团民头上扎着红、黄、蓝、紫各色头巾头布沿着南运河源源不断地拥向五河下梢的天津。有的齐整地列队而行，张旗列帜，貌似官军；有的如同散兵游勇，漫无纪律，甚至三五成群，一帮一伙，持刀挟棒，好像游逛，即使这种景象也充满着威胁。他们所到之处，教徒们纷纷躲逃。可是谁都知道，他们是冲着驻扎在天津的紫竹林租界里的洋人的军队来的。此时，大沽炮台已经叫洋人占了，不少国家的兵船由海上经由白河已经可以毫无遮拦地直接开到紫竹林。

义和团按八卦区分，外人分不清，他们自己一看就知道谁是哪个团。谁是乾字团，谁是坎字团，谁是离字团，老师是谁。就像家雀儿，谁和谁一窝儿，心里都清楚。这些团民大多是庄稼汉、渔夫、铁匠、船工、商贩、扛活、苦力、游民和乞丐，没人发给他们团服，就穿平日的褂子裤子。现在天气已经炎热，这些人习惯了热了就脱光膀子，亮出一身累月经年晒得黝黑的肌肉。他们脚上踩着布鞋，甚至是草鞋；穿草鞋的多在腰上挂上两双新的，以备鞋穿坏了好换。尽管这些来自四面八方的草莽斗士的衣履乱无头绪，但是瞒不过在码头上长大、看惯南来北往各色人等的聪明的天津人。他们只要看一眼这些团民头巾和腰带不同的颜色，就能识辨出他们从属于哪个团。

五月中旬之前，这些抵津的团民大都在城外猫着，悄悄安坛扎营，等待时机举事。那时天津驻扎着势力强大的各部官军。尤其是聂士成统领的武卫前军，装备精良，手里也使洋枪。此前，官府对"拳乱"一直弹压，叫喊着格杀勿论。可是近来变了，朝廷里一拨人要剿灭"拳匪"，一拨人却想借用不怕死的义和团遏制野心勃勃的洋人，甚至想把洋人赶下海去。洋人执仗着船坚炮利，义和团却说他们神仙附体，能避火炮。朝廷里态度不一，一拨人说义和团的刀枪不入是欺世的诳语，一拨人却痴信不疑。就连太后与皇上也不是一条心，大臣们的心就更不齐了。上边出了棱缝，下边就有空子可钻。这一来，就让猫着腰的义和团直起身子来。

庚子这年大旱，农人地里没活可干，自来就是容易闹事的年份，也自然就会把心里的怒气朝向这些年盛气凌人、恨不得骑在大清脖子上的列强。义和团原本就是大地上的野火，随风延烧，这便乱无头绪一拥而至来到津门，要和洋人一决生死。这几天，城外的团民简直就像闹蝗灾那样越聚越多，官府想管也管不住了。

五月十七那天，有人在三义庙安坛，官府得到消息立即派来兵勇，气汹汹地禁了。转天一帮团民来得更凶，几条汉子拿着大刀在三义庙前广场上划地为界，大刀锐利的刀头在石板地面咔嚓咔嚓划出火星子，留下一道深痕。跟着就下大门，上法请神，一位上了法的师兄光着膀子，拿一块三寸厚的石板往自己脑门子上硬砸，石板哗啦一声粉粉碎，脑袋却完好无事。耳听为虚，眼见为实。这一下叫人信了，马上立起了坛口。三义庙一成事，城内外争相举事。有人把城里镇署前、西门内、仓门口三座教堂点火烧了，跟着就有一群胆大包天的人跑到三岔河口，把望海楼教堂点起火来。如今教堂起火没人救，只有烧，火势愈烧愈大，天黑之后，把夜空都照亮了。不少人跑到城墙上去看望海楼教堂着火。自从咸丰十年天津人把望海楼烧了，闹出了震惊中外的教案，砍了不少不怕死的烈性汉子。从此天津人和洋人结下宿仇。整整过了三十年，今儿这座倒霉的教堂又烧起来，而且烧得更起劲。人们看着这场火，就像看大年三十的焰火。这时候，老城这边只是一个劲儿逞着仇洋仇教盛大的气势，根本没想到紫竹林租界里边洋人们会怎么看。

转一天，坎字团总首领曹福田从静海率领数千团民，在城西北的吕祖堂摆上香案，竖刀立枪，烧香上法，立起了总坛。更厉害的是乾字团的总首领张德成把他声势赫赫的"天下第一团"从独流直接搬到了天津城内，总坛口就安在北城里的小宜门口。张德成策马进城时，各样的花花绿绿的牙边大旗像潮水一般涌入了城门，一时百姓们全跪在街道两边，举香相迎。义和团一下子就把天津城占了。有了张老师和曹老师，再加上津南的刘十九老师，义和团便称雄津门。

这小宜门口离着府署街的欧阳家，只有几百步的路。张德成任何大的举动，欧阳家都听得见声音。

想想这些天，义和团真像神兵天降那样，一眨眼的工夫已经满城皆是。乾字团尚红，在城里放眼看去，街头巷尾到处是红。不知为什么，这叫欧阳老爷想到去年那些由天而降的吊死鬼和不知从哪里飞来闹翻了天的大黑乌鸦。尤其城里三处教堂一同起火那天夜里，大红烧亮了半边天，他坐在堂屋里都能看见，很容易又叫他想到去年除夕那天老槐树忽然起火。他想，这回真要把天捅破了。

天津这地方本来就有点邪乎。

平常里好似太平无事，表面万物相谐，气息融通，有吃有喝，有东西买，有地方玩乐。可是这里是退海之地，土里边有碱，水里有盐，空气有腥，这些东西也在这地方人的血里。人的血里要是有这些东西，脾气、性情、好恶、口胃、处事、活法都和别的地方不一样。眼睛里、脑筋里、骨子里的东西也和别人不一样。人有兴趣的事、在乎的事、生出来的事更和别的地方不一样。所以，这地方虽是一个市井生活的俗世，却总冒出奇人奇事。口口相传也多是传奇。义和团一来，各种奇闻怪事愈加真真假假，神乎其神，层出不穷。

义和团进城之后，黄莲圣母也来到天津。她是坐船由南运河过来的。她把她那只挂满红灯笼的大船，停在了侯家后的河边，当作坛口。天津的女人都像每年三月二十三日天后娘娘诞辰那样，拥到那里去看，还争相加入红灯照，穿上鲜亮的红衣红裤，招摇过市。红灯照三天一次都要进城踩街，一两千个红衣女子列好队伍从北门进来，围着鼓楼转一圈，再出去。个个背刀、蒙面、提灯、挥扇，齐声叫道：

妇女不梳头，

砍掉洋人头，

妇女不裹脚，

杀尽洋人笑呵呵。

天津城立时就疯了。这场面想都不敢想，现在就在眼前。

欧阳家的姜妈上街买葱，叫两个穿红衣的女子拦住，叫她加入红灯照，姜妈说她不是姑娘家，干不了这个。那两个红衣女子问她多大岁数，有没有丈夫。这才知道，不止一个红灯照。中年女人可以加入蓝灯照，孀妇可以加入黑灯照，老年妇女还可以加入砂锅照，用砂锅给义和团煮饭吃。这就要拉着姜妈到坛口去登记入册，吓得她把葱扔了，上气不接下气地跑回家去，从此不敢再上街，买菜的事就交给张义去办了。

叫欧阳家受惊的事接连而至。

一天忽听墙外边有人叫喊，说义和团放火烧欧阳家的外墙。张义跑出门一看，果然东西南北四面墙上都冒着火苗，吓坏了他。仔细再看，原来是挂在外墙上的字纸篓叫人点了火。那时候天津城里有个习俗，一些人家为了敬重文化，珍惜带有文字的纸张，便在墙上挂个竹篾编织的篓子，上边贴个纸条，写上"敬惜字纸"四个字，提醒人们见到地上有字的纸，拾起来放到篓中。欧阳老爷初来天津时见了，非常赞赏，说江南自来就有这个"惜字"的古风，欧阳家做纸的生意，更要把这个风习看重，也这样做了；外墙每面各挂两只。二十年来早成了这座老宅的一种从不可缺的文雅的饰物。可是现在不知叫哪个小混混点着了。张义见事情不大，马上把这些着火的纸篓摘下来灭了。一场虚惊过去。只是没有了字纸篓的大墙空荡荡。欧阳老爷见了叹息一声，说道："每逢乱世，斯文扫地。"

一天，有人来欧阳家"啪啪"拍门，说是义和团要去紫竹林烧洋楼，叫他家烙四十八张得胜饼，熬八桶绿豆汤，等着犒劳得胜归来的团民。可是东西做好了，摆在那里，没人来取。天很热了，欧阳一家人的胃口都小，没人能吃这么多，挺好的白面大饼绿豆汤全都馊了。过两天几个头扎红布的团民上门来要钱，张义从老爷那里拿些银子给了他们，事后总觉得这几个人面熟，思来想去，怎么想都像白衣庵那边爱闹事的几个小锅伙。再一天，事情有点吓人了，有人用手掌的掌心一下一下重重地拍门，像练金砂掌，开开门，门口站着一帮人说要借他们的前院做坛口，这就把欧阳一家吓毛了。那两天就怕有人来敲门。一听有人叫门就心跳，好像鬼叫门。幸亏这帮人过后没有再来。为什么没有来也不知道。

外边太乱，到处都是坛口，有本地人立帜安坛，也有各地的人随随便便自立门户，乱无头绪，真假难分。大少爷想出两个应对的招数，一是叫张义头上扎一块红布，假说自己也加入了义和团，这就不会有人再来找麻烦。这招还真管用，再有扎着头巾自称团民的人叫门，张义就戴着红头巾出去相迎。他长得本来就魁梧，扎上头巾壮壮实实很像团民。不管对方是真是假，都不会再有要求。另一个招数，是在大门上贴一张红纸，写上"义和神拳大获全胜"八个大字，现在很多城里大户人家都用这法子避免打扰。可是，以往这种写字的事都由二少爷胜任，如今只能由欧阳老爷来写。老爷一提起笔，不由得潸然泪下。

半个多月来，失踪的二少爷一直没消息，欧阳家好像丢了魂儿，全家上上下下里里外外只忙一件事：找二少爷！可是愈找愈没信儿，好好一个人怎么说没就没了？欧阳老爷在天津二十年，还没听说谁家哪个人突然无影无踪。老爷把宫南纸店的所有伙计一个不少，全都叫到家里挨个盘问，也没找出一个由头。只有韦小三说的一句话引起他的注意。他说自二少爷到宫南当班，多半都是午后才去到店里，很少上午去。欧阳老爷感到蹊跷，明明他每天早饭后就出家门去了宫南，怎么没到店里，他会去了哪儿。是不是他觉得在店里无趣，每天上午偷着去会会那些笔墨朋友。欧阳老爷就派人到二少爷那些交往较多的文友那里去问，结果都说没有见到。二少爷外边的关系有限，连他平日里不时过访的书院、画馆、书铺和古董店全去问了，都摇头说没见到。这就怪了，总不能掉护城河里。

欧阳一家人都帮老爷东猜西想，唯独两人话不多。一个是大少爷，一个是娴贤。他俩心里各自都揣着一些事，心里边都有揣度，但都不能说。可是这两人心里揣的东西并不一样，猜想的也各不相同。

大少爷知道得最多。他甚至见到过那个洋女人，他知道二弟着了魔，他认定二弟的失踪肯定与那个洋女人有关。可是那天在估衣街，他对二弟火发得那么厉害，他还敢再去租界去找那个洋女人吗？二弟读书多，应该是个明白人，难道念书能把人念傻了，真和梁山伯那么迂？可是如果不去租界、只在城里边怎么会失踪？在眼下这个万分凶险的时候，洋人也红了眼，若是真的去了租界，八成会给洋人抓住。若是落到洋女人她爹——那个法国军官手里，一定凶多吉少。想到这里，他脚底发凉，心里发慌，后悔自己那天抽了二弟一个耳光，当时不知哪来那么大的劲，那一下可以抽散一扇门板！兄弟俩二十多年，他从未动手打过他，那一下死死抽打在兄弟光滑的脸蛋上的感觉，现在还留在自己的手掌上，叫他心疼！这一下到底是把他和那洋女人打散了，还是反而把他们打到一块去了？

当时为什么不把他拉回家，或找个地方关起来？可是现在说什么也没用了。他悔恨不已，自己对不住二弟，对不住父亲和嫩贤。这些天，其实他一直背着家人千方百计寻找二弟，却一直没音讯。看来二弟是困在租界了。

他还告诫自己，千万不能露出洋女人这件事。如果叫嫩贤知道了，就等于要她的命。

可是，叫他奇怪的是，在他家，对二弟失踪最沉得住气的反倒是嫩贤。表面看，她生活得一如既往。从不与人谈论此事，也不急着叫人跑东跑西去找二少爷。她挺在乎的却是父亲的心情，有时去父亲那里坐坐，听听老爷的胡想乱猜，偶尔插嘴说两句，都是给父亲心头的焦躁浇一点凉水。大少爷暗想，弟妹这个女人，如此处乱不惊，善待老人，真是了不得一位内涵大义的贤德女子，自己的喜凤与她一比，差之千里！可是过后的一天，他发现弟妹瘦了，脖子上的青筋出来了，眼袋也有些下垂，再去留意，她吃的明显也少。人心里的东西终究难以掩盖。他便悄悄对她相劝几句："弟妹放心，我一直派人在外边找他。现在外边太乱，出点意外不奇怪。不过二弟是聪明人，不管遇着什么情形，他都会保全自己。"

说话这会儿，他和嫩贤正从父亲那道院出来，左右没人，嫩贤忽然低声说："拜托大哥一件事。"

欧阳尊说："弟妹别客气，有什么自管说，我去办。"

庄嫩贤略略迟疑一下，说道："是否能到侯家后那种地方找一找？"她说话的口气像说闲话，说完依旧不动声色。

大少爷一怔。没想到她心里原来有东西。她竟然知道二弟失踪的原因是与女人有关，但她肯定不知道那个洋女人，因为她把二弟在外边的事往侯家后的妓院去猜。大少爷想，肯定是二弟平时一些什么蛛丝马迹叫嫩贤发现了。看来她早知道二弟有负于她，如果换了喜凤，家里还不翻了天？于是他更佩服嫩贤的容忍与沉着。她这样做，不只为了自己，为了自己的自尊，也是为了欧阳这个家的颜面与声誉。他很感动，又不便表达，便小声安慰她说："这我想到了，也正打听着，弟妹自管把事交给我好了。我必把他找回来！"

庄嫩贤只是很有分寸地叮嘱一句："大哥小心，不要叫外人知道。"

欧阳尊是个非常明白的人。他说："我明白，对家里也是一样。弟妹放心。"

嫩贤谢过大哥，静静回到自己那个大槐树阴影笼罩的院子。

欧阳尊很清楚嫩贤叮嘱他的意思，关于二弟的所有事情，所有想法，所有信息，他一直都不叫喜凤知道。他深知喜凤这个人没有坏心，但是过分热心，好奇心重，说话没轻没重。一件麻烦事若是叫这种人掺和进来只能更麻烦。此前的一天，喜凤来到嫩贤的房中串门。她并非想来打探什么消息，只想到嫩贤现在很焦急又孤单，想来陪陪她。进门就见嫩贤一人坐在那里闷闷地嗑着瓜子。她说："你的瓜子不是一直放在那个青瓷小罐里吗？怎么改用将军罐了？"

嫩贤马上起来让她坐，"二少爷没回来。小罐满了，就往这里放了。反正没什么事儿，嗑惯了。你爱吃就拿去吃吧。"

喜凤说："你留给他吧。我看他也该回来了。挺大一个活人丢不了，在外边能待多久？"

娴贤微微一笑，没说话，接着嗑瓜子。

喜凤说："我就纳闷，他能飞到哪儿去？他不告他大哥，不告他爹，不会一点也不告诉你吧。"

喜凤这句话使娴贤脸上的笑容消失了。她还是没说话，嗑着瓜子。喜凤粗心，没看出来。

喜凤忽把脸凑过来，打着趣说："别是跟什么人跑了吧。"喜凤说完，还笑嘻嘻地瞧着她。

没想到娴贤停了一下，猛然咳了一声，跟着弯下身子，喉咙里一个劲儿使劲地向外呛气，脸色马上变得煞白，好像什么急病发作。喜凤吓得没有主意，忙喊姜妈。幸好自从欧阳觉失踪之后，欧阳老爷叫姜妈平时没事就待在娴贤身边，多多陪她。姜妈听见喜凤喊叫，赶忙跑来。她看出二少奶奶是给瓜子壳卡住了喉咙，忙去掰了块馒头来，叫娴贤就着桌上的茶水吞了下去。这法子很管用，一下子就把卡在喉咙里的瓜子壳带进了肚子。

随后再咳两声，只是吐出一口痰，带着一点鲜血。

姜妈不知二少奶奶怎么会叫瓜子壳卡了喉咙。她已经为二少爷嗑了好几年瓜子，还从来没有卡过喉咙。喜凤更没有敏感到她那句打趣的话，恰好触碰了娴贤的心结——她正是一直疑心欧阳觉失踪的原因是与人私奔了。

这个弱女子心中的隐痛也只有大少爷知道一些。现在，就看欧阳尊能否帮助她尽快把二少爷找回来了。

今早，欧阳一家就被"轰、轰"的炮声吵醒。有人嚷嚷说洋人往城里打炮；有人走街串巷地嚷着，说张老师上法了，叫家家户户夜里张挂红灯，白天将家中女人的秽物蒙在屋顶的烟囱上，可以挡洋人的炮火。张义问老爷该怎么办。欧阳老爷是浙江人，又是读书人家，尊崇儒学，从不理会怪力乱神，更不大通晓天津卫这地方的邪魔外道。他说夜里门口挂上一盏红灯就行了，自己怎好叫儿媳们把秽物光天化日晾在房上？再说，这些天的炮声一直都在城外边响。官军确实与义和团联手跟洋人打上了，可是都在城外边打，具体在什么地方其说不一。今天说在机器局，明天说在西沽武库，后天又说在武备学堂，离老城都挺远。而且官军也有火炮，不知这炮声是谁打的。天津人过去很少听到炮声，眼下天天轰隆轰隆响个不停，闹得胆战心惊，一颗心好似在体内上上下下，却一直也没见一个炮弹落到城池里边。

眼下天津城内外的买卖家，只要不是卖吃卖喝，大多歇业关张。欧阳家的宫南和估衣街的两个纸店，也在十天前就上了门板。店里的伙计们大多没有辞退，守在店里，怕的是失火。一旦失火得有人救，百十吨纸烧起来就是火焰山。大少爷每天都要往城东城北两个店巡查一遍，还要差人挖空心思去找二弟。幸好家里边有张义遇事可以顶上。他脑袋上扎的那块红布着实管用。张义笑着对大少爷说："这块红布真能避邪。"

这天后晌，大少爷从估衣街回来，刚要进门。从身后过来两个人，一胖一瘦，看装束不像团民。可是那个瘦高个子腰间系一条紫色的带子。天津人现在都知道紫色腰带是离字团。

不等他开口，圆脸胖子就问他："你是开纸店欧阳家的大少爷吧！"

欧阳尊说："是。你是哪位，有事找我？"

圆脸胖子绷着脸冲他说："想见你兄弟吗？"

欧阳尊一惊，说："你知道他在哪儿？"

圆脸胖子说："不跟你废话，想见就跟我们走！"说完径直往前走，头也不回。

欧阳尊老老实实跟在他们后边。

他边走边想，这两个人是谁，二弟犯了什么事，怎么会在他们手里？听他们口音是山东的，不是天津话；看他们的腰带应该是义和团。可是二弟不信教犯不上他们，难道是二弟又去了租界，叫他们抓住了？他无法猜到缘由。他还没有见到二弟，又不知他们要把自己带到哪儿去。

他紧跟着前边一胖一瘦的身影出了北门，过了浮桥，沿河向西，一路看到河上黑压压停满了船只，大都靠岸拴缆，桅杆上一律挂着照眼的红灯笼，有的红灯奇大，有的一长串几十个红灯，有的插满大旗还有巨幅垂落，大概就是红灯照的坛口了。河上划动的小船没有桅杆，都用一根竹竿挑着一盏小小的红灯球儿。此时，天色已黑，红灯万盏，远远近近，大大小小，密如繁星，景象璀璨，奇异壮观。河岸上的人很多，大多是团民。这一胖一瘦穿行其中，非但没有缓行，反而加快了脚步，他紧紧跟着他们，生怕跟丢了。待穿过了一群群人，走到北大寺一带人便少了。再穿过一片歪歪斜斜的老树，便走进了一座小庙。这庙他以前从未来过，不知供着何方神圣。只见庙内外挂着二三十个灯笼，把院内和殿里照得亮闪闪，院里站着几个团民，穿戴不一，有的扎着包头，有的没扎，光头垂一根辫子；有的腰带是紫的，还有两人系的是黄腰带，看上去很不正规。他刚一进殿，就听迎面传来一个声音，话里带着威胁："你用多少银子救你兄弟？"

这话听上去有点像绑票。殿里灯光照眼，他看不见说话的人，赶忙说："我听您的。您说多少就是多少。您得先告我，我兄弟现在哪儿？"

不料对方说："在哪儿不能告诉你。"

"我怎么才能见到他？"

"你出钱，我们出力。我们去救你兄弟，可你得先把银子拿来，不然我们不管。"

欧阳尊糊涂了，二弟到底在不在他们手上？他们真知道二弟的下落吗？二弟到底在哪儿，还要他们去救？欧阳尊有脑子，他要问个明白。便说："你们是怎么知道我兄弟找不着的？"

对方听罢大笑，可是没等这人说话，忽然殿外一片混乱。有喝呼声，有跑步声，还有刀剑撞击的声音，跟着一群人呼啦啦闯了进来。他们手举着火光熊熊的火把，照着一群巾带鲜黄的团民；中间一人蓄着黑须，一双剑眉，十分英武。他对着殿内的人喝道："你们是哪个团的？"

"离字团。"

"老师是谁？"

"庞老师。"对方的声音有点发虚。

"大师兄、二师兄姓甚名谁？快说！"

对方迟疑了，说不出来。这个黑须汉子厉声说："他娘的——黑团！哪来的一帮土棍无赖，胆敢冒充神团？全拿下来，押到吕祖堂去。"紧跟着，这些手举火把的团民拥了上去，殿里的人没有抵抗，就全给抓起来押走。黑须汉子走过来看了看欧阳尊，问道："你在这儿干什么？"

欧阳尊照实说了。黑须汉子说："算你走运，赶上我们清团。你差点叫这个假团绑票了。"说完带着这一帮人又呼啦啦全走了，只把大少爷一人留在灯光闪闪的空庙里。

第二天才知道，昨晚义和团举城清团。城里由乾字团张德成老师清，城北城东由坎字团曹福田老师清，砸了不少假团黑团的坛口，都是冒着义和团的神威诬人骗财的。有人说这些都是二毛子干的，其实不是，教徒早吓破胆，自身难保，哪里还有胆子干这种事。大都是本地的混混或外来的痞子诈点钱财吧。据说有一老者，蓄着长须，披发道装，自称一百零八岁，达摩老祖的转世。他在东城韦陀庙后边自立坛口，教人咒语与神功，学会可以避祸消灾，借此骗财。这次清团被张德成捉去，从头而下劈成了两半。有人说这老者原先是在北大关摆卦摊的，胡子是用羊毛粘上去的；也有人说是洋神父冒充的，愈说愈荒诞不经。不过清团之后，城中倒是清朗一些，妖言惑众也少了不少。

只一件事叫大少爷想不明白，昨天夜里来诬他那伙假团怎么知道他兄弟失踪的？他们由哪里得来的消息？别是他家里或店里什么人与外边内勾外连？

可是，当下想这些事没有用，当务之急还是找到二弟。如果二弟有难，拖的时候愈长愈不妙。

三

　　欧阳尊思来想去，认准了二弟身在租界。他确信自己的判断绝不会有差错。

　　他想二弟失踪的原因无非两个：一在别人，一在自己。所谓别人，就是被人打劫了。打劫他有什么用，无非图财绑票。如是这样，这么长时间了，总得有人上门来勒索敲诈，可是半个多月过去，一点动静没有。中间仅有一次，还是假团造的。留下一个小尾巴，是谁把二弟失踪的消息告诉那个假团的？

　　不论这个小尾巴是怎么回事。反正被人打劫，绝无可能。

　　再一个原因就是二弟自己。他自己跑走的，找那个洋女人去了。二弟中了那洋女人的魔是定而无疑的。虽然马老板把事关生死的利害都摆在他眼前，他还是不到黄河不回头，不撞南墙不死心，殉情绝命也认了。不管自己能不能理解，反正二弟一定是为了这个缘由才失踪的。他跑到租界去了。

　　可以肯定，二弟为了那个洋女人才失踪的。

　　欧阳尊到底还是个做买卖的，脑袋好使，多乱的事也能理清头绪。

　　若是跑到租界去，结果无非也是两个：一是被洋人捉住，一是和那洋女人私奔。私奔能奔到哪儿去？倘若叫洋人捉住，肯定是凶多吉少了。

想到这儿，急死了大少爷。要想弄清楚这件事，还要去问马老板。但是仗已经打起来，老城和租界刀枪相向，怎么去问？为了找到这条途径，他费尽心思，想尽办法，背着父亲使了许多银子——头一遭从纸店提取钱财。可是即便如此，效果也不大。现在这时候办事太难了，钱用了不少，大都白白花费了。

自从上次在估衣街与马老板一见，再没见过他。那次人家冒险而来，还化了装，戴着茶镜，粘着胡须，真够朋友。自己摔门而去之后，二弟和马老板之间发生了什么？二弟是何态度，如果二弟色迷心窍，强叫马老板把他再带到租界去呢，有没有可能？他一概不知。他终究不在场啊。猜的事不能算数。

对于租界的了解，欧阳尊比欧阳觉知得的多得多。他的一些生意与租界相关。租界虽不常去，也不时会去。尤其英法租界道儿还熟，认得几个人。至于跑洋务的中国人，也不止认识马老板一个。还有一位徐二爷，是杭州人，比马老板还要老到，人又活泛。马老板会说洋话，徐二爷会看洋文，在租界里就算半个洋人了。他和马老板一样干的都是洋货行，家全安在租界里。

徐二爷在租界那边吃得开，马老板在天津这边朋友多，他首先托人设法找到马老板，可是几次有了线索，却没有找到人。是不是拜托一下在租界里人脉宽广的徐二爷呢？再想一下，不行！人家徐二爷并不知道这里边的事，又不好叫人带话过去，弄不好家丑就外扬了。于是他决定冒险亲自跑一趟租界。他把银子用到府县和海关衙门，可是当下官军和洋人两边大炮都架上了，官府反而说不上话。一位见多识广的朋友告诉他，这时候只有近几年刚刚兴起的新式的邮路没有中断，两边的关卡对邮车还都放行。做生意的人最会利用机会。他就钻了这个空子，买通驿丞，哧溜一下钻进了邮车。更幸运的是这邮车到达的地方——大清邮局。那座漂亮的灰砖大楼就盖在法租界的中央。只要到了大清邮局，去到法租界哪儿都方便。

在邮车顺利通过官军把守的那个高大的土夯的大营门之后，就来到老城和租界之间宽宽的大道上。这时，他看到了一种迥异于平时的十分严峻的战时景象。两边大片草木纵横的荒野上，时时能见到新筑的工事，集结或行进中的军队，正在架设的火炮；由于地面辽阔，没有遮挡，还可以清晰地听到由白河北边传来的炮吼。远远一处什么地方在起火，在碧空里有一条拖了很长而化不开的浓烟。路上偶尔还会遇到一些弹坑。洋人正在监督着中国的苦力们修补这条刚刚遭到破坏的道路，这条路将是洋人进攻天津老城最重要的通道。

租界果然也不拦截邮车。通过几道洋人临时架起的路障，进入租界之后，反倒显得平静，只是很少见到人影。

欧阳尊下了邮车，定了定神，他心里清楚法租界的方位，顺利找到马老板的住处，但是门锁着，怎么也敲不开。他心急之下大声呼叫马老板的姓名。门没叫开，反倒惊动了两名法国巡警过来向他盘问，他仅会的那几句应酬用的洋话还挺管用，尽管什么也没表达清楚，起码叫这两个法国警察没有视他为敌，放了他。

他还有一个办法，就是去找徐二爷帮忙。徐二爷住在租界靠近白河的一幢圆顶的三层小楼里，这小楼也是他办公的洋行。两年前他就是在那座小楼里认识的徐二爷。他循着记忆去找，没费多大劲，也找到了徐二爷的小楼。敲敲门，徐二爷刚好在家。这才叫作柳暗花明。

他挺喜欢徐二爷这个人，好打交道，人长得善静，细皮嫩肉，肥嘟嘟一张圆脸上，小鼻子小眼儿，两撇细胡；手像猪手，脚像猪脚，肚子在大褂中间像个小锅鼓出来。天津人很少这种长相。他见了欧阳尊，露出惊讶，张开的嘴在圆脸上停了片刻，禁不住叫道："是大少爷欧阳尊吧，怎么这会儿跑到租界来了？您坐着炮弹飞来的吧。"他笑嘻嘻把欧阳尊请进楼。

欧阳尊说："我是跟着邮车过来的。"

"您真行，眼下两边只剩下这一种车了。您定是有特别着急的事吧。"

"我来找马老板，刚去找过他，他没在家。"欧阳尊说。他只提找马老板，没说什么事。他是买卖人，买卖人总是把真正的意图藏在嘴里，在没弄清楚情况之前，不会随便说出本意。

"我也好久没见他了。不过他这会儿准在租界里，哪儿也不会去。他是教民，躲在租界里最安全。"徐二爷说。

"他没在家，还会去哪儿？"欧阳尊问。

徐二爷笑了，说："多半在教堂吧。很多教民都躲在那里，洋人也躲到那儿。教堂外边有洋兵把守，房子又结实，比家里安全多了。"

"这法租界不会只有一个教堂吧，马老板会躲在哪个教堂呢？"欧阳尊问。

"自然是紫竹林教堂了。现在英租界最安全的是戈登堂，法租界是紫竹林教堂。这也是租界里最老的教堂，和望海楼教堂前后建起来的。比你们老城里的鼓楼还高还结实。"徐二爷说，"离这儿不算远，就隔着三条街，我陪您过去找找看。"徐二爷很爽快，热心，愿意帮忙。

"那就再好不过了，我不通洋话，不好跟人家打听。"欧阳尊忙说。这时候有人肯帮忙，就跟救命差不多。

两人出来往河边一拐，吓了欧阳尊一跳，河上全是兵船，船上站满背着枪的洋兵。他们一色兵服，头戴着一种扁平宽檐的帽子，背上很大一个背包，排列十分整齐。兵船上全是长长的炮筒，炮筒全都向着西北方向倾斜，好像一齐对准老城；无数花花的旗子在河上的疾风中唰唰翻飞。大批的军械、货箱、帐篷、马匹正在由舰船往岸上卸货。场面气势很大，与那天他在南运河看到的红灯万盏的场面一样壮观，真像拉开阵势要决一死战了。

徐二爷说："最近不少国家运兵过来。看来咱们得赶紧离开这河边，别叫他们怀疑咱们是来刺探军情的奸细。"

他们迅速离开河边，刚转到一条横街上，又一个场面也叫欧阳尊感到吃惊。隔过一道铁栅栏围墙，他看到挺大一个院子，一座很结实、漂亮、带着一排高大石柱的建筑前面，一群人分成前后两排列成阵势，前排坐在椅子凳子上，后排全站着，大多数人手执长枪，不知要干什么。他怕被这些人当作奸细，刚要大步走过。忽见那群人的前排有几个洋女人，一个头戴宽檐软帽，身穿蓬松的长裙，有点像莎娜？正在迟疑不决时。徐二爷忽然隔着铁护栏大声和院内那些人说话，然后扭头对欧阳尊说："这儿是法兰西领事馆，大概怕打起仗来人就散了，照个相留念。"又说："他们很多人都认得我。"一边与院里的洋人亲热地摆手、打招呼。

这时，欧阳尊已经看清楚院里那个穿长裙的洋女人是一个中年女子，不是莎娜。他跟着徐二爷继续向前走。他问道："他们不是军人，怎么全拿着枪？"

徐二爷告诉他："现在租界的洋人全都武装起来了。他们很怕义和团打进来，很怕、很怕。"他说话的口气足以表明形势的严峻。别看租界貌似平静，但连空气里都有一股看不见的极端紧张的气息。

再过一条街，他们就来到紫竹林教堂前。欧阳尊的感觉，好像马上就要见到二弟了。

紫竹林教堂确实有一种神圣感，这幢用中国的砖石砌起的奇异的教堂，敦厚又峻拔，两边对称式的塔楼增添它的庄重与威严，一些狭窄而竖长的窗孔又使它蕴含一种深不可测的神秘感。也许由于它紧挨着白河，风潮气湿，虽然建造起来不过三十几年，却已旧迹斑斑；朝北一面大墙上，发黑的砖面泛起白花花大片大片的碱花。然而，凭着它"最古老"的身份，一直是租界有身份的人才能出入的教堂，现在自然也是最重要的避难所了。看守大门的人居然全是荷枪实弹的军人。这里是不准一般人入内的。徐二爷用他精熟的洋文，和这里的守卫笑眯眯地一通好说歹说，人家才派人进去找。不知马老板是否躲在里边，等了不少时候，欧阳尊担心马老板不在这里，可就在这时马老板竟然从教堂里跑出来了。

徐二爷是个察言观色懂分寸的人。他知道此时此刻欧阳尊来找马老板，原因一定非同寻常。当他帮助欧阳尊找到了马老板，自己立刻就借口有事告辞去了。

欧阳尊心里很急，他把马老板当作救命稻草，没等马老板对他寒暄，开口就问："我二弟在哪儿？"好像他二弟在马老板的嘴里。他想立刻听到回答。

马老板说："什么？二少爷见不到了吗？什么时候？"

"半个多月了，从估衣街那天，我摔门走后，就没再见过他！"

"怎么会？"

"怎么不会，反正我没见过他！他没了！"大少爷说。他一听马老板也不知他兄弟在哪儿，心就凉了；这一凉反而更急。

"难道你怀疑我？我那天可是冒着危险跑过去不叫他再到租界这边来的。"

"当然你不会把他带来。可是他就是没了，从那天以后没人再见到他。半个多月，一丁点消息都没有。"

马老板下边的话叫欧阳尊更惊奇。他说："这就怪了，莎娜小姐也没了！"

"什么？"他的声音不觉很大。

"我说的是莎娜小姐——那个和你兄弟相好的洋女人也没了，失踪了！"

"这就奇了！"欧阳尊不知出了什么大事，简直愈来愈不可思议。在惊奇中他好似自言自语，"难道他俩真的私奔了？"

"别瞎猜了。这时候和一个洋女人私奔，能奔出哪儿去。方圆几百里，到处全是义和团。"

"那洋女人什么时候没的？"

"不知哪天呢。她爹——那个法国军官还向我打听过。他很着急，也冒火。他怕他闺女叫义和团抓去，也一直在找。"

"他知道我兄弟和他闺女的事吗？"

"不知道。租界这边只有两个人见过莎娜小姐和一个中国年轻男人总往那小白楼里去。可是并不知道这中国男人是谁，更不知道跟我有什么关系。这事只有你和我心里明白。"

"你认为，他俩全都没了，是不是一回事？"欧阳尊问。

今天见面，他们各自给了对方一个可怕的信息，都是对方意想不到的、十分震惊的、不可思议的：欧阳尊告诉马老板的是他二弟失踪了；马老板告诉欧阳尊的是莎娜失踪了。如果两个失踪的人不是同一个原因，怎么会同时失踪的？如果是同一个原因，如果一起私奔了，会私奔到哪儿去？宁波慈溪？远渡重洋去法兰西？落荒而逃漫无目的，最后一起落入义和团手中？不管怎么想，关键是怎么确定？确定不了到哪里去找？

马老板心里有两件事，是欧阳尊不知道的。一件事是那天在估衣街，欧阳尊摔门走后，欧阳觉请他回到租界后捎话给莎娜，要她在那座荒废的小白楼里等着他，他要与她"不见不散"。马老板返回租界后并没带话给莎娜，他怕惹事，无论是大少爷欧阳尊还是那个法国军官他都不能招惹。再一件事是，转过两天莎娜忽然来到马老板家，请马老板去老城那边找到欧阳觉，约欧阳觉来小白楼一见，她天天在那里等他，见不到他，她想他想得不想活了。她那悲伤难耐又情深至切的神情，叫马老板受了感动。马老板有心再冒险去一趟老城，但他思前想后，还是惹不起两边家里的人。他没有答应这个可怜的蓝眼睛的姑娘。

可是，叫马老板奇怪的是，那天欧阳觉信誓旦旦地要到租界的小白楼去见莎娜，还要"不见不散"。他去了吗？如果去了，为什么莎娜没见到他？还在等他。这真有点离奇。

马老板打算把这两件事告诉给欧阳尊。却又怕说出来，叫欧阳尊认为自己与这件事纠缠得太多。他和这事前前后后已经有了不少关系。不能再往一起扰了。一边，他和欧阳家今后还有生意要做；另一边，要叫洋军官知道，会引来祸事。现在，这事已经涉及两个人去向不明，吉凶难测，还是离得愈远愈好。他决定什么也不说了，把自己从这件事中择出去。于是他说："这真不好说。兴许是一回事，兴许不是一回事。可到底是怎么回事——只有他们自己知道，咱们怎么知道？"下边就是些后悔莫及和于事无补的话了，"只怪我当初不该代莎娜小姐把二少爷请到租界去，不然哪会惹出下边这些事来。"还说："我真闹不明白，两个人连话都不通，谁也不知谁说的是什么，谁也不知谁的意思，怎么会好成这样，死活都不管了。"他困惑不解，连连摇头叹息。

欧阳尊朝他摇摇手，说："不要再说了，怎么说都没用了。既然人不在这儿，我回城了，邮车还等我呢。"

马老板送他到中街上的大清邮局。幸亏他这时候走得及时，大批从舰上下船的各国军队正源源不断来到租界正中的大街上列队，然后还要前往英租界戈登堂那边集结。他与马老板匆匆分手后登上邮车，车子刚刚横穿大街，大街就不让走人了。一队队洋兵踩着鼓点，齐刷刷向南行进。皮鞋跺在地上的声音刚劲有力，十分吓人；

110

数千杆乌黑闪光的洋枪构成一片雄赳赳、杀气腾腾的海洋。跟着洋鼓洋号响亮震耳地吹奏起来。他禁不住对车夫说："快、快、快"，盼望邮车快快离开这里。

在回城的车子里，欧阳尊忽然忍不住掉下泪来，叫同去的驿丞不知怎么回事。问他为了什么，他也不说。他此去租界，满怀希望能找到二弟。他认准二弟就在租界。如果在洋人手里，他砸锅卖铁也要把二弟弄回来。谁知这一趟非但没有找到，连那个洋女人也同样失踪了。事情反而更加扑朔迷离。

他像一只船，千辛万苦到达了希望的彼岸，刚刚靠岸，那个彼岸却沉入了一片浩渺无边的汪洋里。

最后一个希望也落了空。

他真的没了二弟，去处不明，死活不知。他哭出了声，泪水从捂脸的双手的指缝中汩汩下流。

下了邮车，进了城，他觉得有些异样。大街两边到处摆着香案，家家户户门前高挑红灯，缕缕香烟在灯光中缭绕，烧香的味道在空气中浓浓地弥漫着，整座城像一座大庙。他心里乱着，无心留意，不问何事，也不知何事。到了家门口，只见那里摆着一筐得胜饼、一缸绿豆汤，还有那张城隍会设摆时用的朱砂供桌，上面摆着香炉，依照义和团的规矩供着一碗清水和三个白面馒头。张义头扎红布，正在那里张罗着，见面便说义和神团在马家口与洋鬼子交了一仗，打得洋人屁滚尿流，还眉飞色舞地说今天坎字团曹老师和乾字团张老师亲自上阵，阵前上法，团民纷纷飞身到租界用香火点燃洋楼，焚烧无数。欧阳尊刚刚从租界回来，没有见到哪儿洋楼起火，心知这传说不实也不能反驳；什么都没说，进了门楼。

每天回家，照例都要到父亲那里请安。

这些日子，每见父亲，父亲都是先不说话，似乎等他能带回什么消息——关于二弟的消息。每次他都是摇摇头，默不作言。父亲指指椅子，他便坐下来。父亲不再多问，以免换来失望。

今天，父亲好像有话要对他说，先问他："你看这时局能否好转？"

欧阳尊说："我感到大战在即。"

父亲又问："你看官军和义和团打得过洋人吗？"

欧阳尊说："今天租界来了至少六七千洋兵。据说连俄国兵、意国兵全到了。"

父亲说："这些国家在咱们这儿没有租界。他们想着如果仗打赢了，也割一块租界。"父亲把时局看得很透。

欧阳尊说："是。日本也派不少军队来。现在白河里全是洋人的兵舰，还运来不少新式的大炮。"

"你怎么知道的？你又没去租界亲眼看见。"父亲说。

他忽觉自己失口，慌忙遮掩，说："我碰见送邮件的驿丞说的。他们现在还往租界送信取信。两边官府断了联系，一些官府往来的文书有时要靠他们传送。"

欧阳老爷沉吟片刻，叹息道："一国难抵八国。洋人们全联上手了。这边官府和义和团却是貌合神离，各干各的。"

大少爷说:"父亲说得是,武卫前军的聂将军过去一直弹压义和团乱,听说现在义和团常和他们有械斗。"

父亲这才把他要说的话说了出来:"我想叫你和喜凤回到宁波老家去躲一躲。咱老家有人也有房子。"

欧阳尊怔住了,他说:"这怎么能,您呢?要躲也是您回到老家去躲,哪能把您扔下。我在这儿盯着。"

"我不动了,就待在这里了。纸店放在这里不用再管,打起来准是一场大火,管也管不了。这两天我已经把家里的细软都收拾好了,你们带回去。明天你去把两个店清理一下,要紧的和金贵的东西都带上。尤其账本要全装箱带回去。最迟三天就离开。晚了就来不及了。城里很多人家都走了。"欧阳老爷说。他神情沉着,说得有条不紊,看来事事早都想好,现在像在安排后事。

欧阳尊有点发急,"您为什么不回老家躲躲?"

"我等你二弟。"他说得很平静。

"我等比您管用,我还能去找。"欧阳尊说。

"我看找是找不着了,只有等。"欧阳老爷说。欧阳尊没想到父亲对事情想得这么清楚。父亲接着说:"我不能走,还有一个原因,是为了娴贤。她整天不说话,表面上不动声色,你知道吗——她人天天坐在屋里给你二弟嗑瓜子,嗑了三大瓷罐了。这孩子已经受病了。她是绝不会走的,我忍心扔下她吗?我在这儿她还能挺着。我若一走,她必死无疑。"他停了一下,脸色忽变得十分凝重,决然地说:"我死也不会走!"

父亲这句话有如誓死之言。

欧阳尊悲怆至极,心里一急,双腿一屈,给父亲跪了下来。

四

一连多日，欧阳觉在朱三手下老老实实埋头做事；不听，不闻，不看，不问。清晨从马房到库房去记账，下晌从库房回马房睡觉；来回穿过院子时，从不左顾右盼，只低头走路。他看见的，只有太阳把站守在屋顶的团民照下来的身影。早晨是站守东边房上团民的影子照在院中，影子向西；傍晚是站守西边房上团民的影子照在院中，影子向东。其他他全不看。他怕哪一天三师兄忽然来说："没人给你作保，你就是奸细，拉去砍头！"

这担心天天威胁着他。

一天黄昏，库房里的活儿忙完，朱三把他交给一个团民押回马房。进了那臭烘烘的黑屋子时，看到里边多了两个人，一男一女靠墙坐着。这团民严厉地呵斥了一句："你们不准说话！"就关门去了。

门一关上，立时黑乎乎一片。就在刚刚进门时的恍惚之间，他见这两人都披散着头发——女的散了发髻，男的散了辫子，样子很狼狈，至于什么长相根本没看到。

他们不敢说话。

天黑之前，外边还有些各种响动，后来响动愈来愈少，渐渐静下来，屋内更静更黑。那两个人中的男人最先对他开口说话："你关在这儿多少天了，什么事？"声音很低很小，却很清晰。

"有一阵子了。"他不敢多说。

"他们会砍你脑袋吗？"

"还没有。"他说，等于没说。

"啊啊，是没有。你是教徒吧。"

"你们是？"他没有回答，只是反问。

"是啊。我们那里的教徒全跑出来了。虽说教徒不全砍脑袋，可在当地要是有仇家，生死就难说了。我们是南皮的。你是哪儿的？"

"南皮那么远，怎么给抓到这儿来？"他还是只问不答。他已经知道在这儿怎么才能活下来。

"我们自己跑过来的，不是想躲到租界里去吗，就差几步给他们抓到了，我们命不好。"对方说。

欧阳觉没搭腔。他拿定主意，不主动开口，对方若问，就所答非所问来敷衍。

沉默一会儿。那女人小声对那男人说些什么，听不清楚。

忽然那男人对那女人怒道："再怨谁也没用了，命到这儿了，等死吧！人早晚不就一死？别怕就是了。"

"我怕。"那女人哭了。

"怕了管用，你就怕。不管用，就别怕，再怕就是自己吓唬自己。"

那女人只是哭，他们不再说话。欧阳觉累了一天，迷迷糊糊睡着了。不知什么时候，咣当一声门打开，几个团民举着火把、提着刀进来。喝道："站起来，马上站起来！"

那两个南皮人站了起来，欧阳觉以为没有自己的事，坐着没动。一个团民忽朝他叫道："你也站起来，一起走！"

欧阳觉两条腿立时软了，站起来后迈不开步子。没想到死竟这么容易，说死就要死了。

团民将他们押出院子，天已经发白了。东西看不清楚，但影子特别清晰。他们给团民押着，从院子后边穿过一片稀疏的树林，绕过水塘，登上一个高坡，坡下芦苇十分浓密，不知芦苇下边是不是水坑。团民叫他们面朝苇坑跪下。欧阳觉感到自己的末日到了，眼一黑，身子一软，差点栽了下去，后边的团民一把将他抓住。

团民把亮晃晃的刀架在那两个南皮人的脖子上，厉声问："有没有仗势欺人？敢说一句假话就砍头！"

没想到人临死和活着的时候不一样。那个怕死的女的居然嘴很硬，大声说没有；那个不怕死的男的竟然没有说出话来，显出他的心虚。

他们身后忽然发出一个响亮的声音："砍了！"

团民手起刀落，这两人瞬间头朝下栽进坑里。坑里芦苇很深，唰唰两声是草响，掉进去就看不见了。

团民又把冰凉的大刀架在欧阳觉的脖子上，同样厉声问："是不是奸细？敢说瞎话就砍了你！"

此刻，欧阳觉反倒觉得心里不怕了。反正自己要死了，说什么都一样，张嘴还是那几句实话："我家是干纸店的，没干过坏事，也不信教。"

停了一会儿，身后边又响起刚才那个响亮的声音："把他带回去！"

怎么？不砍他了？起死回生了？他不敢相信。这到底是怎么回事？在返回村里的路上，他两条腿还像面条那样不听使唤，一直给两个团民架着拖着拉着。忽然他发现走在前面的人背影熟识——竟然是三师兄！哦，饶他不死的竟是三师兄！

回到库房，朱三依旧在那里写账，见了他依旧淡淡地说："来了。"然后手指一张凳子叫他坐下。

欧阳觉坐在凳子上缓了许久，魂儿才回来。朱三对他说："打今天起，你不再住那个马房了，跟我到前边那个院子里去住。"说完，起身把一包衣服扔在他怀里，说，"这是三师兄叫你换上的。"

他打开看，竟是几件旧衣服，还有一条挺宽的蓝色的布条子，就是团民扎的那种腰带。

他傻了。这些日子，他一直在接连不断的厄运里；现在对突然临到头上这事竟判断不出是好是坏，为了什么？两天后，他才明白了这里边的变化与含意。看来，这些天里，自己在明处，人家在暗处，一直盯着自己的一举一动。至于他们是不是去过老城那边摸了他的底，他一无所知，也不敢多问。反正现在人家不把他当作奸细看了；三师兄给他那几件换穿的衣服，特别是那条作为义和团标志的蓝腰带，等于把一种信任扔给了他吧。

还有，三师兄叫他搬出马房，就是把他解脱了。至于叫他和朱三住在一起，是因为朱三离不开他这个帮手，还是叫朱三继续看着他，就不清楚了。这些天，他和朱三在一起，把朱三哄得不错。别人都叫"朱三"，唯有他称作"朱三爷"，这是老城里人的习惯——"爷"是敬称。可是这称呼叫朱三听得入耳。朱三虽然认字识数，在村里没人拿他当回事，现在有个城里识文断字的人天天称他"朱三爷"，心里边当然很美，也有面子。欧阳觉记账时还故意把字写得不工整，歪歪扭扭难看一些，为了不叫朱三生妒。看来，他待人处事真是聪明一些了。那么，在三师兄那里给他说好话的，是否就是这个鼻毛很长的朱三？

人在什么地方转运，为什么转运，自己未必明白。

他新搬进的院子，比原先那个院子像样多了。院里有三四棵树，一口井。是一个住人的院子，房子至少七八间，虽然间量不大，却住着不少人。这些人在坛口中各司其职。有鼓手、号手、掌刑人、马夫、伙夫等等；他和朱三是"管账先生"。他们这些人都归三师兄管。每天各忙各的，进进出出。这里稍稍宽松一些，可以说说话，闲聊几句也无妨，但不该说的还是不能说。院子的把守反而更严，小猫小狗也别想溜进来。进门有暗号，一天一换，今日是"全胜"，明天就换成"白马"。这暗号每天都是由朱三告诉他。三师兄不时会来，却无常规。每来必有事，没事不会来。三师兄办事利索，一切举动，喝水、走路全都极快，不说废话和闲话；目光锐利，咄咄逼人，和他面对，谁也不敢跟他双目对视。可是在高家村整个坛口好比一辆大车，三师兄是轴杆，车上的一切都压在他身上，并靠着他转动。别看事情庞杂繁重难以想象，他却毫无压力，一切应付裕如，轻捷矫健，好似说飞就飞。

离开那又黑又臭又闷又热的马房，连喘气都舒服了。下晌吃过饭，还可以随着朱三到院外大树下边吹吹风。拿冰凉的井水浇一浇出汗发黏的身子。

118

这儿正面对着高家村的晒粮场，是很大一块平地，常年给石碾子压得硬邦邦。现在地上扔着一些石礅、石锁、石担和重刀，都是团民们拿来练功的。晒粮场北边高地上有个居高临下的大宅院，据说这边的粮仓就是那个宅院的。眼下那宅院是总坛口。远远看去，门口竖起两根大杆子，由上而下各垂一面金黄幡旗，挖镶着红布大字；左边是"义和神团替天行道"，右边是"天兵天将助清灭洋"。中间还立一根杆子，挂一面正方形的旗帜，红底黑字，只有一个一丈见方巨大的"刘"字。两边的旌旗和刀枪架排成八字，旗上的彩带流苏随风飞舞，架上的刀枪剑戟银光闪烁，下边放一张翘头供案，上边摆着一个斗大的老香炉，不知是打哪个庙里搬来的。炉里整天烧着香，不停地冒着青烟白烟。奇怪的是，这地方反倒没人站守，空荡荡了无人影，一群鸟儿常常落在那边。安静得出奇，好像神仙住在院子里边。

刘十九就在这坛口里吗？没人问，也没人敢问。

这晒粮场上最好看的要算一早一晚总坛口的点名。

点名时，坛口所属的各路人马都必须到晒粮场上列队参加，连朱三也不例外。只有欧阳觉一人甩在外边，他还不是团民，名册上没有他的名字。各团中最抢眼的要算刘十九的快枪队，每队四百人，总共三队，一千二百人。团民服装随便，都穿自家衣衫，只有巾带全是蓝色。快枪队特殊，一律青衣青裤，黑色巾带，束袖绑腿，背背火枪，个个威风凛凛，气概不凡，一看就是一支刚猛快捷的奇兵。据说快枪队全有坐骑，但点名时，只人到，马不到。快枪队一到，叫人感觉整个总坛口的精神为之一振。于是这一天早晚两次点名就必不可少。

团民列好队，从总坛口的宅院里走出五位师兄，他们就是刘老师手下的五员大将，点名时全要到场，欧阳觉先前只见过其中的大师兄和三师兄。那黑脸的大师兄站在正中，其余四位师兄分到两边，好像戏台上将帅亮相的场面。随后各坛口按照名册次序一一点名，这过程极是严格，用时很长。点名结束时，由三师兄带领在场团民齐声高呼幡旗上那几个大字：替天行道，助清灭洋。

参加点名的团民约两三千人。晒粮场站不下，一部分要站到场外的空地、村道和林子里。呼声一起，气贯四野，撼天动地。

可是，总首领刘十九老师却从不出面。欧阳觉想，真像他刚被关进马房时那瘦子说的那样，连这里坛口的人也没有几个人见过刘十九的面？刘十九究竟住在哪儿，总不会住在别的什么地方，但他绝不敢问，谁都知道打听刘十九是大忌，是不怀好意。他听说只要打听刘十九就要割掉舌头。

半月前，欧阳觉生死未卜之时，他脑袋里什么念头也没有了，只求活命。现在活下来了，心里的愿望与想法渐渐重新复活。晚间，朱三打着呼噜，父亲、大哥、娥贤又来到他的脑袋里，他想他们！他们肯定不知自己会到这里来，不知道他现在竟然过的这种日子，这副模样。他们对他一无所知，一定担心他的死活，焦急万分地到处寻找他。娥贤虽然着急，但她绝不会整天哭天抹泪——她不是那种女人。你用刀子在她手臂上划一道伤口，她会不声不响把这伤口藏进自己的衣袖，还不会怀恨、记仇、报复，而且永远不会。

他开始为自己伤害了这样一个女人而难过和后悔……

可是当莎娜那个聪明、美丽、纯真和性感的异国女子轻灵地跳到他的心中时，他又难以拒绝地被她牵动心魂。一边是父亲给他挑选的妻子，一边是自己撞上的女人，此刻他抗不住的恐怕还是后者。于是，他又被她那只白嫩光滑的小手拉着，在那荒废的小白楼里跑上跑下，尽情地欢愉。他又开始心猿意马地想起怎样放荡地翻看她的私密。怎样把脑袋钻进她的裙子里，怎样赤裸着相互枕藉，怎样一同闭着眼用接连不停的吻去勾画对方身体的轮廓……昨天所有的疯狂又浪漫的细节，又在义和团大刀下留下来的脑袋里五彩缤纷地重演。一天，他忽然好似闻到了那种叫他心魂荡漾的极其特殊的香味。他想念那种香味。可是他着意再去感觉那种香味时，反而感觉不到了。原来气味是最没有记忆的。每每这个时候，他便觉得抓不着她。她变得缥缈和虚幻了。他怕他失去了她。

她还会在那小白楼里等他吗？

不知为什么，他始终坚信她仍在等他。虽然她从没有承诺于他，他却认定她会死守那里。这种坚信是不是来自莎娜眼睛里那种真纯又深挚的目光？这目光曾经不止一次进入他内心的最深处。于是他又有了逃跑的念头，甚至去设想如何逃脱。

他在库里悄悄偷出一条蓝色的头布。他已经有一条蓝腰带了。他想化装成一个团民，在乘人不备时跑掉。

在他偷了这蓝头巾的第二天，朱三在记账，他在朱三身后整理杂物。朱三忽说："你想加入义和团了吧。"

他一听，顿时吓得动弹不得，以为自己偷头巾要逃跑的事叫朱三发现了。这事会要他的命，他正要跪地求饶，朱三却说："入团不易，得等三师兄找你问你。你知道三师兄会问你什么吗？"

欧阳觉这才明白，其实朱三什么也没发现，只是在和他说闲话。他忙接过话说："我、我怎么知道。"他显得挺慌乱，幸好他在朱三身后，朱三无法察觉到。

朱三说："他会问你怕不怕死。"跟着说："义和团不要怕死的。"

正在欧阳觉苦无逃脱之计时，三师兄派他和朱三到村西去一趟，大师兄在海光寺那边和洋人打了一仗，缴获一些马匹和洋枪，这些战利品堆在村子西边，大师兄打算就近装备快枪队，不必再耗费人力运到这边的库房来。于是三师兄叫他们带着笔墨账本到村西去做清点与登账。

欧阳觉发现从他们这里去村西是一条十分僻静的路。右边少有村舍，左边却全是开洼，远处再没有人烟，而且这里的树丛繁密，到处可以藏身，往前走又有一片密实的柳林遮挡，长长的枝叶像垂幔一样一直触地，穿过柳林时必须不断地撩开柳条，就像撩起一道道厚厚的门帘。这可是最佳的逃身之地。

欧阳觉掀开柳条时，看到远处有一片很宽广又平整的阔地，阔地后边是几间土屋，叫他惊讶的是，阔地四周站守着那么多的岗哨。站岗的团民全是黑衣快枪队的队员，什么地方需要如此密守严防？忽然，走在身后的朱三几步上来一把往回拽他，这一拽很用劲，差点把他拽倒。朱三低声对他说："别再往前走了，那是刘老师的地方。"

原来刘老师住在这里。如此一个偏僻、冷寂和森严的地方！这样热的天，竟叫他感觉浑身鸡皮疙瘩都起来了。

朱三紧张地说："咱们走过了，早该往西拐，这不是咱们该来的地方。叫他们发现，弄不好把我们当作奸细。"

"我说怎么这么多人在这里把守。"

"你现在看见的只是明哨，暗哨更多，方圆十里，到处是暗哨。天下义和团，就数咱们这儿把守最严。不光村西边，整个高家村全是这样。"

朱三说得很自豪，却反叫欧阳觉倒吸一口凉气，逃跑的念头一下子全被扑灭了。

一条死路竟逼出来一条生路。

看守森严、插翅难逃的高家村迫使他想出另一个办法，这办法可能很巧妙，就是借着与洋人打仗的机会跑出去。义和团不是要杀进租界吗？如果借着和洋人打仗，不就可以直接去紫竹林，甚至去到那个一直执着矗立在他心里的小白楼？可是，若想这样做，就得先当上义和团。若想当义和团——朱三说过，就得不怕死，还得会武功。于是，他跑到晒粮场上摸一摸那些石锁石担。他过去拿的最重的东西是砚台，与这些东西比——九牛一毛。甭说拿它们练，一动手就没底气了，每件石器下边都像扎根在地里，不管使多大力气都纹丝不动。朱三站在坡上见了，笑道："一个书呆子，耍耍笔杆子还行。这可不是你玩的。来，我教你一样能耐吧。"

欧阳觉说："什么能耐，叫我跟您学？"心里不信这个只会写几笔歪字的农人能有什么非同寻常的本事。

朱三带他回到库房，拿出一些方形的黄表纸，上边用毛笔蘸着黑墨和朱砂勾画出几个怪图，似字非字，似画非画。欧阳觉说："这不是符吗？"

朱三问他："你见过？"

他说："在道观里见过。"

朱三问他："知道有什么用吗？"

他说："请神、驱魔、辟邪、护身。"

朱三接着问他："你请过符吗？可曾应验过？"

他笑一笑说："没有，只是听说过。"

朱三说："这是刘老师坛口用的符。知道它的法力吗？"

他说："什么法力？"他听得有些新鲜。

朱三笑而不答，只听一个声音在他身后，声音不大，却十分明亮："我告诉你。"

他回过头去，见一个人站在身后，竟是三师兄。

三师兄和朱三相互打过问讯，便叫朱三从库中取来一柄腰刀。这腰刀沉甸甸，外边是一个打着铜箍的鱼皮刀鞘，刀柄拴着挺大一条红布刀穗。三师兄手握刀柄唰的一声，从鞘中抽出一弯银月似光芒夺目的大刀。这刀出鞘的一瞬透出一股逼人的寒气。欧阳觉不由得往后一躲。

三师兄见了微微冷笑。他叫欧阳觉把上身的褂子撩起来，欧阳觉不知何意撩起衣襟，露出嫩白的肚皮，三师兄横刀上来，吓得欧阳觉后退两步。三师兄说："站好，又不宰你，要宰早就宰了。"说着把雪亮的刀刃轻轻一挨欧阳觉的肚皮，这刀奇快，肚皮没有任何感觉，便出现一道鲜红的印子，跟着就流下血来。如果三师兄再用一点力，肚子立刻会切开。不等欧阳觉叫，三师兄已经收了刀。在旁边的朱三从一个小口袋里捏一撮灰色的粉末往欧阳觉流血的地方一抹。欧阳觉知道这是团民打仗时用的止血的龙骨粉。

欧阳觉不知三师兄为什么这样做，却见三师兄把刀交给朱三，自己脱下褂子，赤裸了上身。别看他穿着衣服显不出身子多壮，脱下衣服却一身硬邦邦、又鼓又亮的肌肉，叫人惊讶。他取过一张刚刚朱三画的符纸，抹上糨糊，啪的往肚皮上一贴，跟着双臂交盘，合上双目，凝神运气，不用多时，三师兄的肚子竟然一点点鼓起来。他一边口中暗暗不停地念着两句莫名其妙的咒语："唐僧沙僧，八戒悟空。"一边肚子竟然鼓得愈来愈高愈硬。

忽然三师兄张开双目，眼睛瞪得露出了眼白，射出咄咄逼人的光芒。他对朱三大叫："来呀，砍老子来呀——"

朱三居然像发疯那样，抡起手中的刀向三师兄砍去，一刀砍在三师兄肚子上。欧阳觉吓得大叫，以为朱三要杀三师兄。可是，匪夷所思的是这一刀竟像砍在一块坚硬的石头上，声音也像，一刀砍过，肚子非但没破，竟然只留下一条白色的印痕，好像利斧砍在青石上那样的一道白印。

这一刀过后，朱三没有住手，跟着又是一刀，伴随欧阳觉的惊叫又是一道白印。然后一刀一刀一刀砍去，在三师兄的肚皮上留下的是一条条十余道白印。

忽然，朱三住了手，把刀往地上"啪啦"一扔。他已经是气喘吁吁，满头大汗。

三师兄却好像什么事都没有，用手揉了揉肚子，鼓鼓的肚子很快瘪了也软了下去，原先那白印变成浅浅的红印。他一边穿褂子一边对着欧阳觉说："上了法，这符贴在刀上，砍洋人头；贴在洋楼上，烧洋人楼；贴在身上，刀枪不入！"又指了指朱三说："这符是他画的，拜他为师，跟他学画符吧！"

没想到朱三竟有这种神奇的本领。看得目瞪口呆的欧阳觉趴在地上，称"朱三爷"是师父。朱三咧嘴笑了。原先这"朱三爷"只是一种敬称，当了师父就是名副其实的"爷"了。

他学了画符就是团民了吗？就有机会跟着团民出征紫竹林吗？

　　到了六月上旬，战事好像忽然紧了起来。欧阳觉虽然一言一行都不敢出一点错，但他睁大眼，竖着耳朵，静观形势，等候时机。头两天，炮声多在租界一边，虽然很远，但听得清楚。这地方是乡野，天宽地阔，四无遮拦，一声鸟叫也传得挺远。前些天炮声还零零碎碎，只是有时也会接续起来。可是昨天竟然一连响了一两个时辰，炮声紧时连成了一片，像天边乌云翻滚时传来的隆隆的雷声。放眼望去，东北和正北方向极远的地方都有硝烟腾起。这缕缕硝烟在阳光的直射中，淡如轻云；只有进入暮时斜照的强光里，才变成深浓得如墨一般的烟影，鬼魅似的飞上天空。看来两边的仗真的打起来了，而且愈打愈凶。但是到底是谁打了谁，谁更强，看不明白。

　　更凶猛的炮声是在今天。不仅炮声，还听到了枪声，而且响得厉害，这表明战场离着这里很近了，叫人紧张起来。后来才知道，这是刘十九坛口打的一场恶战，也是他到高家村以来打得最凶的一次。由于出兵太多，大队人马在村中的晒马场无法集结，都跑到了村西南的野地里列阵。待三军出发，把那边田地的庄稼都踩平了。幸好今年大旱，地里的庄稼没长起来就废了，人踩过去好比石碾子碾过一样，半枯的禾苗全都平板似的贴在地上。据说带兵的是大师兄，刘老师亲自率领的快枪队也出动了。只有三师兄带着一千团民镇守在高家村这边，怕叫洋人从后边抄了自己的老巢。

　　这天欧阳觉这边院子里的人快走净了。探马、旗手、鼓手、号手等等全调到了阵前。朱三也被叫去了。据说出兵太多，符纸不够用。大师兄上法时，还要朱三在一边现场画符。三师兄没叫欧阳觉去，命令他守在库房这边，打起仗来，物资调动和记账都非常忙。他对于没派自己出去，感到庆幸。因为他用耳朵就能听出来这场仗和前些天都不一样，战场不在租界那边，而是在城南这边；后来知道，是在海光寺、八里台、黑牛城和纪庄子这一带。

他希望打租界时能派他去。

这场仗打到了午后变得更加猛烈，有时炮声好像就在眼前。身边一个团民告诉他，这炮声，实际是炸弹声。这声音表明炸弹就落在不远的地方。说完不久，便有几个炸弹落到村中来，炸得浓烟带着泥土和树木冲天飞起，幸好没有一颗落到这边院里，但是可以闻到空气中有一种很强的深翻的泥土、折断的草木裹着硝烟的气味，阵阵飘来。后来，一颗炮弹打在晒粮场近处的草坡上，炸了一个好似一间屋子大小的土坑。欧阳觉看着这深深的弹坑吓得说不出话。这炮弹如果落进他的账房，保管他就没命了。可是转天几个团民笑呵呵躺在那个弹坑里边，都说不仅软乎乎，还热乎乎，抱着媳妇在这弹坑里睡一觉会更美。

这天，欧阳觉比平时忙得多。前边不断来人，要枪、要弓、要箭、要大抬杆，要打雁用的鸭子排、要火药、要缠伤口的布条子，要止血止疼的药，也就是那天朱三抹在他肚子上的龙骨粉。单看所要的这些东西之多之急，就能看出前边这场仗打得多凶烈。这些天打了那么多仗，从来没有要过这么多止血的药末子和缠伤口的布条子，叫人心惊胆战！欧阳觉忍不住问："前边打得可凶？"

"连刘老师都杀上去了。"来领东西的团民说。

欧阳觉还要问，忽然感觉门外有一道光射进来，扭头一看，三师兄正在院中站着，偏过头来看着自己。他吓得一缩脑袋，知道自己犯了不闻不问的规矩，赶紧住口，低头干活。

过会儿，一个壮汉提着刀，骑一头黑毛骡子闯进院子，跳下骡子跑进库房。他上身褂子带着衣衫就撕扯开，裂着怀，露着胸前的一堆毛和肚子上挺深的肚脐眼儿，衣服上沾着不少血。他把刀往桌上啪的一撂，冲欧阳觉叫道："把龙骨粉全给我。大师兄中炮弹了！"声音又大又凶。

这话也把库房里的人全吓傻了。欧阳觉明白过来，慌忙跑进库房里边，从架上拉下一大袋子止血药塞给他。壮汉提起来几大步出去，骑上骡子就跑了。

这时三师兄没在这院里，不一会儿三师兄闻信赶过来，壮汉已经没影了。三师兄叫人弄两匹快马，叫上一个精壮小伙子跟着他上马跑去了。他肯定是为大师兄的事去的。

这场恶战打了一天一夜，枪炮声一直未断，入夜来到这边库房取的东西多是火把、火镰、火折子，没人再来取武器了。药末子已经取光了，听说三师兄正找人去大南河向韩老师求援。天亮时分，前边只剩下零零落落的炮响，没有炮声反而显得格外冷落，特别是战情未知，心中隐隐不安。

晨光中远处的大地在不停地冒着浓浓淡淡的烟。淡的烟不可怕，浓的烟很吓人。

这时已经没人来取东西了，库房里的团民心里都惦着前方的战果，大师兄是死是活。人人都已是精疲力竭。欧阳觉不知不觉趴在桌子账本上睡着了，几个在库房干活的团民也力不能支，在一些装东西的麻袋上东倒西歪地呼呼大睡。直到大南河韩老师那边叫人送来十多袋子龙骨粉来，才把他们喊醒。昨日一战，韩老师那边派出重兵，伤员也不少，但是听到三师兄这边求援，还是硬拿出些龙骨粉送过来。

欧阳觉把韩老师派来的人送走之后，很长时间没有一点动静，这种静默让人难熬。

太阳一点点偏西了。村外忽然响起了嘹亮又昂扬的鼓乐声，这欢庆的鼓乐中止了昨日以来整整一天的枪炮声。跟着大批团民回来进了村。六月入夏的天气十分炎热，厮杀了一日，全是大汗淋漓，汗湿如洗。这些得胜而归的团民衣服上大都沾满血污，有的脱去褂子光着黑黝黝的膀子。他们一路挥刀呼喊，挥洒着获胜后的激动，也释放着一天一夜的杀戮积压在心中的恐怖。这才知道一场空前的血战告捷了。

本以为随后应是一场大事欢庆场面。烙得胜饼，煮绿豆汤，焚香敬天，谢神祈神；各种杀灭洋人的故事不胫而走。可是直到夕阳把这边的晒粮场映得一片绯红，仍是一片寂静，了无人影。一会儿，村西南那边鼓号声又响起来，却不是欢快喜庆之声。此中有唢呐的哀嚎，笙竽的苦叫，以及二胡的忧伤和阵阵皮鼓声中难抑的悲愤。高家村的团民连同村人全都黑压压一片聚到刘十九老师门前那片空地上，为此役身亡的大师兄举行丧事。

欧阳觉不能到那边去。他在这边看不到送葬的情景，只听着忧伤的丧曲一直吹奏到日落时分，随即是快枪队在那边一齐朝天鸣枪。欧阳觉看不到这惊天动地的场面，却见到枪声惊起的四外荒天野地里所有的水鸟飞禽腾空而起，在天空的暮色里盘旋。

三师兄一直在刘老师那边没有过来。一个在库房里干活的团民悄悄告诉欧阳觉，三师兄和大师兄都是今年春天由刘老师从山东带到这边来的。他俩在山东是同村无地可种的苦力，和教民有仇，发誓要到天津这边把教民的后台洋人除掉。这边只知道刘十九老师的大名叫刘呈祥，却从来不知大师兄和三师兄姓甚名谁。只知道三师兄从小无爹，他娘生他时空着肚子。他娘叫疼，不知是生他的疼还是饿的疼；他娘生下他就死了，不知是饿死的还是难产死的。三师兄自小在村里就如同一条野狗，靠捡来的东西活着。大师兄有恩于他。里边再多的故事谁也不知道，可人人都明白，一定是大恩大义才使他俩情同手足，生死相结。

欧阳觉发觉这边院子里，打完这场仗之后差不多一半人没有回来。一个探马没回来；四个旗手回来三个，但所有旗子全打烂了，正在请村里的妇女赶紧修补。那个胖胖的来自河北武强的伙夫，据说叫炮弹炸飞了屁股。朱三也没回来，他还在村西那边吗？没人告诉他，也无从去问。还有一个吹号的，山东临沂人，叫刘小六。年纪虽然不大，吹拉弹唱都行，还能随口编个歌谣，是个讨人喜欢、性情淘皮、乐呵呵的能人。他曾编过一首歌，唱一遍就叫欧阳觉记住了。这歌谣只四句：

义和神团总是拼，

旋身迈步逞英雄，

一生能做百生事，

树鸟只能唱一分。

可是第二天早上，鼓手回来时，耷拉着脑袋哭丧着脸儿说，刘小六叫洋人的枪弹打穿了肚子，在野地疼得翻来翻去一直打着滚儿，最后还是没能活过来。

院里的人们一边叹息一边安慰这鼓手。大家都知道这鼓手和那个终日乐呵呵吹号的刘小六很要好，又一起吹奏，两人形影不离，如今失了伙伴，懊丧得像丢了魂。一个团民问他："他上阵前可贴了护身符？"

鼓手说："大师兄上法后人人都贴了符。刘小六身上的符还是三师兄亲手给他贴的。"

这团民说："贴了符不就刀枪不入了？"

鼓手说："三师兄说他是功夫没练好。死的人都是功夫不行，或是心不诚。只有功夫好，心诚，神仙才能附体，枪弹也躲着你飞。"

这团民听了更困惑，说："那大师兄怎么死的？总不能说大师兄功夫不成。"

"都说今儿洋人施了妖法，叫一些洋女人光着身子坐在火炮上，破了咱们的法！"鼓手说。

"洋人也上法啦？"

"三师兄说了，下次再打，咱们有神功能破他们的妖法！"鼓手说。

旗手孟大山说："据说天津城那边张老师叫全城各家把女人的秽物放在屋顶的烟囱上，避洋鬼子的火炮，很灵。"

鼓手说："我听说，刘老师要亲自去紫竹林和洋鬼子斗法。"

"那准成了！"团民们都说。

话虽是这么说，心里是不是还有点打鼓犯嘀咕？

两天后，欧阳觉这里又忙起来，他预感到三师兄正在为下边一场大仗筹备资源。他见不到三师兄，只能听从三师兄派来的人传令行事。三师兄一直在刘十九老师那边。大师兄死后，总坛口移到村西刘十九老师的驻地，早晚点名也挪到那边。他一直没见朱三回来。没有朱三，有些事他不知怎么做主，一切只能遵照三师兄的指令办，不敢自作主张。可是过了两天，还是没有朱三的音讯，他开始怀疑朱三也战死了。他不敢问。坛口有个规矩，不能随便打听别人的死活。他还发现，这次三师兄不是从外边向他这边的库房调集物资，而是从这里往刘十九那边搬动物资。他这库房里的东西愈搬愈少，粮草已很有限，住在村外一些来自河北各县的团民开始吃这一带穷人灾年里充饥的"卫南洼三件宝——地柳、黄蓿、稗子草"了。

他感到前两天那一场恶战之后，高家村坛口的力量明显缩小了。好像一个壮汉突然瘦了下来。

他忽想，这里的防守是不是也会松动？他心中又闪出逃跑的念头。不过他不敢妄动，先要打探一下。

他想起上次随同朱三绕到院后前往村西那条僻静的路，应该再去那里探探虚实。现在人手少了，把守会不会松动一些？他寻个机会去了，这条道儿似乎比上次显得安静，细察远近，没看见有人把守的迹象。他想，原先这里把守很严，现在人力差，布设的岗哨肯定就会减少，应是脱身的好时机吧。可是如果走出高家村，怎么走才能到达租界？眼下战事紧张，能顺利去到他要去的地方吗？别像上一次，又陷入泥潭沼泽之中。

正在思虑与犹疑之间，忽然听到有人的哭声，他静下来听，果然是。他悄悄朝着哭声走去，一点点摸近。待小心翼翼抬起身子仔细往树丛前边一看，竟是一个团民正在林中掩面痛哭，哭得十分伤心。双手紧捂着脸，双肩剧烈地抖动；哭得最痛心时，竟然失声，"呜呜"之声叫人动心。

这人背对着他站着。他从这人矫健的身影忽然发现是三师兄！他很吃惊，三师兄为什么一个人在这儿哭？这么悲伤？他为死去的大师兄？是，一定是在哭他死去的结义的兄弟——大师兄！

这时，哭声戛然而止。只见三师兄伸直左臂，左手张开，啪的按在面前大树的树干上，右手唰的拔出腰刀，银光一闪朝自己的左手砍去，咔嚓一声切去自己左手的小指，不等鲜血冒出，迅疾从腰间解下一小袋止血的药末子，糊在手上，再用一根布条紧紧勒住伤口扎好。

这事来得太意外太突然，这一串动作又急又猛又快又决然又完全不可想象，叫欧阳觉看得目瞪口呆——傻了！更不可置信的是，三师兄弯腰从地上找到那根切下的小指，竟然放在自己嘴里，"咔嚓咔嚓"嚼碎后咽进了肚里！

他彻底地惊呆！

在三师兄转过身来的一瞬，他看到三师兄双眼通红，好似含血；一种极端难耐的仇恨，使三师兄紧咬牙关，咯咯作响，两腮的青筋凸暴；然后没有停留，迅疾地走出了丛林。

他想，如果三师兄不是这样极端的悲愤，肯定能发现他，因为此刻被惊呆的他，直挺挺地站在树丛后边，脑袋完全暴露在树丛之上。他们的距离很近，三师兄一眼就能看见他。

此刻，他已经无心逃跑了，匆匆回去。

他回到小院，把库房的事忙完之后，走出来，却看到三师兄正坐在院中的石磨盘上等着他。他吓了一跳，以为刚才三师兄在林中看到了他，现在找他来了。他发蒙，如果三师兄问他刚才到林子里干什么去，他该如何回答？

可是三师兄的表情与平时并无两样，只是左手缠着一块布，小手指的地方渗出一些血迹。三师兄开门见山地问他："敢去打洋人吗？"

欧阳觉怔了一怔，答道："不怕。"

三师兄问他："为什么？洋人不是还卖给你家洋纸吗？"

"洋人占我国家，用洋枪洋炮祸害我们。"欧阳觉说。他也不知自己为什么这么说，是他自己的想法，还是为了将就三师兄说的？但这话叫三师兄眉毛一扬，接着问他："怕死吗？"

他说："只怕身上没有功夫。"

三师兄说："心诚则灵。"然后瞥了他一眼，竟然露出从未有过的一笑，说："你人看着挺机灵，倒还实诚。"

欧阳觉感受到三师兄对他的好感，受宠若惊，一时语塞，不知说什么才好。

三师兄忽说："你是团民了。"一扬手，扔给欧阳觉一团东西。

他打开这团东西，竟然是一块蓝头布。有了这块头巾就是入册的义和团了。他竟然有点异样的兴奋。

三师兄手一撑，跳下石磨对他说："把符纸预备足了。明天一早跟我去打紫竹林。"

欧阳觉心头一亮。不用再逃了，明天就去紫竹林了。

六

大地用长长的一夜把白天的炎热吸尽了，但它拒绝硝烟的气味，把这种刺鼻的恶性的气息留在拂晓清凉的空气里。

每次清晨，都是天空先醒了起来，天先亮；地上万物却还蒙在厚厚的晨雾中熟睡着。数千团民借着湿漉漉晨雾的掩蔽，悄无声息地向租界南端衔枚疾走，快速行进。昨天刘十九和乾字团的张德成、坎字团的曹福田、离字团的滕德胜几位首领在河东药王庙聚首议事，决定今天联合各部官军，合力攻打紫竹林租界。乾、坎二团从马家口正面强攻，刘十九由租界南端抄联军的后路。

光绪庚子年，紫竹林租界是由四国的租界组成，由南向北是德租界、英租界、美租界和法租界；可是这场仗不仅这四国都要出兵，俄国、意国、奥匈帝国和日本的军队也纷纷来参战，正如欧阳老爷所说，这些列强都想借机在天津割下一块地来，把自己的旗子插在东方这条巨大、古老和正在患病的龙体上。于是他们共同组成一支强大的联军。这样租界南端的守军就不一定是德国兵了。

天亮之前，刘十九就集结好兵力。由于前些天纪庄子一战折失不少人马，这次号令津西南各村坛口都要增添兵援。各村团民以十人为一队，五十人为一哨。他们与官军不同，都是种地吃饭的农人，平时在村里干活，战时闻风而至。刘老师神威远大，一呼百应，今天至少召集了三千兵力。

团民作战时，没有明确的阵势，大多像羊群那样散成一片，一同向前推进。欧阳觉跟在三师兄后边不远的地方。他第一次参战，不免紧张心跳；更由于他不是真的去打仗，还想借机逃脱，这就更加紧张。

当他们走出高家村大约十里地，就进入一片完全看不到村庄的荒野。荒野里大片的沼泽、苇塘与生满丛林灌木的坑坑洼洼的土岗，很像半个多月前他打算独入租界、身陷泥淖、遭到这支义和团捕获的地方。不少地方都像曾经走过。那一次自己迷了路，遭遇百阻千难，费尽了周折；这一次是当地人带路，好走多了，没有涉水蹚泥，也没有绕来绕去，不多时候眼前便出现一片楼影，居然就是租界了。

前边传令过来说，探马已经去打探洋人，众弟兄就地潜伏，听候师兄下令再动。于是，上千团民立刻隐伏于草莽之间，屏息等待。这时，租界那边一点动静没有，显然没有发现他们。欧阳觉感觉他们真如天兵一般，无声无息降落世间。

早在他们由高家村出发之前，三师兄在每个团民的刀面贴了一张符纸。说是：法上刀，杀无赦，所向无敌。三师兄还在欧阳觉肚皮上也贴了一张符纸，以避洋人的枪炮；贴好之后，又"啪啪"在符纸上使劲拍了两下，使他觉得有了这张神秘的护身符纸，浑身就多了几分胆气。三师兄对他还真的有点例外。可是他现在蹲在草里，心里想的并不是去杀洋人，还是要去找莎娜。他总在琢磨着，这么多天了，莎娜还会在小白楼里执意地等候自己吗？

现在两边开战了，租界里充满危险，她会不会已经被她父亲送回法兰西了？她的家毕竟不在租界，而是在遥远的法兰西。他眼前又出现了曾在她家看到的她小时候那几张可爱的照片。

想到这里，虽然他心怀着很强的希望，可是这希望却好似离他愈来愈远。

一阵枪响把他惊醒。刚才他们一直低着脑袋猫在草丛里。现在当他抬起头来，外边已经很亮。一片灰色和白色、高高矮矮的洋楼清晰地出现在前边，而且不很远。他甚至可以看到洋楼上有人走动。一些墙头和房顶都站着端着枪的洋人。

埋伏在前边的师兄忽然大呼一声："杀上去！"

即刻，发动进攻的鼓号一齐响起。这声音来自右前方，不知道什么时候鼓乐手已经埋伏在那里。

于是，一片喊杀声好似由大地爆发出来的。埋伏在草丛中的团民们随之腾身而起。在无数蓝头巾的飘动飞扬和大刀的银光闪耀中，这片荒野瞬息间变成了一片波涛汹涌的大海——蓝色是海，银光是浪花，迅猛地冲向租界。欧阳觉被这股英勇的气势所带动，好似裹挟在这强大洪流中，不由自主地冲了上去。在皮鼓和觱篥声起劲的吹奏声中，他也喊叫，也挥大刀；他看到几面三角形带着犬齿边的红色团旗，箭一般冲在最前边。他们很快就要进入租界了。

但是，一阵从对面洋楼射出的密集的枪弹，很快就把激情前冲的团民扼制住。冲在最前边的团民几乎全部倒下。

看不见洋人的阵势。然而这些据守在对面楼群中的洋兵却训练有素，整齐有序。有人用吹哨指挥，射击紧随其后。只要团民发起冲锋，哨声立刻吹起，一排枪声过后，团民便倒下一片。再一群团民冲上去，再一声哨响，再一批冲锋在前的团民又倒下一片。不久，在这片洋楼前的开阔地上，横倒竖卧全是团民的尸体。

团民和洋人对战，吃亏的绝对在团民一边。洋人执枪，距离很远就可射杀团民；团民执刀，必须贴上身面对面地才好厮杀。可是团民还没有冲到洋人面前，远远地就成了洋人的枪下鬼。

于是，挥刀舞棒的团民们的攻势被洋人的子弹压制住了，不得已伏下身来，可是开阔地上没有多少东西可以用作掩体，而躲在洋楼里的洋人居高临下，一切历历在目，他们拿这些赤裸裸暴露在开阔地上的团民当作射击的靶子，将一个个团民选择好，开枪，射中，打死。团民们束手无策。他们的生死似乎在听任洋人随心所欲的挑选。一个连鬓胡子的魁梧的大汉紧趴在地上，他受不了这种憋屈，忽然大叫一声跳起来，"哗啦哗啦"抢着一柄带环的大刀，口呼咒语，独身冲过去，可是只冲上去十几步，就被一片瞄准他的子弹击中，浑身鲜血栽倒在地上。

团民们真正见识到洋枪的厉害，没人再上去送死。他们趴在开阔地上一动不动。

洋人开始向这边开炮了。炮弹落到团民的阵地中。每一颗炮弹都把一些团民炸飞到半空中。团民们已经毫无办法。只有被动挨打，成了洋人的盘中餐。

这时，忽然十多个人猫着腰从欧阳觉身边急匆匆走过。走在前边的人扭头看见了欧阳觉。欧阳觉发现是三师兄。只见三师兄面目狰狞可怕，两眼血红，就像那天在林子里砍掉自己手指时那样。他对欧阳觉说："跟着我——"

欧阳觉刚表现出犹豫，没动。三师兄气愤地骂了两个字："尿包！"便不再理他，带人快速过去。

就在这一刻，一个炮弹呼啸地飞来，正落在三师兄身边。爆炸声巨大，欧阳觉还没明白发生了什么，就被炸弹强大的气浪冲倒。等到他从炸弹掀起的泥土和乱草中爬起来再找三师兄，三师兄不见了。

三师兄肯定被炸弹炸死了，离奇的是，尸首竟然没有。欧阳觉四下看，竟然哪儿也没有。怎么回事？炸烂了？炸飞了？炸没了？怎么会连一点痕迹也没有？他到哪儿去了呢？

欧阳觉惊呆了，团民们惊呆了。他们大声叫三师兄，没有回应，三师兄确实已经没了，而且没得干干净净、无影无踪。蓝天在上，空空的一无所有，只有一缕闪闪发光的硝烟，萦绕、轻飘、虚妄。这时候的感觉异常的神奇。难道他像这缕烟一样融化在通彻透明的空气里了？难道像神灵那样幻化而去了？

在这悲痛的时刻，没人带头，众团民不约而同齐刷刷地一齐向东南方向跪下，不管洋人不断打来的炮弹，也不管会不会被飞来的炮弹炸死，全都直面东南，执着地跪着，一动不动，似要与三师兄同归于尽。

洋人马上要大开杀戒了。

就在这时，突然一片的呼啸声、喊杀声、马蹄声挟带着一股冷峻的杀气瞬息而至。

跪在地上的团民们回头一看，竟是刘十九的快枪队。不知他们从哪里杀来，他们却说到就到。个个骑在马上，全是紧袖青衣，头飘蓝巾，足蹬快靴，手持火枪、洋枪、鸭子排、大抬杆、斜五眼、火铳；背后一律插着一柄红穗钢刀。

欧阳觉忽见为首这人的坐骑是一匹红马，马首用红布绊成十字花样。他忽想起住在同院的一位马夫曾对他说，刘十九老师所骑的那匹直隶总督裕禄赠送给他的红马，马首马身就用红布条绊成了十字！啊，此人一定就是刘十九了！肯定是刘十九！他刚要看一看这人面孔，这人却纵骑如飞，一驰而过，快得连戴没戴遮面的红布，也没让他看到。可是就在刘十九飞驰而去的一瞬间，欧阳觉却清楚地看到这人的背影，虽然不算高大，肩膀却出奇的宽，方而平，两端肩头处高高翘起，其状如枭。一条青色披风在身后高高飘飞，显得雄奇高逸，又冷峻阴森，霸气凶横。

他真像一尊神似的坐在那匹高大俊美的红鬃马上，叫人望而生畏！

很少有人见过刘十九的真面目，他却看到了。自己与这刘十九虽然只是如此的"一面之缘"——也仅仅是见到了他的背影，可是这样神奇的背影又有几个人见过呢？

只见刘十九一抖缰绳，飞骑前冲。

他跑在快枪队最前面，快枪队簇拥其后。

冒着密集的嗖嗖飞来的子弹，他们一无所惧，很快冲入对面的租界。

刚才那些被压抑在荒野和开阔地上的团民也一呼而起，跟在快枪队后边，如大江急流一般地涌了进去。随即在前边的洋楼群里，刀枪相击的锐利之声和喊杀声混成一片。此后发生了什么就不知道了。

这边草地上只剩下一人，便是欧阳觉。他一时不知该往哪儿走，心里混乱又茫然。

他被刚刚一连串的不可思议的遭遇惊得魂飞魄散，脑袋里一团乱：三师兄意外被炸死，竟然死不见尸，荒诞又离奇；当然还有自己的迟疑不前，三师兄对他的愤怒以及自己心怀愧疚；此外便是义和团的舍命相拼和洋人枪炮的所向无敌——到底是洋人的枪炮还是义和团的神功更厉害？再有，就是刚刚与刘十九擦肩而过时，他看到的那个无比雄奇的背影了。有生以来，还没一个背影叫他如此望而生畏呢！

在这团混乱又神奇的感知中，尽管他心中那个目标——小白楼依然还在，但他对这个目标的感觉已经发生了变化。经过了这些天这些事，他对那个小白楼不再是一种单纯的渴望和神往了。原先那种听任于生命本能的激情与动力，已然渐渐淡化和消散。现在似乎只是一种未解的心结！不知为什么，他离小白楼愈近，反觉得离莎娜愈远。这些天，太多的意外与他迎头相撞。一切都是意想不到的，事与愿违的，厄运连连的。他不知道自己还会碰到什么。他无法猜想。他感觉到还有一些不祥的东西，具体是什么他不知道。

他现在去哪里？还去那个小白楼吗？是的，他还是要去那里。哪怕是为了一种了结，见最后一面，与他那个可爱的蓝眼睛的姑娘分手与永别。

那时租界正处在扩张和开发期，租界的边缘里出外进。从外沿看，由任何建筑之间都可以走进租界。因此，现在这些处于租界边缘的建筑都可能是洋人的防御工事，不知哪座洋楼里正埋伏着洋兵，随时都可能射来一颗子弹。几次子弹从他身边嗖的飞过，却不知是从哪座楼里飞出来的。只要他撞上这种子弹，就会立时毙命。

他躲来躲去，后来干脆不躲了，子弹却不再飞来。他有点奇怪，是不是三师兄贴在他身上的护身符发生了神力？可是三师兄自己怎么反被炮弹炸得不翼而飞？他身上的法力和神功呢？是不是也像大师兄那样，中了洋人妖术？他不明白。他从来没经过战争，更没经过洋枪洋炮的战争。

今天，看来紫竹林与老城之间的仗已经全面打起来了。枪炮声四面八方地轰鸣。由于他曾经在小白楼里用莎娜那个望远镜观望过老城，现在身在租界，他心里有一种比较清晰的地域的空间感和老城的方位感。他知道远处冒烟那边是老城厢、城南、三岔口、河东，还有更远的北大关。租界这边也到处冒烟，有的地方还在起火。刚才刘十九率领快枪队杀进去的那片洋楼烧得最厉害，滚滚黑烟中正裹着明亮的火舌；最长的火舌高达两三丈，似要去舔苍天。海大道北边的荒野开洼中也有几处腾起浓烟，那是炮弹引起的野草和杂木在燃烧。看来这些地方都在交战。一阵阵硝烟的味道混着各种东西燃烧的气味，随着热风与暑气飘来。他还看见前方不远的地方，一些头戴红巾的团民正往租界一边叫喊一边冲杀。枪声很紧，那些人依然不要命地往前冲，尽管不断有人中枪倒下，最后还是冲进了租界。他知道前边在打仗，便躲在一堆芦苇后边，等待枪声小一些再摸过去。后来，他发觉自己在旷野里太暴露，就改变了行进方式，跑到一些建筑前边，贴着一些楼体和墙根往前行进，这样就明显安全多了，再没有遇到由什么地方射来的冷枪。

在穿过几座洋楼时，他看见街头横七竖八许多尸体，躺在亮汪汪、可怕的血泊中。尸体中大多是头扎红头巾的团民，也有两三个洋兵。团民多是中枪身亡，洋人全是被砍死的。一看就知道，这里刚刚进行过一场残酷的搏杀。

他刚要从中穿过去，后边忽有一人拉住他，他手里一直提着一柄刀，本能地回身要砍，其实他根本不会用刀，这就很容易叫身后这人一把抓住胳膊，并把他拉进旁边一个洋楼的院子里。

他一看这人，原来是个团民，衣服沾着血，头巾中间贴着一块符纸。头巾下边的一双眼睛瞪得很大，露出惊讶的表情。他刚刚觉得这人有点面熟，这人竟然叫出声来："二少爷，怎么是你？你也入了义和团了！"

他慌乱中还是认不出对方是谁。这人把头巾往下一拉说："二少爷，我是韦小三啊！"

欧阳觉又惊又喜，说："是你？你？先别说你，先说我家怎样，我父亲、我大哥、二少奶奶？快告诉我！"

谁想韦小三脸上的表情露出了尴尬与为难，他说："大少爷把店关了之后，我就加入义和团了。"

"你总该知道我家怎么样吧？"

"现在的情况不大知道。前一阵子你全家还都没事！老爷没事，二少奶奶没事，大少爷也没事。就是找您找得快疯了。谁也不会信您会入了义和团。您入义和团干吗？"

欧阳觉没法说清楚，他只问自己迫切想知道的。韦小三向来知道的事多，又爱说。无论你问什么，他都呜噜呜噜有用没用说出一大堆来。可是再问下去，竟然问出来一些他绝没有想到的事情来——

韦小三说，在欧阳觉失踪的转一日，宫南纸店发生了一件挺稀奇的事，他早晨起来卸门板时，发现门下边塞了一个方形的小纸片，上边只写了两个字"明天"，纸片后边还有一些胡涂乱画的东西，好像洋文，他拿给店员们看，谁也弄不懂是什么意思，有的店员说可能是哪个小孩子塞着玩的。可是过两天又塞一个纸片，上边只写一个字"是"，这就弄不明白了。

欧阳觉问："你可看见往门下塞这小纸片的人了？"

韦小三："能是什么人？"

欧阳觉说："我问你，见到塞纸片这人了吗？"

韦小三说："哪能知道呢？他是晚上塞的，白天怎么会还在？"

欧阳觉："你们可给大少爷看了？"

韦小三说那时大少爷家里家外忙着，来去匆匆。不记得和大少爷说过没有。当时城里城外全乱了，妖言到处流传，怪事层出不穷，店铺常常挨偷挨抢，谁会拿这两个小纸片当作事儿，只是有点稀奇罢了。后来老爷叫把宫南和估衣街两边的店铺全关门上板。这种事也就没再出现。

欧阳觉明白，莎娜等不到他，居然不怕危险愣跑到老城那边找他去了。她肯定是一个人去的。她究竟怎么从租界跑到宫南的？她为什么夜里把那纸片塞进纸店的门下？是要躲过别人的注意，还是因为白天路上戒严太紧？她竟然去了不止一次！她深信那个小纸片是可以联系到他的工具，那不是太傻了吗？她还会怎么做？

韦小三下边说出的一件事就十分可怕了。虽然这件事是韦小三听来的传闻，并非亲眼所见，而且是加入义和团后听来的，却叫欧阳觉深信不疑——

据说在宫前大街上的一天，不知从哪儿来过一个洋女人，站在街上来回溜达，叫一帮坎字团的团民抓去了，关进了都统衙门门口的站笼里。人们说这个洋女人是奸细，从租界到这边来察看军情的。还有人说这洋女人就是骑在洋人大炮上光着身子施法的妖妇。引来不少人到都统衙门的站笼前围观这"洋妖精"。有的看新奇，有的看热闹，有些土棍儿上去调笑，有的使手摸她，有的拿着树枝竹竿撩她的裙子，更有的用棍儿去捅妖精下边那个地方。叫那洋女人又喊又叫又哭，最后干脆疯了，扯自己头发，抓自己的脸，披头散发，血了呼啦，样子非常吓人。

欧阳觉大声问："后来呢？人呢？"

韦小三不明白二少爷问话的神气这么吓人。韦小三说，一天晚上，这洋女人突然没了。白天人们一看，站笼的门开着，锁链扔在地上。有人说她叫义和团拉去砍了，有人说叫官府连夜送出大营门，放回了租界，担心引洋人派来大军攻城。什么说法都有，只是没人再看到真情实况。

韦小三一边说，欧阳觉一边紧紧追问。韦小三那个"跑火车"的嘴呜噜呜噜说个不停。可是这事是韦小三听来的。除去他听说这洋妖精长着一双"鬼一样的蓝眼睛"——这个细节叫欧阳觉更加确信是莎娜之外，他说不出更多的细节。他甚至连这是哪天发生的事都说不清楚。

韦小三说着，发觉欧阳觉的神色不对，似笑非笑，似哭非哭，表情古怪，不知为了什么。于是他说他不该说这些与二少爷不相干的事，便住了嘴。他想问一问二少爷要他做什么，才开口，欧阳觉便对他摆摆手，叫他走掉。无论他怎么说怎么问，二少爷都摆手，执意叫他快快走掉。

现在这种时候，生死都是个人的事，谁也管不了谁。韦小三只好走了，临走把身上带的干粮都给二少爷留下。

韦小三走后，剩下他一个人蹲在这空无一人的洋楼里，待了多长时候也不知道。他混乱不堪的脑袋里，全是莎娜的种种样子。再没有先前那种清纯、美丽、妩媚、柔情、深挚和倾心的模样。全是可怜的、无助的、无辜的、受难的、屈辱的、疯癫的——这些都是他想象出来的。可是不知为什么，他想象中的她全都是最可怕的、最屈辱的、最绝望的，也是他最不堪忍受的。

他为她痛惜、难过、哀伤、悲愤。他想，如果他在场，他拼死也会救她。他情愿和她在站笼里一起受辱。他愿意为她受死。他要大声为她作保，她不是奸细，她只是一个再普通不过的真纯的洋人。但这全无用处。一切一切早已经发生过了。

而且那时候，谁懂得这些，谁管这些？

原来在他离开老城跑往租界去寻找她时，她正一次次傻乎乎不知凶险地跑到老城这边来找他。在他坚信她会在小白楼守望时，她竟然是站在都统衙门的站笼里遭受着那些无知的人的调笑和土棍无赖的百般污辱。在他千方百计寻求解脱去往小白楼与她相会时，她已然了无踪迹了。这样荒唐的阴错阳差的悲剧是谁的安排？谁会对他们如此故意和残酷地戏谑与捉弄？为什么？

莎娜在哪里？难道也像中了炮弹的三师兄那样，无处可寻了吗？她早已不在这人世了吧。

这世界本来不该有这一切，还是根本就没有这一切？

他渐渐沉静下来。尽管他现在还是什么也想不明白，甚至不信。

他没有必要再去那个小白楼了。小白楼不再有故事了。时间的荒草最终会埋没了它。

他该回家了。

七

　　他没有时间感了，不知现在是什么时候？他只有方向感，老城就在前方和远处。阔大的城影好像大地上停泊的一艘破旧的巨船。

　　这些天一直大旱无雨。白天里，毒日头将天空照得碧蓝通透，可是当两边打起炮来，大地翻江倒海，硝烟涂满天空，景象立刻就变了。

　　今天的仗非常特殊，刚开始就无比激烈，好像是交战双方约好了一场死战。租界这边沿着海大道一线全面开炮，还有的炮是从停在白河里洋人的兵舰上打出来的。在夺目的日光中，能够看见成群的炮弹闪闪发光、源源不断地飞过头顶，落入正前方那边的城里城外。同时，老城那边官军的七个炮台一起发炮还击。可是除去城东北三岔河口水师营与芦台运河岸上那几尊从德国买来的克虏伯大炮比较有力，其他各炮台的炮火就远不如租界联军的炮击更猛更强更有威慑力了。一个多时辰后，老城那边发生一个巨大的爆炸。不知什么东西炸得这么厉害，一道浓密而粗大的烟柱腾空而起，升到半空后突然膨胀成一个巨大无比的黑色的蘑菇形的云团，呈现在眼前，很快就四散开来，好像在水中化开的浓黑的墨，十分恐怖地遮盖了老城。那边的天空立即变得昏暗、浊重、可怕。此刻炮声已是连成一片，连大地也在不停地颤动。

后来才知道，联军庚子年六月十八日对天津城的进攻就是在这一刻开始的。

整整四十年前，英法两国曾经征服了这座城市，随后从这里打进北京烧掉圆明园。城中年过五旬的人对洋人的枪炮声一直心存畏惧。没想到这次来得更猛烈，规模更大，铺天盖地。然而阵容强大的联军更像一支杂牌军，人们不知道这些攻城的洋兵都是哪些国家的。单是奇形怪状的旗子和各不相同的军服就叫天津人完全看乱了。

欧阳觉在回城之前，他就把头巾腰带和手里大刀都扔在租界的洋楼里，以免洋人把他视为攻击目标。他在荒野上遭遇过一支纵马飞奔的洋人的骑兵，这支骑兵十分强大，至少两三千人，像一条青黑色的大河向老城那边飞速奔涌。这些骑兵头上都戴着直筒状的帽子，深色长衣，纵骑飞奔时，一边尖声叫喊一边挥舞着手中笨重的马刀。有些骑兵发现了他，摘下斜挎背上的长枪向他射击。子弹呼呼飞来，他赶忙趴在地上，脑袋使劲往草里扎。所幸的是这些骑兵攻击的目标在前边，对他这孤单一人的生死没有兴趣，很快奔驰过去了。

他还遇到一队步洋兵，头戴很大的圆帽，帽顶很高，像顶着一个很大的草蘑菇。他们发现了他，好像一群猎手遇到一只野兔。有的人一条腿半跪着射击，有的人站那里端枪开火，他赶忙装作中弹倒下。这队洋兵离他较远，懒得过来察看，扭身走了，这也侥幸地过去了。由此他得到一个在战场上活命的经验，就是倒地装死。装死的姿势最好是仰面朝天、闭着眼、一动不动地躺在地上，这样死比趴在地上更逼真。

战场的目的无非就是叫对方死掉。他"死"了就是了。

这次他选择由海大道到大营门这条路。这边有一些小小的自然的村舍聚落，不是交战的主战场，又可以隐蔽遮身，比走在大开洼里安全得多。而且这里的村落全空着，门敞着，人都逃难去了，有的房屋被炸毁，有的在燃烧，村里村外还常常能看到死人，最多还是头上扎着红巾或黄巾的团民。他看得惊心，没想到义和团死的人这么多。更叫他吃惊的是，这些团民的刀上或头巾中央大多贴着黄色的符纸。

他见自己半敞开的褂子中间的肚皮上还贴着一块符纸，好像一块已经没有药劲儿的膏药。这还是上阵前三师兄给他贴的呢。他用手扯下来扔了。

他途经一个小村时，村里有较多的树，看似很静。他走进小村想找点水喝。他很热、很渴也很饿。他从高家村出征时身上带了一些干粮，韦小三与他分手时，还把扎在腰间褡膊里的干粮也都给了他。他不缺吃的，但更需要水。天太热了，口干舌燥，身上连汗水都没了，有如火烧一样，皮肤干得要裂，他摸一摸自己的皮肤，像烧热的铁锅。他知道村里一定会有水，那时住人的地方必定有井。他在村里找到一口井，却没有打水的桶和绳子，幸好一间矮屋里有一口破缸，里边竟还有多半缸的水，他像牲口一样把脑袋扎进去，把肚子喝得很鼓，还觉得口渴。他又跳进缸里，洗刷一下，给自己降降温。

突然，响起很大的一个打炮声，好像就在身边。他跑到院里没见有人。村墙都矮，隔墙看到，三个洋人正在邻院一间被炸去屋顶的废墟里打炮。他们借着这破屋做掩护，放一尊带轱辘的黑铁火炮。他们正有条不紊地给火炮装上炮弹，一炮一炮往老城那边打去。他们一边打炮，一边说话，其中一个人抽着烟。这三人头戴扁平的帽子，帽子上系着丝带。天太热，他们把外衣脱去，搭在半截的破墙上。不知他们是哪一国的军人。他怕被发现，赶紧从这院子走出去，贴着一道土墙往村外跑，刚出村口，却撞上几个人。他心想没命了，一看是中国人，正用两轮板车推着满满一车木箱，箱子里装的全是圆圆的黑色的瓜样的炮弹。这几个中国人都穿大褂，干得很吃力，汗湿了前襟后背。这一突然遭遇，使得他们彼此都十分吃惊。他正琢磨这几个人怎么会给洋人运送炮弹，一个人问他："你是做什么的？"

欧阳觉说："我刚打租界出来，想回城里看看。"

那人说："你还敢往老城里那边去？你不知道今天攻城？联军已经把老城围起来了，从四面八方往城里边打炮。"

另一个说："你回去不是送死？"

欧阳觉说："那怎么办？我一家人都还在城里边。"

"等联军把城打下来再回去。你也是教民吧，来帮我们一起干活吧，我们是志愿队。"开头和他说话那人说。

欧阳觉看这个说话的人瘦瘦的，小眼睛，模样有点像马老板，只是更年轻一些。他说："不了，我惦着家里人。我小心点儿就是了。"说完，他继续朝着天津老城那边走去。

那几个人的声音响在他的身后：

"等联军拿下天津再去也不晚。"

"炮弹可不长眼啊。"

"你家里的人未必还在城里边。城里的人大都逃难去了。"

最后这句话叫他心里一动。城里人真的全都跑出去了吗？自己家里的人呢？他怕他们还待在城里，那就会成为联军大炮享用的牺牲品；如果他们逃难走掉，回去就找不到他们了。但是他还是要回去，死活都要和家人在一起。

他穿过枪林弹雨快到老城，却无法靠近它。那里正在激战。远远就能看见，洋人在猛烈攻城，炮弹不停地落在遍体鳞伤的城墙上。官军蹲在城堞后边从枪孔向下射击，除去一些团民用打雁的猎户使用的鸭子排与官军并肩而战，大部分义和团没有火器，血肉之躯抵挡不住炮火，一片片横尸在城前。东城门已经被洋人的炮弹轰开，正在着火，凶烈的火苗与浓烟填满城门洞口，谁也别想通过。

欧阳觉决定先到宫南大街的纸店里躲一躲，他穿过一团团黑色和黄色的硝烟钻进宫南大街，所看到的景象惨不忍睹，街两边的店铺大多毁了，不是炸了就是烧了。自己家的那个"裕光"正如父亲曾经担忧的那样，已经给一场大火烧掉，一直黑乎乎烧到地面，而且肯定已烧掉多日，不再有烟冒出。隔壁的玉丰泰绒花店也烧去一半。

估衣街的店呢？他的家呢？他想也不去想了。

他藏身在几道断墙中间，四面已经没有高楼，反而能看得远。他看到天后宫前那两根巨大的旗杆居然安然无恙，神奇地立在那里，对面的戏楼也还幸存，不知道天后宫是否还在。但不远的老城却像一个巨大无比的烧煤的炉子，呼呼冒出很大的黑烟，一阵阵遮了日头，使得眼前的景象阵阵变暗。此刻，洋人的炮弹仍在从城外飞蝗一般、源源不断地落入城中。这景象真到了世间的末日。现在，他心中只盼望着父亲和一家人已经逃难走了。回去看到的只是那棵老槐树下一片空屋才好。

这时他才真正明白，祖祖辈辈为什么把人间最高的指望称作——平安是福。

洋人的攻城直到转天才停。他在这几道破墙中间又蹲了一夜。转天他来到城前时，已经没有炮弹飞到城中了。近处也没什么炮声，耳朵里缺了炮声反觉得少了什么似的。

欧阳觉站在东城外护城河的木桥上，直条条面对城门，如同到了酆都。他不敢看遍地的尸体，抬眼却是缺了顶子、还在冒着黑烟的门楼，狼牙狗啃、满是弹洞的城墙，城门上边悬挂的"镇东"的石匾断成两截，更显悲惨；城头上插着几面旗子，在亮晃晃的日光里刺目地翻飞。一面是示降的白旗，不知是谁插在那里的；其他三面是占领者的国旗——美国、法国和日本的旗子。大哥欧阳尊曾教给他识得这些异国的旗子，他大都认得。

瓮城里已经成了胜利者的屠宰场。他头一次看到行刑的场面。受刑的团民跪在地上，被一个行刑者使劲向前拉扯着发辫，使他的脖颈伸长，身后的行刑者挥刀下来，"咔嚓"便砍断他的脖子。等待受刑的多是团民，也有官军。更令他震惊的是城墙一丈多高的地方，挂了一圈砍下来的人头，大约七八十个，除去几个官军的头颅，大都是义和团团民及首领的首级，一些还包着头布。一股强烈的血腥气张扬着占领者不可一世的威慑力，叫欧阳觉不寒而栗。在这瓮城中只有不多一些人站在那里，几个高高矮矮的洋人军官正在指指点点地说话。他们是今天的获胜者，但从他们的神气上看已经相当轻松了。此时，大规模全城的扫荡和搜捕行动已告结束。实际上在欧阳觉入城之前，大部分洋兵已经出城集结，正准备去增援北京仍在吃紧的战事。

欧阳觉从瓮城进入城内的感觉，真比进入地狱还要可怕。地狱只是想象，遭受过屠城的老城是眼前的现实。

一下子满城的废墟堆到他的眼前。

跟着是一片烈焰般灼热的气浪扑面而来。一连数日天旱无雨毒日头的曝晒，再加上一天一夜千千万万炮弹引起的全城大火，使老城温度酷烈难当；五百年来那四个城角著名的水坑已经完全干涸。

城内大街是不能走的。一些少数的洋人散兵游勇还在端着枪漫无目的地到处乱闯，感觉哪里不对劲就放一枪。流弹在空气里盲目地横飞。战场上，开枪是最自由的。生死没界线，也不由自己做主。他必须活着回到家，决定离开大街，从东城内的小街小巷穿行，寻路拐向北城，再奔往他家所在的府署街。他自小在老城长大，闭着眼在城里走都不会迷路。他就像田里的鼠，识得地里边每一条坑道和洞孔。

可是，离开了大街，还是离不开险境。整个城区所有地方都有可能撞到穿着不同军装到处乱窜的洋兵，虽然已经不多了，却仍很危险。他看到徐家大院旁边那条窄巷深处，几个洋兵正朝着一个门洞里边起劲地放枪，不知道为了什么，也不知他们在向谁射击。还有高高的北城墙有一些个子高大的水兵，天太热，他们光膀子，露出又白又红的肉，站在那儿朝着城里边乒乒乓乓、兴致勃勃地打

156

枪，无法知道究竟是什么引起他们杀戮的兴致。他从县署后边朝着沈家胡同那条看似比较安静的小道上走时，忽听右边一阵紧急的枪声，他赶忙躲到墙角里，看到一个洋兵正追逐着一个身穿红衣、亡命奔逃的女子，洋兵在后边一边追一边打枪。天津人视大红为喜庆，也当作避邪的颜色，女子穿衣向来尚红。此刻，洋兵却以为凡是红衣女子都是红灯照，所以城中常常可以见到卧在血泊中的红衣女尸。鲜血使红衣的红色更深。

城中的人确实很少了。偶尔才会见到一个两个，在清理废墟或搬动什么。人们逃难去了，还是关着门躲在屋中？欧阳觉还碰到一个中国人抱着联军各国的小旗子沿街叫喊。他们说插上这些国家的旗子可以避免受到伤害。看来还是有些人家藏身城中，或是坚持不动，或是无处可逃。一些沿街店铺的大门大都被打开，偶尔还能看到洋兵在里边翻箱倒柜。一家平日里欧阳觉常常去逛的古玩店已被捣毁，空无一人。洋人不识中国的古物，但肯定将那些被当作宝贝的异样的东西高高兴兴塞在身上带走了。这些被洗劫过的店铺很像被狮子们吃过的野牛的躯体。

他只在公议胡同和丁家胡同北至文昌阁这一带没有见到人，这里炸得最惨烈，民房全没了屋顶，屋内一切东西全部烧尽，好似一片黑乎乎的烂砖窑，一排排扔在那里。可以想见，昨天这里经受了怎样一阵长时间由城外飞来的密集的炮弹的轰击。今天看了，仍觉心惊。

这里离他家很近了。

他还没有到家，已经有了一种非常不祥的预感。他知道前几天那种不祥的预感是什么了。他甚至不敢回家了。

进了府署街，远远的景象就叫他看到大难已经降临。

那棵五百年的老槐树像一个无比结实的老汉，现在轰然倒下。巨大的身躯重重地压在它身下边的老屋上。他还不知道那里发生了什么，只看见一道很浓重的烟从中呼呼往天上冒着。一股强烈而刺鼻的烧焦的气味迎面扑来。没有疑问——家完了，很像一只被打沉了、正在陷落的巨船。

他不知自己靠什么力量走回家的。也不知此时自己步履急迫，还是因无力而变得极其迟缓。

还没到家就看到大槐树的一部分压在了墙上，而且把墙压垮；一条巨大的木叶葱茏的枝干黑乎乎横在路上。到了家门口，他看到大门被打烂，门扇没了，大门洞开。

门内迎面的一幕非常惊人——

原先放在门洞里的那条榆木的大懒凳，现在摆到了迎门的影壁前，凳子中间直挺挺坐着一个人，他后背靠在影壁上，头扎红布，双手紧握一柄板斧，两眼瞪得奇大。这人是谁？这个时候怎么还这副模样守在门前？再看竟是张义！不等他叫，就看明白，他已经死了，前胸满是枪洞，两只大脚浸在血里。后边的那个磨砖对缝的雕花影壁，也被子弹打得稀烂。单从影壁上这些密密麻麻惨烈的弹痕和枪洞，就能看出当时那些射击者多么疯狂！

他急着进去，绕过影壁，从甬道跑到父亲那进院的门口一看，就知道天已经塌了下来。洋人的炮弹不但轰毁了整个院落的房屋，还把大树炸断。巨大的树冠和粗壮的树干全被炸散，无比沉重地压在塌毁屋体上，如果父亲当时在屋里，一定在劫难逃！他连连喊爹，却无法走进院子。被炸毁的古槐和古屋的碎块全部混在一起。他只从一个缝隙里看到了父亲那根紫竹的手杖遗弃在地上。

父亲如果逃难去了，怎么手杖还在？父亲会不会提前跑出来呢，只有大哥会知道！

他跑到大哥居住的中间那一进院。这里只有偏房被炸毁，正房没有倒塌。院子的一半却被垮塌的巨树的枝叶填得密不透风。当时大树垮下来时，势头一定极其猛烈，一些簇密的树叶穿破窗扇，闯入屋中。

欧阳觉跑进大哥的房间，叫了两声，无人回应。满屋狼藉，一片被洗劫后的景象，却没有人身受到伤害的痕迹。大哥大嫂跑到哪儿去了？真像昨天在城外那个小村子遇到的几个给洋人运送炮弹的"志愿者"说的，他们逃难去了吗？如果真的逃难去了，大哥一定会让父亲先走。那么娴贤呢？娴贤去了吗？如果家里人都走了，张义为什么还要舍命守在大门口？

他转身往自己的房里奔去。

他一进门就看到了自己家中悲惨至极的一幕——

她没有在屋里，一切都发生在院中。他这进房子没有被炸毁，但院里满满全是大槐树垮塌时散落的大量的枝叶。残花败叶铺了满地。娴贤死在房前的廊子上。她卧在那里，衣衫被撕得一片凌乱，赤裸着一部分下身和雪白的双腿。她是一头猛烈撞死在一根廊柱上的，鲜血从柱子一人高的地方流淌了下来，她不堪凌辱，自尽身亡。

院中那口井边还有一些血。井里好像头朝下塞着一个人。下身也是赤裸的。从这人的小脚看，她是姜妈。

欧阳觉一下瘫在地上。一切都很明白。

此时此刻他和死了已经没有两样，完全不知道自己应该做什么。他游魂一般在院子里转了半圈，走进屋去；在屋里转了半圈，又走出来；然后再漫无目的地走进自己的书斋。这个一二十年来天天享受其中的地方，现在已经与自己毫无关系。但是当他看到书案上三瓷缸满满的瓜子仁儿时，忽然有了感觉——

他一下子回到现实里，回到他昨日的家庭生活中，回到曾经这里的一切音容笑貌中间。她给他嗑瓜子，斟茶，谈诗说画，料理衣食；她知书达礼，贤德温顺，善待一切，洁身自好；她无求、无争、无负、无伤于任何人，为什么老天却给她这样比打入十八层地狱还惨烈的厄运，叫她那么圣洁的身子遭受如此野兽般的强暴与玷污？他想到这里曾经发生的事，他要发疯发狂！然后，他流下热泪哭起来，失声地哭，号啕地哭。她因等他而死，她为他而受难；相对于他和莎娜，只有她才是最无辜的。他为她痛苦、委屈、愤怒！他痛恨自己，悔恨难当，但是即便他杀了自己也都于事无补了。

最后，他起身把自己的书案从书斋拉了出来，放在院子中央，将娴贤抱起来，平放在书案上，再取出干净的床单盖在她身上，理好她的头发。她死后原是瞪着一双惊怕又愤恨的双眼，他轻轻给她合好双眼，让她还像平日悠然安睡时那样。

然后，他由书斋中取来那几瓷缸瓜子仁儿，像花瓣一样撒在她身上，就像老槐树一树的槐花纷纷落满她的全身。

他又把自己的书画、诗稿、文章、纸笔以及满屋的藏书一趟趟全抱了出来，整齐又精当地摆放在周围。再将一些纸绢与树枝填满院中那个白石的井口。

完事他取火点着这一切。

他瘫倒在一边，等着火焰一点点烧起烧大，他看着大火和浓烟吞没了她。随后，大火延烧起连廊、四边的房屋，还有那棵默默活了几百年的浑厚苍劲却坍塌了的老槐。当老树发怒一般地熊熊烧起来，并发出巨大的"噼噼啪啪"的声响时，他走出院子，走出家，走上大街，一直往城外走去，头也不回。

他不知大哥大嫂在哪儿，是逃难去了还是已经遇难，他只知道父亲肯定压死在垮塌的房子下边，他坚信娰贤不走父亲绝不会走，忠义的张义死守在门前一定是为了捍卫主人。

但是，现在他不再理会这一切了。

在府署街上，大火愈烧愈猛，从那焚烧的古树巨大身躯中蹿起的火苗足有三四丈高，半个城池都可以看见。眼下水会的人都逃出城了，已经没人救火，只有干烧。滚滚浓烟带着悲情染黑了老城上边夏日的天空。

这是庚子事变中最凶猛和豪壮的一场大火。

八

欧阳觉从城里走出来时，没有择道而行，他再不躲避危险。一切皆见似未见，闻如未闻，更不管再遇到什么。一颗流弹打穿他的耳朵，他也不知，任凭鲜血流淌，滴在肩上，流下来，染红胸前一片衣襟。

实际上，这时候城中已经完全乱了。溃败的义和团民大多弃城而去，逃走时扔了他们标志性的头巾，混在逃难的百姓之中。舍命一搏的便成了洋人最后的屠宰品。守城各部官军的残部大都撤到城西杨柳青、静海、独流和北仓等一些乡镇，还有一些去北京救驾，京都吃紧，大批攻破了天津的联军正信心满满地沿着京津铁路线去直捣大清的老巢，据说此刻慈禧已经带着皇上皇后离京西逃。一些官军看到战局逆转，大势已去，开始掉转枪口收拾四处溃散的团民了。

天津完全陷入乱世。洋兵纷纷撤离后，前一阵遭难的教民纷纷回来复仇，地方的土棍趁火打劫。这座空城所有家居和店铺全都大敞四开，任人闯入。这些人常常为了争夺财物互相厮杀。城外护城河里漂浮着不少尸体，洋人只清理自己的战殍，雇用本城苦力用门板为他们抬尸。团民和难民的尸体没人认领，天气酷热难当，屠城后的第二天到处的弃尸就开始发味了。此刻，最抢手的应是水和食物。城门口偶有卖饼卖糕的，都得用光绪银锭或首饰来换取。

这一切都与他再无关系。

他穿过大营门时碰到一些占守那里的洋兵，可是既没人拦截他，也没人盘问他。看他的眼神，就知他完全不正常了。那时城里城外出现了不少疯子。

他直愣愣朝着租界走去。穿过荒野时，经过一些小的战场与临时构筑工事的阵地，但是现在已无活人，全是死人，刀枪旗帜扔了一地，尸体中有团民、官军，也有洋人。

他从地上拾起一柄刀。在拾起刀时，眼睛里分明有一个仇恨的火苗在跳动。

他直愣愣往前走。

在前边一片开阔地上，他看到许多黑乌鸦，还有一些狗。不知是饿狗还是野狼。那时代天津这边的荒野可以通往关外，野狼偶尔也会窜到这边来。

战地从来是这些家伙大快朵颐的地方。他一走近，这些家伙就四处散开，停在不远的地方盯着他。他看到沾满猩红的血迹的野地上有一些残尸，被野狗野狼咬开的地方还很鲜嫩。突然一具无头尸跳入他的眼帘。这个人肯定是让炸弹炸去了脑袋。他发现这个无头尸的一只手里拿着的手枪很奇特，枪筒出奇的长，似曾相识。他忽想到莎娜说过的话，她说她爸爸非常喜欢这种长筒的手枪，因为长筒手枪可以射得非常远。她还说她也不喜欢这东西。

他马上去看这个尸体的身体部分，似乎想寻找什么，果然他看到了，在这尸体的腰间别着一根铜管，正是那支望远镜，他太熟悉的单筒望远镜！

这是最能叫他动心的东西，但是——现在他却无动于衷。

这人正是莎娜的爸爸，他肯定是洋人进攻天津的一个指挥官吧。

当他把手里的刀提起来时，他听到一个呼噜的声音在旁边发出。一看，原来尸体不远的地方，趴着一只卷毛的洋狗——就是那只浅棕色的卷毛狗！它在守护着自己的主人。

它发过呼噜一声之后，便不再出声，一动不动趴在那里，就像在小白楼那天，在他走下阁楼看到它时的那样。它好像还认得他，目光有一点点柔和，静静地看看他。

他看了它片刻，什么也没做，走了过去。

在接近租界时，前边一片土岗那里发出一声枪响，一些人朝他喊话，是洋话。他看到土岗上边有一些用装土的麻袋筑起的工事。他遇到了租界的防卫线。他略停了一下，随即提起刀来毫不犹豫地径直朝前走，对方开枪，子弹从身边呼啸而过；他手提着刀仍往前走，子弹又呼啸而过；身上哪儿中弹也全然不知。

这时，他忽然看到，在这条防卫线的左后方极远的地方，有一个东西奇异地竖立在那里。这东西很远、很小，他一望就知是那个小白楼。此刻，夕阳从开阔的旷野的西边斜射过来，正照在那小楼上。在强烈的晚照里，在它后边蒙着暮霭的租界那一片灰暗的背景的衬托下，它孤孤单单地立在那里，金红夺目，极其明亮，好似荒野上一块遥远的墓碑。可是，不管这个奇异的东西下边埋藏着多少不为人知的记忆，现在对于他已是一片漠然。

他继续向前走着。

在对面的喝令中，又一片密集的子弹呼啸而来。

于是，一个不可思议的时代过去了。

2018 年 11 月 7 日立冬日完成初稿

11 月 13 日修改稿

12 月 3 日定稿

神灯

·小引

这场雪从祭灶那天下起，纷纷扬扬一直未停。许多窄街小巷堵塞了，破败的泥屋压塌了，井口被封盖住。天公并没有因此罢休。人们也仍旧依循繁缛的年俗，准备所需的一切。在宫南宫北的风雪街头，小贩们照常争抢地盘，早早在道旁的墙壁上粘贴"年年在此"的红签，搭起棚摊，摆上应时的年货。采买年货的人们把路面的积雪踩得硬邦邦，再让冰床下面的滑铁一磨，成了光光的镜面，时时会有一个人由于不慎而仰面朝天地坐在冰上，引得孩子们发出一阵阵善意的欢叫。孩子们都穿着小棉袍，袖着双手，鼻尖挂一对清凌凌的鼻涕珠儿，脸蛋冻得鲜红鲜红，远看好像一群群小红灯笼。

他们还在道旁堆起"雪弥勒"，一个个胖大浑圆，咧开笑嘴，袒敞着膨脖的大肚，摆出一副傻乎乎、无忧无虑、引人发笑的神气盘坐着。一些好事者在雪弥勒的右手上，套了一串用泥球做的牟尼球，左右堆塑两个白雪的侍者，前边砌个长方形的雪台，插上香烛。那些过往的贫苦无告的老妈妈见了，便站直身子；裹得尖尖的小脚插在雪地里，虔诚地膜拜作礼。

天津这个株守北方海口的旧城，历史并不久远，居民五方杂处，却有着迥异他乡的浓厚的风土人情。尽管南北过客来来往往，

169

也无法冲淡或动摇它根深蒂固的地方风习。虽然本地的买卖人能说会道，善于逢场作戏，油滑机变，会从外来商人的身上找到生财之道；本地官绅又非常讲求排场，奢侈的花样无与伦比，但民风还是淳厚朴实的。百姓们都热情好客，好义勇为，容易冲动。他们的血液里，多多少少保留着燕赵时代的遗痕。在这方圆仅仅数十里的境域里，人们用一种齿音很重、味道特别的腔调说话。为什么一个有史以来就是人来人往的商埠，会形成自己独有的方言土语，这恐怕永远是个哑谜了。

更奇怪的是，这是一座拜神的城。此地历任的官员、富有的邑绅、巡幸的皇帝，都对兴建寺庙抱着令人费解的兴趣。不少官绅以这样的善行义举，博得美名。光绪十年，城内外的庙宇寺观达到一百三十二座之多，五六百名道士僧尼靠着善男信女的香火钱吃得白白胖胖。无论塞北或江南，所有被供奉的神像几乎都能够在这座城中找到。这些泥塑木雕的神佛管理着人间的一切，包括天、地、水、火、人的吉凶祸福，乃至疾病、贫困、生男养女；帮助人们化险为夷，转祸为安，驱逐邪恶与烦恼，实现人们的幻企，给那些痛苦的心以些许的慰安……

日日晨昏，城中大小寺庙的钟声互为应答，轻轻敲着人们的耳鼓；烧香的气味散入万家，随时随地钻进人们的鼻孔；无形的神便悄悄地在人的心灵中取得了存在和信赖。在一个神主宰的天地中间，臆想往往成了根据，事实可以随心所欲地解释。人们相信预感，耽于幻想，敏感于怪怪奇奇的事物。荒诞不经的谣传会哄起轩然大波；神奇莫测的编造反会得到普遍的置信。神是人治服人的法宝。在外国人梦想征服中华民族的时代，用的也是同样一种法宝，那就是基督、圣母和天主。然而，神会不会成为反抗压制的法宝呢？庚子年间，此地一群具有非凡勇气与魄力的人，就擎起这种异常奇特的法宝。这便是瞬间亮起来的千千万万盏辉煌夺目的神灯……

第一章
蒙面人

除夕这天有种不祥之兆。傍晚，西北边凝聚了多日的阴沉沉的云天，忽然裂开一条大口子，十分刺眼，斜射下一道强烈得出奇的光束，投照在北城镇海门的门楼子上。使这座冰包雪裹的城门楼子，银光四射，晶亮透明，五色变幻，宛如天上的琼宫宝殿。城中不少人跑出来，观瞻这个罕见的奇观。人们猜测纷纭，心中泛起一种莫名的不安，有的人竟朝这座发光的门楼烧起香来。

没过多久，裂口就闭合上了，跟着刮起奇冷的大风。雪花顿时变成米粒大小的冰雹，狠狠地抽打城池。幸好今天是除夕日，人们都在家中过年。打更巡夜的也照例免了，没有人再到外边来。任凭风雪在空荡荡的街头鬼哭狼嚎，发狂一般地胡闹，掀倒罩棚，扯下所有挂在门外的灯笼，并把鼓楼上的大钟吹得叮叮当当。就在这时，隐隐响起了水会报警的串锣声，先是在河东陈家沟那边，随后东北城角一带也响了起来。谁也想不到，锣声有那么严重；一连串悲壮的惨剧就此开始了。

锣声尚未停歇，十多条人影从城北估衣街上急匆匆地穿过。他们打着灯球火把，手执水桶、绳索、长长的挠钩，还携带些刀械，显然是去救火的。这群人奔出街口，在本地声名赫赫的会友脚行的大门前停住。其中一个身材特别高大、戴暖帽的男人，对跟来的家人们说:"快进去,把巴爷给我请出来!"

家人提着灯球跑进去,很快就从行里引出七八个人来。为首的四十余岁,过宽的肩膀像张开的扇面。他身穿黑色的紧身猞猁皮袍,腰间煞一根粗皮条;在黄纸灯笼闪闪忽忽的光线里,显出一副老练、凶狠的面容。他背后站着高矮胖瘦不同的几条汉子。他们穿戴各不相同,有的光着头顶,有的披一张毡子,有的趿着鞋、叼一支短短的烟管;有的穿得花里胡哨,不伦不类,好像水陆画中阴曹地府里的一群恶鬼。这都是此地出名的混混儿。为首这人抱拳于胸前,野气地说:"二少爷,嘛事找我?"

"兄弟!不是我侯少棠来搅你过年。河楼教堂着火了!"他说到最后几个字,加重了语气,脸上的神气仿佛等待对方惊愕的反应。

"真的?"对方果然大吃一惊。

"大冷的天,我侯少棠能跑来赚你?因想到你正要入教,在这节骨眼儿上,正是向教父表心的时候,所以来招呼你!"

"够朋友!我巴虎记着你的好处!"他表现得挺冲动,似乎领略到侯少棠的义气。他往远处望了望,忽又问:"大年三十,怎么会起火呢?"

侯少棠说:"我来这一路上还在想,这火着得很怪。今儿下晌,教父对我说,他晚上要去紫竹林戈林先生家打牌。教堂里没几个人,圣堂又不生火,是不是有人……"

巴虎听了,突然把腰间的皮条松开,再煞得更紧——这是他每每发狠、决死、杀机陡起时的习惯动作。跟着他扭头对混混儿们说:"哥几个跟我去教堂救火,带家伙!"

混混儿们应声跑进行里取了刀械火器。他们这群人奔过了老铁桥，赶到教堂跟前。只见教堂中部的尖顶正在冒着殷红的浓烟，并发出木头燃烧"噼噼啪啪"可怕的爆裂声。大火受到风的鼓劲，兴奋得发狂。旋转的火舌如同巨大的明亮刺目的刀剑，向四外窜飞。大团大团的火星子给大风一下子卷到很远很远的地方去……教堂的大门关闭着；几个外国修女站在阶前，像几只受惊的鸡儿，惶恐地挤在一起。好几处水会都赶到了。缠头布、穿号衣、拿着挠钩的伍善们正在商量怎样灭火。地上放着横穿木杠与扁担的方方的大水柜。这一切，都给半空中一闪一闪的火光映照出来。

各水会的伍善们见这一群出名的教徒与混混儿头子来了，忙让开一条道。侯少棠跑在最前面。他朝修女们喊道："教父呢？"

修女们都没戴头巾，大概是在惊慌中忘戴或失落了，双手捂着被风吹得胡乱飘飞的头发。其中一个上年纪、白脸儿、吓掉了魂的修女尖叫着："他去戈林先生家了。侯先生，您快……"说到这儿，她竟忘了下边的华语该怎么说了。

侯少棠带人冲进大门。又高又大、空洞洞的圣堂内一片漆黑，咚咚响着他们的脚步声。隔着浓浓的烟雾，穹顶上闪着红火，看来楼顶被烧穿了。他们沿着附在望塔墙壁上的一架小铁梯，爬上楼顶，把烧着的梁木与木板子浇灭并清除下来。火光没有了，只剩下浓烟，辣得人睁不开眼，远远近近都是人的咳嗽声。侯少棠的脑子转了转，一个人悄悄钻进龙骨架，四处看了看，终于发现，架子上还有一些浸了油而未燃的麻草和破布。他的猜想被证实了：真有人成心来烧教堂！

正在惊疑不定的时候，忽有人在不远的黑暗中发出一声喊叫。

他跑过去一问，叫喊的人原来是个教徒。他说他恍惚看见不远的几根大木头后面蹲伏一条黑影，见了他就跑掉了。

侯少棠并不声张。因为他对这教堂的构造十分熟悉，如果这人爬到龙骨架上放火，一时很难逃掉，除非从教堂的前后门冲出，要不就得破开穹顶，从侧面大墙用绳子吊下去。他忙把巴虎等人找来，附在他们耳边悄悄说了几句，便一齐下了楼，迅速奔到后门口，打开门，绕到北墙下边，果然看见一条黑影从教堂顶上系下一根绳索。这黑影手抓绳索，脚蹬光秃秃、直上直下的陡壁，迅速往下滑落。一个混混儿举起火枪要打，侯少棠抓住枪杆，悄声说："拿活的！"便奔了过去。

那黑影也发现了他们，手一松，脚一落在地，便朝西边荒野跑去。虽然夜色漆黑，人影在昏白的雪地上，却分外清晰。

侯少棠、巴虎等人紧追上去。突然，前面那人影滑倒了。等他翻身跃起，一个混混儿已经赶到跟前。这人手一扬，竟亮出一把短刀，搂头盖顶直砍下来。混混儿猝不及防，居然抬起胳膊去挡。哪知这人并不想伤他，一转刀锋，用刀面把这混混儿啪的一声拍倒在地上。这一下干脆又漂亮。

他再跑是来不及了，追赶者已经上来把他团团围住。只见他穿紧身衣，黑布包头，下半张脸蒙一条黑巾，把面孔遮住，只露出发白的前额和一双眼睛。是个蒙面人！

蒙面人身形矫健，动作迅疾而猛烈，似有非凡的武功。他挥刀狠狠地左劈右砍，但刀尖每每将要击中对方时，故意变了方向。看来他无意伤人，只想快快摆脱这险境，突围而去。

巴虎看出对方的动机，并知道自己手下的混混儿们，不是蒙面人的对手，便呼叫一声："哥几个，让开，看我的！"

旁边一个矮个子的混混儿应声扔给他一把刀，他抬手接住。这把刀细瘦峻直，寒光烁烁，像一柄剑。

混混儿们向后散开，执刀环立，守住阵角。巴虎一抖肩膀，扑上去向蒙面人凶猛地扎了一刀。蒙面人并不惊慌，待到对方的刀尖离身咫尺时，忽用刀头像拨弄花枝那样巧妙地挑开巴虎的刀锋，向左一拧腰身，宽宽绰绰地把来刀让过。这动作只是在转瞬间完成，动作飞快，宛如旋风，真是匪夷所思。在场的混混儿们都暗暗心惊。巴虎一刀扎空，赶忙收缩身架，唯恐有失。这正是蒙面人进攻的良机。可是这当儿旷野吹来一股大风，忽把蒙面人的头布和面巾一齐吹掉，同时从这人颈后飘出一条辫子。巴虎大吃一惊，原来和他格斗的竟是一个女子！

这女子见自己意外暴露了真相，急忙扭脸躲开巴虎的视线，却正好同侯少棠打个照面。刹那间，不知为什么，这女子和侯少棠都怔住了。巴虎乘对方分神之机，足掌用力蹬地，扑上去就是一刀。巴虎在津门武林中也算得上一名高手。不过由于是个混混儿，用心下手都分外歹毒。这女子再举刀相迎，已经太迟了！刀刃咔嚓一响砍在她的右手上。她身子晃了两晃，手中的刀险些坠落下来。她强忍疼痛顽强地握住刀柄，猛甩过头，朝巴虎怒喝一声："畜生！"同时，向巴虎狠劈一刀。这刀却仍然是个虚招。她趁巴虎躲闪之机，把刀一收，丢下巴虎，回身将背后一个混混儿砍翻，破开了包围圈，手提着刀，身后飘着大辫子，如飞地跑去。

侯少棠一群紧追不舍，哪知那女子轻功甚好，奔走如飞。加上眼前风雪正大，天又黑，荒地上满是坑坑洼洼，乱木丛生，很快就找不到那负伤女子的去向。他们只得站住了。

"二少爷！"巴虎拍打着身上的雪粒儿说，"您瞧见了吗？是个小娘儿们！可惜给她跑了。都怨我刚才那一刀，只想下掉她手里的家伙，要是砍她的腿就对了！"

侯少棠没有回答，也没有懊悔的意思。他沉着脸怔了半刻，自言自语地说："好大的胆子！"

巴虎听了这话，同样没有懊悔的意思了。他感兴趣地："怎么？您认得她？"

"抓到她再说！"侯少棠手一摆，招呼众人随他去。

尽管巴虎很想知道这女子是谁，可也不再问了。他从侯少棠口中感到，这女子肯定可以找着。以他们的自我感觉，只要有迹可循，任凭飞鸟游鱼也是逃不脱的。

侯少棠引巴虎等人重返来路，途经估衣街，绕进侯家后，穿过几条没有灯光、黑魆魆的歪街小巷，在一个岔道口包围了一家低矮而不起眼的小水铺。那小铺屋顶上盖着雪，里面还点着灯，烟囱冒着白白的烟。侯少棠手指这小铺的门儿，喝令似的叫一声："进去，抓！"

巴虎带头踹开门进了屋子。屋内哐哐啷啷响了一通，巴虎转身走了出来，面带一种希望落空的忿恼对侯少棠说："没人！"

"没人？还有一个老娘儿们呢！"

"任屁也没有。是不是跑了？"

"跑？"侯少棠眯起一只眼想了想，满脸的肉就舒展开了，"跑不掉，咱接着去抓！"

"还去哪儿抓？"

"去她师父家。"

"她师父又是谁？"巴虎给一连串疑团完全弄糊涂了。

"铁胳膊卢万钟。"侯少棠一个字一个字地吐出这个响亮的名字。这名字如今早已湮没在历史中，但在那个时代还是颇有些威风的。

"卢万钟……"巴虎重复这三个字之后，眼珠一动不动地停在侯少棠脸上，随后神气和口气都变得迟疑起来，"会在他家吗……"

侯少棠斜睨巴虎一眼。他知道，一个混混儿遇到事如果露出半点犹疑，不仅为人耻笑，也有辱于自己。因此他故意用讥讽的锋芒刺激巴虎："怎么？凭你还进不了卢家？"

谁知这句激将的话也没起到作用。巴虎转转眼珠，说出这样一番道理："二少爷，不是我巴虎耍滑头，不肯出力。我也不是怵事。您得明白那姓卢的非比一般人。城中有两下子的人和他的交情都不浅。咱往他家里一闹，可就跟他那把子人全结上扣儿了！我巴虎倒不在乎，只担心您顶不住他们！"

侯少棠冷笑道："兄弟，你可用不着为我操心。有教父为我做主，就是阎王爷我也敢惹！今儿，卢万钟的徒弟烧了教堂，说不定一会儿教父就会去找县太爷、找制军大人。咱不去，官家也会派兵去找他！"

不等巴虎答话，旁边站出一个细脚伶仃、瘦得可怕的混混儿。他两腮塌陷下去，尖鼻子古怪地翘起，头扣黑皮面帽翅，耳朵上戴一对长毛的兔皮耳套，样子很像只猴儿。不知他有什么本事，居然摆出一副亡命徒的架势，尖声对巴虎说："巴爷！这是教堂的事，咱还怕嘛？二少爷不在乎，咱在乎嘛？走，咱跟二少爷跑一趟！"

瘦子闹腾着非去不可。一个矮个的混混儿把他拦住，用平静的声调说："黄三秃，你咋呼嘛？咱巴爷嘛事怵过头？这不过替二爷留个心眼儿。既然是教堂的事，官家自会出头，咱犯不上拿着官盐当私盐卖。少给二少爷找麻烦，你就听巴爷的吩咐吧！"

侯少棠当然听得出这矮混混儿话中的用意。他不理这矮混混儿，把脸直对巴虎，说话的口气挺强硬："兄弟！看人得在节骨眼儿上看。为人出力，也得在人家用得着的时候。反正我侯少棠决意在这紧要关节的时候卖一手。要是嘛事都等着官家去办，教堂还收教徒干吗？再说，刚来时我对你说过，我是想叫你亮个相，给教父看看。我在教父面前也好为你说话。这是我一片好意，做不做可在你啦！我姓侯的天不怕，地不怕，你要是没胆儿，可别拿我托词儿。"

巴虎忙要解释，那矮混混儿还想开口，巴虎啪的一拍他的肩头，呵斥道："田小辫子，你他妈少多嘴。我嘛事都能不管，唯有教堂的事，二少爷的事，不能干瞪眼看着，不帮一把儿。今儿二少爷为我巴虎想一条道，我再不赶上两步，算嘛朋友？我他妈从小长这么大，掉脑袋的事碰过不少，连眼皮都没眨过。卢万钟算他妈×玩意儿！今儿我甘当死签儿了！你们哥几个——"他把刀扔给田小辫子，又习惯地煞一煞腰间的皮条，眼里射出凶狠的光芒，"跟着二少爷到卢家掏雀儿去！"

"走！走——"

混混儿们粗野地喊着。

凶悍、残忍、兽性的激情在他们血管里翻腾起来。这是混混式的冲动。冲动的本身往往漫无目的，只不过以此作为残暴心理的发泄，又以这种发泄为快感。我们在下面的故事里，还要专门描述这个时代特有的混混儿们血腥的生涯。你先听到的是他们的喊叫声；声音的古怪难听几乎无法描述，尤其是与狂风的嘶吼声混在一起的时候。

第二章
大年三十

从来没有人这么规定，可所有的人都这么认为：大年三十过得顺当与否，似乎是来年安危祸福的先兆。故此，在年夜里人们以最庄重的仪式、最虔诚的心意祈求天上神灵，施展法力降福给他们，在来年实现未竟的夙愿。人人的愿望是大不相同的，当了官的一心想平步青云，再升官晋级；发了财的盼着财源更加茂盛；那些在这个世界上所得无几的苦人儿所希望的莫过于平平安安了。难怪庶民百姓们过年，脸蛋上欢欢喜喜，心中却小心翼翼，唯恐失手失脚，或失口说出犯忌的话——哪怕是沾上与不祥的字眼同音的话，冲了福分……是不是这些心理给年俗平添了那么多不胜其烦而必须恪守的禁忌与规条？

铁匠卢万钟一家四口人，正围着短腿的炕桌吃年饭。卢万钟和儿子卢大宝跨坐在炕边，老婆陈菊香和闺女卢大珍盘腿坐在炕上。

干荆条和槐树枝在灶里烧得毕毕剥剥，散出暖烘烘的气息，和正在过年的这一家人脸上喜盈盈的情绪融在一起。

炕桌上摆着一把红褐色的宜兴酒壶、几只廉价的粗瓷酒盅，中间一大盘年饭。这是江米掺和豆馅、枣泥，用蜜糖炒成的黏糊糊的甜食。原先放在上边的几个红枣、栗子早叫大宝挑着吃了，只留下一些用金银纸头剪成的八仙人和红绿纸块做的石榴花，歪歪斜斜插在上边。这些饭花，都是大珍精心的手工。今天，大珍穿一件旧的偏襟水红绸袄，大辫子上扎一股结半寸来长亮闪闪的朱色丝绳，嘴巴像唱戏那样搽了两个胭脂团儿，映衬得浓浓的双眉、长长的睫毛、大而黑的眸子鲜亮好看。她的睫毛不是一根根清清楚楚的，而是又细又软，有种毛茸茸的感觉；单纯又天真的目光在这中间闪动，好像波光明亮的小湖闪动在一圈柔细的苇草中间。她今年十八岁，滚圆的小手，肥胖的脚丫，脸盘不像妈妈那样俊俏，而像爹爹那样方方正正。比她长三岁的哥哥大宝也是这种脸形。

大宝的前头顶剃得光光，又粗又长的大发辫绕在颈上，容貌忠厚又英俊，还带着一些没褪尽的孩子气。他外套一件新的对襟褂子，颜色乌黑，挽起的袖口翻出里面白布的贴边，黑白分明，十分爽眼。细看之下，却是件旧褂子翻新的，经过漂染，破缝都给妈妈和妹妹细心补缀上，很难发现。这褂子穿在他身上，显得并不合身。难道妈妈还能差了尺寸？当然不会。只因为他平日大大咧咧、随随便便惯了，穿上新衣反觉皱巴巴，挺别扭，两条胳膊不知放在哪里才好。

大珍笑呵呵对哥哥说："我愈看，哥哥愈像个新郎官。"

"去！"大宝嘴里有东西，说话含糊不清，"你穿娘陪嫁的袄，像个啥呢？"

"我吗？"大珍笑道，"我像个伴娘。你是新郎官，还是个傻新郎呢！"

大珍说完这句笑话，尽情大笑起来。妈妈也笑了。谁知挂在卢万钟脸上的笑容反倒消失了。陈菊香见了立即猜到，大珍的笑话无形中勾起卢万钟的一块心病——

卢家原先有个街坊姓程，两口儿带个独生女。男人叫程子久，卖画为生，日子过得勉勉强强。卢万钟热情好义，时常帮程家的忙，两家关系不错。程家的闺女叫程秀娟，小名娟子，比大宝小一岁。大宝和娟子六七岁时，两家正处得亲密无间，便给孩子们结了娃娃亲。结亲的形式十分正规，程家收了卢家送上门的一份定礼——四块花绸料和一对玉根石的小镯子。两家还聚在一起高高兴兴喝了一份喜酒。可是后来，程子久擅长的博古画投合了一时风尚，又有几家南纸局代为宣扬，而名满津门。卢万钟照旧拉着那口撒气漏风的破风箱。他只会卖力，不会经营，世间打交道的能耐，全是嘴上的功夫。他只能说一种直来直去、实实在在的话，明知吃亏，有时说过之后也悔恨自己，却依然改不掉性子。这样，他与程子久两家就像两块地，一块地里渐渐变得生意盈盈，开花结实；另一块仍是光秃秃、贫瘠、荒凉的不毛之地。两家景况不同，想的自然也不一样了。程家虽然没有明着悔亲，竟话里话外把这桩亲事当作一个曾经哄孩子玩的笑话，往后就绝口不再提这桩事。过两年，程家搬到富人聚居的前街去住，两家的关系疏淡了。卢万钟生性倔强，不肯勉强于人，更不愿意俯首低眉、厚着脸皮攀高枝。这桩事便成了两家之间没有挑明又无法解开的别扭事……当此年夜，要避讳一切不痛快的事，因此陈菊香打着岔说："还新郎官儿呢？他哪里有点大人样？瞧他嘴边……"

"娘——"大宝抬起手背抹去沾在嘴边的油乎乎的饭渣，嘟囔着说，"大珍她取笑我，您也跟着她……好像我的嘴多馋似的。"

"你还不馋？回头请咱爹咱妈到外屋灶台上看看去，祭灶的糖瓜都叫谁偷吃了？总共三个。现在只剩下一个了，还是小个的……"大珍说。

大宝反驳妹妹："那不叫偷吃，娘说过，'上供人吃，心到神知'嘛！"

沉默着的卢万钟忽用筷子头指着大宝说："嘿！偷吃东西也有个理儿呢！"说完纵声大笑起来。陈菊香见丈夫高兴地笑了，自己也放心地笑了。

陈菊香今年过年的心气儿特别高。靠着她家院子罩棚下那个打铁的小砖炉子，卢万钟带一儿一女，苦苦干到年根底下，总算把公公死了那年背上的外债还清了。腊月里，卢万钟又应了山东一个客户四百打马蹄铁和二百挂门链子。卢万钟身强体壮，筋骨里蕴藏着无穷的力气，大宝大珍也是正当年少。他准备爷儿三个过年再加一把劲，早早把货交齐，日子便会松快起来。眼下这个年就成了企望大好的转机呀！

陈菊香穷惯了，挨饿受穷都能顶住，唯有一件事不能总拖拉不做，就是孩子都大了，该给他们筹办嫁娶了！在头年，这种事还只能出现在梦境里，明年呢？可该做些实际打算了。瞧，今年的年有多重要呀！她几乎掏尽囊中仅有的碎银子，非把这个年过好了不可！

送灶的第二天，娘儿两个就兴致勃勃扫了房。积尘扫尽，使人分外清爽；跟着，买了三刀粉纸，把里外两间小房糊得亮亮堂堂；破被脏褥重新洗得干干净净。娘儿两个又跑到宫北，买了点高香烧纸、吊钱锡箔之类的东西，还恭恭敬敬请了几张神像。这都是过年必不可少的。娘儿俩路过一家年画铺子，进去各挑了一张。大珍挑了一张沪上的石印画。画的是她心爱的故事《水漫金山寺》。这种石印画才出现不久，画法仿求照相效果，逼真如实，很受人喜欢。这幅画上的青蛇白蛇都像真人一样。青蛇穿一身鲜蓝色非常漂亮的衣裙，拉开劲美的身姿站立云端，手持宝剑护侍在白蛇身旁，连那股又勇敢又侠义的劲儿都画出来了。大珍喜欢得在画铺里面就嚷叫起来。妈妈陈菊香还是偏爱本地杨柳青的名作《鲤鱼跳龙门》。一尾金红色、肥胖、带点傻气的大鲤鱼，尾巴笨拙地一摆，从江心一跃而起，翻过一道巍峨又华丽的牌坊式的龙门。这里边似乎寄寓着陈菊香翻过年关、向往好日子的心情……

娘儿俩回到家，用这些不值三文两文的玩意儿，里里外外一摆布，立刻显得非常火爆，年意也就出来了。大珍还到前街程子久家，求来一堂四季山水和一副带横批的大红纸的春联。善弄丹青的程秀娟又为大珍抹了几笔兰草。把这些东西往墙上一贴，还添了几分雅致呢！

谁都愿意尽力去做高兴的事，尤其在高兴的时候，更是如此。大珍从自己的旧荷包里倒出了全部的积蓄——四个铜子，给爹爹买了半瓶烧酒，给哥哥买了一挂足数百头的雷子鞭，好叫孩子气很足的哥哥不再到有钱人家的门前去拾落地上未燃的鞭炮玩儿……大珍说，把这挂鞭放了，就能将往日里赶不掉的穷气和邪气崩得无影无踪。大珍说的做的，很使妈妈可意。陈菊香弯着笑眼，两片发黑的薄嘴唇总也闭合不上，夜里，枕在枕箱上的脑袋怎么也平静不下来。她望着晦暝中显现得模模糊糊的墙上的画，瞧那鲤鱼，昂着头，扬起须子，跃起满身红鳞的胖大躯体，多神气呀！它从苦海里脱出身了！陈菊香联想到自己，自她进了卢家的门，这是头一个有盼头的年啊！

"今儿怎么没见玉侠来呢？"喝得醉醺醺的卢万钟对大珍说。

陈菊香接过话说："你真喝糊涂了。大年三十晚上，姑娘家哪兴到人家串门子呢？下晌她还送来半篮子红枣，交给了大珍。"

"噢！"卢万钟问大珍，"你没问她娘好些了吗？"

"还那样。玉侠姐说她娘昏睡了一天也没醒，昨天疼得叫了一夜……"

卢万钟沉吟片刻，又问："你没问她家里缺什么吗？"

陈菊香带着温和的笑容说："还用你操心？晌午前，我叫大珍给她家送了一小口袋白面去了。"

"娘——"大珍忽想起什么似的说，"我忘告诉您了，随后玉侠姐又把那口袋白面送回来了。她说她家什么也不缺。"

一团沉闷的阴云悄悄跑到卢万钟的眉心处，停住了。他有所感触，声调低沉下来："这孩子跟我一个脾气……她每天从运河往家里挑水卖，还要照看她娘，日子比咱难过多得多。将来……喂，孩子他娘！玉侠今年二十七了吧！"

"要说你喝糊涂了呢！她今年不是二十八吗？你忘了她是教案那年有的？"陈菊香说。

"教案那年……"卢万钟好像在记忆的江底触到一块积沉多年的石头。他簇密的眉毛极其轻微但很急剧地抖动一下。这个微小的细节给陈菊香留意到了。陈菊香脸上一丝笑意都没了。唯有她知道，她丈夫的胸膛里涌起了一种激情。电光闪过，止不住要发出一阵雷鸣。她瞪大眼，果然听到卢万钟忽而发起怒来的话声："她要是知道自己是怎么回事，我看她非再把河楼教堂点火烧了不可！"

卢万钟说完，一双酒烧得通红的眼睛直直地、激动地、下意识地对着大珍。

"爹，您……玉侠姐，她怎么？"

大珍给爹爹突变的表情和莫名其妙的话，搅得不知所措。

陈菊香好像在对付一个发起怒来的雄狮。她战战兢兢，不敢给丈夫一点刺激，故意平平淡淡地说："大年夜里，咱不该提这个。都是二三十年前的事了，提它干吗？等过了年，也该给玉侠张罗一门亲事了！"

大珍虽然不知爹爹为什么突然发火，却知道妈妈怕爹爹发火。她见妈妈劝慰爹爹，忙端起酒壶给爹爹斟酒。卢万钟用手盖住酒盅，似乎赌气不喝了。酒浇在手背上，卢万钟好像没有感觉到，怒气冲冲地说："咱对得起死去的郑大哥吗？他临上刑场那天，在针市街口怎么嘱咐咱的？咱又是怎么答应的？不知怎么回事，这几天我耳朵里总响着郑大哥那几句话……是呵！咱不能告诉给玉侠，告诉她等于叫她去拼死。要是不对她说，咱郑大哥在九泉之下闭得上眼吗？"他愈说愈激动，不单是愤怒，还有一种强烈的痛苦的情感，抓着酒盅的手剧烈地抖动着，酒盅底碰得桌面"嘚嘚嘚"地响。

大珍仄起耳朵也听不明白，反而更糊涂了。她眼里闪着疑惑的光，眉峰聚起来，泛出担虑的心情。她很了解爹爹的脾气。他既直爽，又暴躁。如果认真发起火来，非要发到顶点不可。怎么办呢？她什么也不知道，无法劝。

陈菊香感到自己没留意的一句话，要给今天的年夜招来麻烦了。她懊悔、着急，虽然知道丈夫为什么发火，照样没有办法，禁不住自恼地说："你瞧，都怨我！好好的大年三十，提什么教案不教案的，不是白惹气吗？"

好了！这句话适得其反，正好打开卢万钟怒涛滚滚的感情的闸门。只见卢万钟把一双眼球瞪得四边露出眼白，大声地吼着："不提，再不提咱都不是人了！当初郑大哥他们死得屈不屈？可如今呢？连猫儿、狗儿在了教，都成了人上人！娘的！"说着，手一甩，把酒盅啪的一声扔在地上，摔成几瓣。

事情闹大了，眼看好好的年要闹坏了！大珍大宝都呆住了。陈菊香一时无法扭转局面，急得哭出声来。大珍依偎妈妈身边，不知怎样劝解，滚圆的小手紧紧抓着妈妈细长、冰凉的手指头。大宝更插不进话，蹲在地上默默地拾碎瓷片。

卢万钟脾气虽暴，并不执拗。这么一闹，热烘烘的脑袋反倒清朗得多了。他看了老婆两眼——老婆那副心急无奈、可怜巴巴的样子，使他有些后悔。他努力用平静的口气说："孩子他娘，快吃吧！吃吧！嘛事都没有，怪我压不住性子。今儿咱旧事不提了，只管过好年……"为了叫老婆快快高兴，他逗起趣来，"……嘿！也怪大珍买这酒，还真有劲，才喝了四五盅就上脑子啦！"他想装出些笑容，但一时脸上的肌肉松弛不下来，还痉挛般地抽动了两下。

卢大珍倒还灵活，马上抓住缓和气氛的时机，接过爹爹的话对妈妈噘起红红的小嘴，撒着娇说："娘，您听爹爹的话多不在理。他贪酒喝，撒酒疯，倒来赖我送酒的。官儿还不打送礼的呢！"

陈菊香看看大珍，又看看卢万钟，破颜而笑。她掏出帕子抹着挂在眼角的泪珠，说："别怨怪你爹。大年三十，不闹，不显热闹。"

大宝不懂他们这些心理，手捧碎瓷片站起来，傻乎乎地说："闹？您瞧爹闹的……"

卢万钟面对老婆浮现出歉意的窘笑。陈菊香忙扭头对大宝挤个眼儿说："你懂什么？旧的不去，新的不来。俗话说，'岁岁（碎碎）平安'嘛！"

这句话像一块奇妙的大布单子，把刚刚发生的一切都盖上了，小屋内重新变得喜气融融。于是，灯芯儿挑亮，杯中酒儿斟满，大家都尽力不去想方才的事，把笑意挂上眼角和嘴角。

这是个和美的家庭。家中人尽管不无缺憾，但都还是可爱的。他们相互之间也都这样感觉，无论夫妻之间、父母与儿女之间，还是兄妹之间。爹爹脾气大，但很少发作。有一种男人，发起火蛮不讲理，爱拿旁人泄火，家中人都是赔小心的奴隶；也有的男人常发无名火，弄得家中人无所适从，终日提心吊胆；还有的男人怪里怪气，眉头整天皱得像个核桃，这种皱皱巴巴、别别扭扭的东西传染得家中人个个愁眉不展。卢万钟则不然。他什么时候都是痛快的，而且男子气十足，在外边遇到什么不顺心的事，从来不对家里讲。他对孩子有种粗犷的爱，没有任何挑剔孩子的家法，只有一条不成文的标准——也是他自己做人的标准——不坑人就行！

他有一身超人的武艺。从不欺侮疲老羸弱，也不肯受人欺侮。当然也没人敢找他的麻烦，哪怕是横行地面的混混儿们。他在院子中央立一根碗口粗的光溜溜的粗铁棒。不论寒冬炎夏，他都起身五更，站在铁棒前抡起胳膊，来来回回撞二百下，撞得铁棒嗡嗡震耳。他要是绷起胳膊，摸上去难以相信是肌肉，简直是铁打的一样，这便是"铁胳膊"绰号的来由。此地有功夫的人，公认他的内功已修炼到上乘的境界。但他从不炫耀于人，更不肯收纳弟子。据说，他只把武艺家传给大珍大宝，还有一个就是刚才提到的卖水的姑娘郑玉侠。郑玉侠只有一个老母，卧病在床，常常受他的接济，郑玉侠从小是他养大的。他们的关系非比寻常，不过他从来不讲。

依他对至亲好友所说，他练习武艺只为了防身。人有了本领，往往是惹祸招灾的根由。因此他仿佛隐居山林的幽人一样，尽量收容敛迹，装得平平常常。遇到街头练习枪棒、哗众取宠的后生们，他就躲得远远的。据说只有几个住在城里的老实正派的尚武青年倪长发、于环等人常到他家中来。至于他是否授艺给他们，无人得知。前几年，外地来过一个行脚老僧，披发束箍，手拿一杆禅杖，杖杆上拴着竹笠、草鞋和行囊；背背黄布幕启，登门拜访卢万钟。言其慕名而来，向他讨教内功的秘要。卢万钟摇摆着铁板似的大手，憨笑着说："你听错了人。那不是我。"行脚僧望了望他的眼睛——有内功的人眼中流露出一种炯炯逼人而异样的光芒——嘲笑地说："你当我是凡夫俗子？"卢万钟只得把僧人请进家中，客客气气招待了。然而，行脚僧一提到来意，卢万钟便笑呵呵扯开话题。随后，便客客气气、礼貌周全地送走了僧人。行脚僧并不嫉恨于他。走在街上，仰天长叹，连连口呼："真人，真人！"

唯真人而不露相，有如河里的鱼，大的都沉在河底。

单凭他的名声，就成了可靠的护身符。

家庭很需要这样一个父亲。他好像一堵挡风的墙，家中妻小都躲在墙后面，受着保护。妈妈是个细心、操劳的女人，性情柔和，顺从丈夫，溺爱孩子。她分担家中沉甸甸的生活担子。琐屑又繁重的家务使她劳累得未老先衰。早在前十年，她头上就出现了白发，眼角出现浅细的鱼尾纹，手心满是灰色的龟裂。裂痕中的泥污永远也洗不掉。在这样的爹妈身边的孩子们，往往忧虑不多，孩子气也就保留得长久一些。

大宝二十一岁了，还没有一点处世经验。他天生不爱动脑筋，嘴又笨，近乎有些呆滞。但是他很听话，踏踏实实地帮助爹爹干活。反正他有的是力气。

大珍比起大宝完全不同。她不仅机灵，也还活泼；虽然天真，却懂得家中里里外外是怎么回事。她是个好动情感、有心的姑娘，知道怎样讨大人欢喜，怎样去纾解与宽慰大人的烦忧。她对爹爹调皮；对妈妈一边撒娇，一边捣乱；还想方设法逗弄她的傻哥哥，以驱散家中人脸上的愁云为快，很会疼爱自己的亲人。一句话，她是这个家庭生气与快活的中心。

现在，到了辞岁的时候，全家人都需要像她这样快快活活、喜气盈盈了。

按祖辈传衍下来的说法，此刻，天上众神都要下到人间，把福气赐给心诚的人，赐给幸运儿。千家万户早早准备好，繁简各不相同的接神的仪式就要开始了。

外边的爆竹声响起来。近处的烟火把窗纸一闪一闪地照亮，并传来孩子们在街头的欢叫：

> 有打灯笼的快出来呀，
> 没有灯笼的抱小孩呀，
> 你一个灯笼，我一个灯笼，
> 鲤鱼龙头大花篮呀……

这声音被呼呼寒风吹得时有时无，隐隐还夹杂着一种令人心酸的苦涩而凄凉的叫喊声，那是叫花子们在为大户人家祝福……

一家人赶紧离开饭桌。陈菊香叫大珍在破条案上摆好供品，点亮红烛，又把整股的香拆开，借烛火燃着，插在一个盛满沙土的破碗里。陈菊香自己打开一幅用秫秸秆做轴儿的、花花绿绿的全神图，挂在墙上。大宝在一旁忙着自己的事，他用麻经子将那挂雷子鞭拴在竹竿头上……

方方的大红褥垫铺在条案前的地上。妈妈和大珍用手掠了掠乱发，按实了插在鬓旁的绒花。爹爹放下挽起的袖管，抻平衣襟。大家的神情变得庄重、沉静、一丝不苟，马上就要拜神了。就在这时，大门外有人叩门。

大珍走出去，到院子里开大门。在外面乱哄哄的爆竹声中响过两下拔门闩的声音，大珍就跑进来，脸色也变了。陈菊香诧异地问："怎么啦？谁呀？"

"夜猫子。"紧张的情绪还在大珍脸上。

"谁？"卢万钟问。其实他听见大珍的话，由于一时不明白怎么回事，禁不住又问了一声。

"夜猫子。前街侯家那二少爷。还有会友脚行的巴虎，带一帮混星子。"

卢万钟一惊，"他们来干吗？"那帮人确实从来没和他打过交道，见面都没点过头，互相却都知道。

"不知干吗来的。他们就说找爹爹……"

卢万钟皱皱眉头，扭身往外走，才走到里外屋之间的门洞处，外屋门哗啦一响开了。乱七八糟一群人带着外面的寒气拥了进来。卢万钟定睛一瞧，中间一个胖大而强壮，像一扇门似的，由于吃得丰足而红光满面。他外套一件白狐开气袍，外罩出锋的海龙马褂，头戴貂皮暖兜，一脸肉阴沉沉垂着，正是侯少棠。他旁边站着巴虎，后边的几个人马上能辨认出来——黄三秃、田小辫子，还有花长虫白德山、马金镖等人，都是出名的大混混儿。几盏灯球夹在他们中间。不黄不白的灯光从下边把这些人的面孔照得狰狞难看。

卢万钟艺高人胆大，见对方来势汹汹，非但不怕，反给这些闯进门来的不速之客惹得起火。他不等侯少棠开口，就没好气儿地问道："怎么？侯二爷、巴老大！大年三十就来拜年吗？"

侯少棠深知卢万钟的厉害，不觉客气地说："卢大哥，我们大年夜里闯进你家，你别见怪。没要紧的事，我侯少棠也在自己家过年，不会来打扰你。我们来虽说找你，找的又不是你，而是那个开水铺的郑玉侠。"

卢万钟心中一动，显然不知郑玉侠怎么犯上他们了。不管怎么回事，眼下对他们的话茬不能软了，这是和混混儿们打交道必须切记的。他冷冷地说："侯二爷，我姓卢的说话办事都好追究个理儿。你们既然找郑玉侠，到我家里来干吗？再说，你领这么多人，二话没说就闯进我的屋子，是不是想和我找点不痛快？！"

侯少棠给这几句硬邦邦的话噎住了。巴虎出面了。他朝卢万钟双手抱拳拱一拱，说的话不算客气："卢大哥，我们这么多人一来，难怪你不高兴。我们才刚去找郑玉侠，她不在家，想多半在你这儿。卢大哥，咱都是地面上的朋友，整天打头碰脸，谁能跟谁过意不去呢？咱互相都漂亮点儿，有嘛事都好说。郑玉侠要是在这儿，就请你把她交给我们带走吧！"

卢万钟听了，心里的怒火蹿到喉咙，热辣辣烧着，说话时厚厚的嘴唇直抖:"巴老大!咱们向来是井水不犯河水。我姓卢的从来不找兴别人,可我的脑袋也不那么好剃!在我这里带人,要是官家拿着签子来倒不离儿啦!要是旁人,哼!我告明白你,甭说郑玉侠没在我这儿,就是在这儿,谁也别想把人带走!"

侯少棠见对方如此强硬,卢万钟的身子又像根铁柱子似的挡住门洞,无法得知郑玉侠是否躲藏在里屋。他想来软的行不通,不如动点硬的,唬唬对方,便板起面孔,鼻孔里哼笑出两声,声音阴森可怖。他从紧绷的嘴角说出:"你要说官家拿签子来抓人,我看免不了。咱们都是外场人,是非利害你分得明白。今儿,咱打开窗户说亮话,郑玉侠犯的不是我们,她犯的是教堂。刚不久,她把河楼教堂烧了!还带着刀想谋害神甫!"

现在的人很难想象到当时触犯教堂、触犯洋人是一件多么严重的事。

卢万钟如雷轰顶,惊呆了。

怎么回事?郑玉侠烧了教堂?刚才在饭桌上的一句话,竟然当真出现在眼前!事情会这样出奇地巧合?她为什么去烧教堂闯下这样大的祸事?为了给她爹报仇?她并不知道她爹是怎么死的呀!这是谁告诉她的?除了自己、老婆陈菊香,谁又知道呢?呵,难道是玉侠她娘?不会,不会的,她娘曾经要求自己不要把那件惨烈的往事告诉玉侠……玉侠现在在哪儿呢?卢万钟知道这件祸事非同小可,好比天塌下来一般。一时,困惑、惊骇、担虑与种种猜测在脑袋里剧烈地、乱哄哄地混成一团,耳边响着侯少棠带有威胁意味的话:"卢大哥,这远远近近的人家谁不知道郑玉侠是你徒弟。这件事本来与你无关,你犯不上往里边掺和。如果她躲在你屋里边,你就把她交出来，我们准保够朋友，绝不对神甫和官府提到你半个字……你是打教案那年过来的人，烧教堂算嘛事你心里清楚。怎么样，卢大哥，你要识趣，就往边上闪一闪吧！"

侯少棠眼里闪出一种得意、刻薄、令人难以忍受的神情，正好和卢万钟的目光碰在一起，激使卢万钟把心中的火气全放了出来："什么教堂不教堂，我卢万钟拜的是祖宗，从来不信那歪门邪道的玩意儿！郑玉侠烧教堂是她乐意，与我什么相干？你们要找她，就去她家。我这儿有中国人的规矩，大年三十不串门、不待客。你们怎么进门来的，就怎么给我出去！"

侯少棠骄横惯了，也是天不怕地不怕，没受过人顶撞。他听了卢万钟的话气愤得脸色都变了。他狠狠地点着头，一种古怪的冷笑使他的表情变得非常可怕。

"好呵，姓卢的！你说的这些犯歹的话，自己可都记清楚了！我们讲理讲面，客客气气，你可蛮不讲理。我姓侯的还没跟人低过头，今儿既来就没打算空着手回去。你要是帮着郑玉侠拒捕，就别怪我们不顾交情了！兄弟——"他扭头对巴虎，"你去里屋找一找，那小娘儿们要在里面，就抓出来带走！"

巴虎在这一刹那心里十分复杂。侯少棠朝他一招呼，等于迫使他非上前不可。这一手相当厉害。他心里怵卢万钟，可又不能畏缩不前，更不能让卢万钟看出来。不过，混混儿们确实不大怕死，尤其在这种关口。在津城内外，他也是使人谈虎色变的人物！这时，他眼盯着卢万钟一张怒气冲冲的脸，双手松开腰间皮条，再一次使劲往紧处一煞，这个习惯动作是他发狠下手的信号。然后，他宽肩膀晃三晃，走到卢万钟跟前，把嘴扭向一边笑了笑，客气又很不客气地说:"卢大哥,二少爷的意思你可听见了。你要给你巴爷点面子就往一边站站!"

说着,就要从卢万钟身旁挤进里屋。

卢万钟身子突然一拧,就势把胳膊向外一甩,像甩出一只空袖子轻轻飘飘,内中所含着的劲势却又疾又猛。巴虎知道来势不善,但一时躲闪不及,只听"嘣"的一声打在巴虎胸口上。卢万钟瞪大眼睛,叫声大得惊人:"你们欺人太甚!"

这一下打得巴虎往后跟跄两步,几乎跌倒。这是卢万钟破例头一遭,用他的"铁胳膊"打人。可是,谁也不知道,在他甩出胳膊的瞬间,心里莫名其妙地犹豫一下。打出去的力量也就不由自主地减弱了!这一下要打在一般人身上,照常能要人命。巴虎很有根底,而且在那躲闪不及的刹那间,已将内力运到当胸,硬顶住了这打些折扣的"铁胳膊",但仍不免胸膛火辣辣的,像吞下一大口辣椒面。

巴虎也是头次挨打,登时上来了野性,回头一挥手,"哥几个,来!"

从他后面跳上两个人来。一个是瘦高的黄三秃,另一个是矮矮的田小辫子,手里都执着刀械。恍惚间,卢万钟还看见白德山、马金镖在人群中也都抽刀在手。情势非常急迫,卢万钟闪身向后边喊道:"大珍,刀!"

里屋的大珍大宝见势不妙,大宝已将倚在墙角的一杆五尺长枪抓在手中,大珍跳上炕,去摘挂在壁上的一柄宽面的宝刀。陈菊香倚着破条案站着,吓得手脚冰凉,动弹不了,心中再不去想这个年过得顺当不顺当,眼前别出人命就行啦!

这当儿，田小辫子乘卢万钟闪过身回头要刀的空隙，像蛇啄食那样闪电般地探头向屋里扫了一眼。忽然回身把手一扬，叫着："且慢！二少爷，巴爷！那郑玉侠确实没在里屋，咱可别闹出什么误会来呀！"说着他朝侯少棠、巴虎使劲挤一只眼，暗示不必闹事。

侯少棠本是来抓郑玉侠的，并不想与卢万钟闹翻。他没想到卢万钟如此厉害，而且卢家的一儿一女也有尚武的名声，双方一打，难免吃眼前亏。如果打算害他们，完全不必动刀弄枪，自有其他省力的办法。既然郑玉侠不在，不如先稳住他们，过后再说，还是去寻郑玉侠要紧，因换一副嘴脸，口气也变过来了："卢大哥，这是干吗?！咱们往日无冤，近日无仇，更犯不上无缘无故结上扣儿。我侯少棠是在教的，教堂出事不能不管。今儿冒犯了你，望你海涵，不必记在心上！"说完也不想听卢万钟回答什么，只对巴虎等人说了声："走吧！"转身走出去了。

巴虎挨了打，吃亏又栽了跟斗，话中就有了另一层意思："卢大哥，我巴虎有肚量，今儿先放下你这不软也不硬的一胳膊。来日方长，咱就走着瞧吧！"

这伙人好像理所当然来闹了一阵，当下都出了屋子。

卢万钟眼盯着他们走了，回过头目光正好落在老婆陈菊香的脸上。这张脸白得像一张纸，一双黑黑的眼睛眨也不眨，惊恐而绝望。她周围，屋内的年景都变得无关和多余，有种异样的感觉。条案上的一支红烛刚刚不知怎么碰倒躺下了，火没有灭，咝咝发响地烧着桌面上的漆皮。卢万钟忽然对大宝粗声叫道："你把那挂鞭炮拿出去，点着，崩煞神，过年！"

这句话含着无限怒意，声音冲动极了。

大宝拿起拴着那挂红纸皮儿鞭炮的竿子跑出去，对着远去的侯少棠一群人的背影，高高举到头顶上。大珍上前用香火去点药信子。她手直打战，点了几次才点着。

顷刻间，噼噼啪啪、噼噼啪啪，鞭炮震耳地响起来……

第三章
娟子

椭圆形、镶铜边的水银镜子里，照出一张白净粉嫩的小脸；下巴尖尖的；修饰过的蛾眉弯弯的，弯成一对月牙儿。这脸算不得好看，薄薄的单眼皮绷得太紧了，把眼形的美破坏了；圆圆的小嘴轮廓不清。可有股子清秀的气息，还有股精明劲儿，从她亮晶晶、灵活的眸子里流露出来。

她用两根丝线把脸上的绒毛绞得光光的，又打开粉盒往脸上扑粉。细细的香粉总是盖不住那些浅棕色的雀斑。据说女孩子脸蛋白容易生雀斑，这就给她每天梳妆带来很大的麻烦。好了，现在总算把那些天生讨厌的玩意儿都遮盖住了。每个女孩子都是最会打扮自己的。在掩饰缺陷方面，都有许多非常巧妙的诀窍。她又在嘴唇上涂了一点点油，发亮的小红嘴像熟透的樱桃，立即显得十分起色了。

她哼起一支鼓曲儿，对着镜子把一朵用红绒和金纸做的精致的聚宝盆，斜插在右边圆圆的发髻上。她欣赏地把自己端详一番，笑了，露出满口整齐洁白的小牙齿。然后，她站起身，扭头对那边正在伏案作画的一个老者说："您瞧，像谁？"

"像恽南田。"老者头也不抬地说。

"哎——老爹！谁说您的画呀！我问您，我这样儿像谁？"

老者抬起一张清癯、瘦削、挺和善的脸，从老花镜上边看了看她，说："嫦娥。"

"嫦娥？不对！"她因为老者说得不可意，马上有些急躁，这急躁就明显地反映到语气中来，"嫦娥哪是我这样儿呢？她梳的是云髻，只绾一个卷儿。我这是左右一对。哎，老爹，您瞧像不像李清照？"她抬起下巴，摆出想象中李清照高雅的风姿，心里边兴致勃勃。

老者一阵大笑，笑得直起腰身，仰起脸来，一缕硬挺挺的花白胡须撅了出来。他说："我不曾见过李清照，哪里知道像不像。依我想，即便像也是'形似而神不似'。"

"怎么？"

"李清照满腹才学，人又矜持。你哪肯用心读书？做什么都依着性子……"

"唷，唷，唷！瞧瞧吧，刚提提李清照，就招来这一通菲薄。李清照又怎么样？不就写了那么几首破烂词吗？她会作画吗？会绣花吗？"她真恼火了，噘起的小圆嘴变得很小很小，赌气地说，"我不跟您说话了！"

老者又一阵大笑，连连说："不，不！别看我们娟子闺女不苦读书，可天资颖慧，过目成诵，是无师自通呀！要是论才，李清照又何尝比得上呢！"

气哼哼的娟子听了，扑哧一声笑出来。可是，她还像有点余气似的，白了父亲程子久一眼，伶牙俐齿地说："本来嘛！不论跟谁比，也是有才！"

"有，有呵！"程子久想逗笑闺女，故意摇头晃脑，赞美似的说，"非但有才，才可齐天。旷古以来所有才女，也要相形见绌呢！"

娟子明知父亲逗她，心里却美滋滋的，很是舒服。她像一只蜻蜓，轻盈地跑到父亲身边，说："您就会奚落我。妈一来，您就像耗子见猫似的……哎，大年初一您干吗画荷花呀！"

"兴之所至，信手涂抹而已。来，咱的才女，给出个词儿题上好不好？"

娟子不假思索，小嘴一张就说："香远益清，亭亭净植。"

"好，好！娟子敏思呵！开口成诵。"程子久明知这两句词儿的出处，故意这么说，好叫娟子高兴。

"哎，哪是我诌的词儿。这是《爱莲说》上现成的句子。"

"也好，也好。虽然摘取古人名句，用得十分恰当。来，我把它题上。你看题在哪里为好？"程子久捉笔揾墨，忽觉娟子动他头上的新毡帽。他抬手一摸，触到一种冰凉软嫩的东西，取下来看，竟然是一朵双瓣的水仙花。原来乘他说话时，娟子从身后百宝阁上的盆景里摘下一朵水仙花插在了他帽檐上。他怕弄脏新帽，忙脱下帽子，露出光光的鸭蛋颜色的青皮头顶，埋怨说："这丫头，瞎捣乱……我这新帽子。"

娟子拍手大笑起来。

"哟——嘛事值得这么连吼带叫的！"随着这个声音，绣花门帘一动，走进一个扁脸、鼓眼、头发乌光光的女人，手里提着一把铜提梁的青花茶壶，嘴冒着热气。这是娟子的妈妈。屋中的父女好像打闹着的差人突然瞧见闯进来的老爷那样，有些惶然。程子久指着手里的帽子，发窘地说："娟子这丫头往我帽子上插花……"

娟子用手背掩口，忍不住咪咪地笑。

程妈妈满脸不高兴，责怪娟子："你挺大不小的闺女，怎么这样不稳重。动不动就和你爹打打闹闹，叫人瞧见像什么样子？还什么'书香门第'呢？配吗？哼！"说到这儿，用她鼓鼓的金鱼眼似的大眼睛瞪了程子久一眼。程子久已经戴好帽子，低头作画，一声不吭。程妈妈又看了看抿着嘴站在那里的娟子，说："娟子，你还不把桌上的土掸掸，地上洒点水，压压尘，一会儿拜年的人就要来了！"

"妈，我想趁眼下还没人来，先到大珍姐家去拜个年。"

程妈妈立即变得更不高兴，"什么？哪有闺女家自己跑到人家去拜年的？"

"年年我不都是初一去拜年吗？"

"年，年！哼，那时你还小！别忘了你一年年大了。你知道你今年多大了吗？到该出嫁的岁数了！"

"那大珍姐要是来呢？她不是闺女？"娟子不服气地小声嘟嚷着。

"闺女和闺女不一样。我没过门子时，连大门都很少出去，除非非出去不可，也得有人跟着。我还没见过，一个闺女穿得花花绿绿，走门串户，满街乱跑的呢！再说，你和卢家那小子又有过一段什么娃娃亲。那不过是当初闹着玩的，还叫人说了不少闲话。再往他们家跑，不怕别人风言风语、添枝加叶？现在的世道有多坏，人坏，嘴更坏！"

娟子见妈妈急了，不再吱声，从条案上一个敞口的龙泉瓶里取出一根藤杆的黑毛掸子，去拂案上的浮尘。

这时，程妈妈不知对谁招呼一声："哎哟！谁家的闺女打扮得这么俊呀！"

娟子回过头，看见一个圆脸、中溜个儿、穿紫红薄棉袄的姑娘笑眯眯倚着门框站着。这个模样温和的姑娘梳一条挺长的大辫子，从肩上搭在胸前，一直垂到腰下，衣襟口掖一块红绸帕子；脚穿一双红布鞋，鞋口镶着紫边儿，鞋面绣一对金黄色的蝴蝶。

娟子叫起来："呀！大凤，快进来！打扮得好漂亮呀！你怎么来啦？"

大凤慢条斯理、柔声柔气地说："大年初一，不是拜年来的吗？"说着，面对程子久、程妈妈，两只手放在右边腰窝屈屈腿，拜了年。人们对于头一个来拜年的人总是最高兴，这表明人家最看重自己。程妈妈忙过去拉着大凤到里边坐下，并拿出个八宝盒子放在她身边，打开玻璃盖儿，叫她拣喜欢的吃。盒里放着酱油瓜子、糖栗子、葡萄干、蜜枣和硬皮核桃。还有两样是此地人过年必备的待客的零食：一种是大丰巷赵家的皮糖，另一种是鼓楼下张二做的咸花生。东西平常，但别人无论如何也做不成这种味道。

"大凤，你这是打哪儿来？打城里来，还是打你三叔家里来？"程妈妈一边问，一边斟杯热茶给她。

大凤站起身接过茶杯，又坐下说："三叔家。昨夜里在那儿忙个通宵，一直没停下手，刚刚才把油碟子油碗儿都洗净了，还没回家呢！"

程妈妈见大凤脸上果然有些倦意，问道："你姨妈呢？小凤在家陪着她过的年吧？"

"嗯。"大凤口气黯淡了，"过完年，小凤要去紫竹林做事，恐怕明年只我姨妈自己在家过年了。"

"小凤干吗要去紫竹林做事？主家是干吗的？"

"不做事哪里行！多亏二少爷给我们找的这个好差事，一个月给五两银子。主家是个洋人，跟二少爷挺熟。"

"哎呀！洋人呀！可吓死人了！"娟子在一边叫起来。

程妈妈瞪了娟子一眼，不叫她多嘴，顺口说："小凤还小呢！过两年再去做事吧！"

大凤苦笑一下，声音很低沉："我们不比别人，少一张嘴跟多一张嘴差大事了……"

程妈妈没搭话茬儿。大凤总带着挺深的自卑感，只靠劝慰是无济于事的。一个人的自卑感不是天生的。她或许有过好胜的心情，但坎坷的命运像一把无情的坚硬的锉，早把那些不现实的锋刃磨去。她家的处境不是什么秘密。她和娟子是要好的朋友，她的一切程妈妈都知道。

大凤的爸爸原在北城里府署街上开一个小杂货铺，经销土产杂货。铺里不雇人，所有货源都是爸爸一个人四处张罗来的。她妈妈和一个未婚的姨在家照看铺面。如果生活内容仅仅是吃穿，那么他们的日子并不算太困难。可是后来洋货成箱成箱入了港，这些物美价廉的东西在市面上一挤，手工制作的土货吃不开了。积存的货物好像嫁不出去的老闺女，愈来愈没人问津。爸爸给穷困和债务挤得走投无路，就沾上了酒。酒是种实实在在的迷魂汤，唯有它能够麻木愁苦的心。起先，爸爸只是浅尝辄止，但苦恼这种东西专爱在人清醒的时候折磨人，他便拿酒把自己灌得迷迷糊糊。铺面上收了几个铜板，大多给他送到酒馆的钱笸箩里，家中生活更加艰难。妈妈和姨同情爸爸，很少责怪他。一家人都在无望的痛苦中隐忍过活。大凤和妹妹小凤的童年，见到的只是半醉半醒的爸爸，掉泪的妈妈，默默的愁眉苦脸的姨，以及板着面孔的老老少少的债主。没有一道阳光，没有过欢欣的片刻，一种黯淡的窒息人的气氛使她幼小的心干缩了。

仅仅这样还不算。一天夜里，爸爸喝得酩酊大醉，从酒馆出来跌在路上，不省人事，被过路的一辆马车轧死。一般说来，城里的马路两旁都有街灯，路中央躺着一个人不会照不见。不巧的是马车夫困了，坐在车辕上打瞌睡，稀里糊涂地让车轮把爸爸的脑浆子都轧出来了……这怨谁呢？怨马车夫吗？马车夫并没溜掉。他找到大凤家，诚实地道出真情，并情愿花五十两银子了事。马车夫也是个穷光蛋，这些银子还是他刚刚贷来的呢！大凤的妈妈和姨哭得昏头昏脑。又都是老实人，没了主意，收下钱，放走了车夫，没去打官司。人死了打官司又有什么用？认倒霉吧……

往后的日子怎么办？只得把铺子盘出去，清了外债，剩下几个钱。妈妈和姨做零活，拉扯两个孩子。在那时，一个家庭全是女人，全是软弱可欺的脾性，活下去是极其艰难的。缺乏干活的人手，没有一点处世本领，女人家出头露面办事又总是受欺侮，无力反抗，只有忍气吞声。在这种折磨中，妈妈得了病，做不了事情，姨带着大凤跑到娘娘宫、药王庙，甚至跑到城南三十里地之外的蜂窝庙去烧香，结果还是无济于事。妈妈为了叫姨和两个孩子活下去，不牵累她们，自己跑到运河边找一枝柳树杈子，拴根绳子上了吊。大凤和小凤从此便和姨妈生活。这姨妈叫葛新娥，年岁尚轻，但带着两个孩子不可能再出嫁。她牺牲了自己的青春和一切，像生母一般对待这可怜、无辜又可爱的姐妹俩。然而，她也没有多少谋生的办法，后来想到家里有个远亲是阔财主，虽平时没有来往，这时也只得硬着头皮去请求帮助。这个财主就是住在侯家后的侯善颐即侯少棠的父亲。侯善颐的母亲是葛新娥表叔的姨表姐。这门亲戚好比江边的草和海边的石头，很难连在一起。幸好侯善颐是出名的善人，答应大凤来到他家做点零碎活计，管她温饱。这样，葛新娥只养活小凤一个人，也就松快一些了。大凤在侯家过的什么日子，只有她自己知道。她很少对旁人讲，也从来不对她姨妈讲。在旁人眼里，她是侯家亲戚，称侯善颐为三叔，与侯少棠算个表兄妹的关系，就是侯家再苛刻，她总会比一般丫头受优待。究其实又怎样呢？多亏大凤老实，又知侯家管饭的情，无论什么事她都闷在肚子里就是了……

程妈妈很怜悯这个苦命的姑娘，不愿意勾她的心事，因岔开话题说："这件新裖子是你姨妈做的吧？"

"不是。是三叔给的。"

"嘿，要说侯三爷待人真不错，可是个少有的善人。哎，大凤，二少爷待你怎么样？二少奶奶呢？脾气够瞧的吧！"

大凤露出一丝苦笑，没言语。她低下头来，手里捏着一颗发亮的糖栗子，放在手心摆弄着。娟子接过话说："妈！您这么问，人家怎好回答。谁不知她家二少奶奶赛过母夜叉，二少爷是夜猫子。嘿，母夜叉和夜猫子成了一对儿。"说完，嘻嘻笑了起来。

程妈妈立刻斥骂她："去！你怎么满口胡言，嘴上一个闸门也没有呢！"转而又问大凤："你家大少奶奶还那么疯疯癫癫吗？"

大凤点点头说："还那样，一天到晚都是那样。不过她并不扰祸人。"

程妈妈还要问什么话，外边有人登门拜年来了。大家拜过年，程妈妈把来客让到厢房内去坐，屋内只剩下娟子、大凤和程子久。

大凤瞟了一眼在那边用心作画的程子久，忽向娟子探过头，神秘地小声问："你没见大珍吗？"

娟子很机灵，感到有什么事发生，马上反问道："嘛事？"

"昨天夜里，郑玉侠放火把河楼教堂点着了。你没听说？"

"呀！"娟子紧绷绷的单眼皮张开到最大限度。

大凤又瞥了程子久一眼，并示意娟子不要惊动她父亲，放低声音说："二少爷带着会友脚行的巴爷去捉郑玉侠，整整在外边跑了一夜，天明才回来。我给他送洗脸水时，就听二少奶奶骂他：'行了，你替神甫效力效得连年都不过了。将来死了可以进天堂！'二少爷和她打了起来。后来，我听说，二少爷他们还到大珍家去了呢！"

"怎么样了？"

"不知道呀！你想还有好事吗！"

"郑玉侠干吗烧教堂，这可闯下大祸啦！"

"真是呵，这可怎么好！"

两个姑娘紧张得好像一对受惊的家雀儿，叽叽喳喳。

"二少爷又去大珍家干吗？"娟子问。

"想必是郑玉侠和大珍她们两家近便呗！"

娟子白净的小脸上泛起一种担惊受怕、焦躁不安的神情。她把手里的花生"哗啦"一声扔进八宝盒内，起身要去找卢大珍。

程子久根本没听见她们说的话。他眼睛盯着桌子上的画，口中说："哎，娟子，你过来看看，我这个压阵脚的闲文章盖在哪边好？"

急在心头的娟子一跺脚，朝程子久直叫："人家那儿都快出人命了，您这里还什么这边呀、那边呀！我不理您，我们走！"她拉着大凤的手就往外走。

程子久从花镜上边露出一对灰色的小眼睛，闪出吃惊和懵懂的光芒。他不明白怎么又得罪了宝贝闺女。

娟子还没走到门前，对面发出一个冷冷的声音："你往哪儿去？"

娟子怔住，抬头看见妈妈沉着脸正堵在门口。

娟子不能说实话，便扯个谎："哪儿也不去，送大凤走！"

"你不是说'人家都快出人命了'吗？"

"没有的事！妈，我是和爹说着玩儿的，您不信可以问大凤。我哪儿也不去，送送她就回来！"

"我不问大凤，就问你。你别糊弄我，我全知道，你是想到大珍家去探探风声。不是为了开水铺的那个闺女烧教堂的事吗？要不就是怕大珍家受牵连？"

娟子感到非常奇怪，心想妈妈怎么知道的？她刚才和大凤说话的声音很低，连爹爹都没听见，妈妈和客人在厢房说话更不可能听到……这时，程妈妈哼笑一声，表情显得又着急、又气恼、又严肃，说话的口气也是同样的："我的冤家，你就叫我省点心吧！我的话你到底听不听？你今年多大了？十八了！这么大的闺女还想干吗就干吗？烧教堂是嘛事？你也不掂量掂量。教案那年一把火烧了教堂，结果砍了十六个人头，皇上给人家赔了几万银子才了事。你当闹着玩儿吗？还想往里边掺和。我刚才问你，你还糊弄我，当我是傻子。告诉你，现在满城人都知道了。官家在城门上贴了告示，正抓郑家那闺女呢！"

这可是天大的祸事，听起来都可怕。但娟子一想到大珍的安危，便焦急地猛叫一声："妈——大珍她……"

"她是她，你是你。她要往里掺和，也逃不了命。你去管得了吗？甭说你一个黄毛丫头，就是县太爷出来说情，也不顶用！"

"妈——"娟子没有办法，急得要哭。

"叫我干吗？我也没办法。反正你别想出去一步！"程妈妈决心阻止住女儿，口气严厉极了。

大凤见此情景，便知趣地对程子久、程妈妈和娟子道别回去。大凤知道，对于娟子来说，虽然没有厉害又苛刻的严父，却有一个令她恪守家规的严母。

第四章
神仙显灵

正如程妈妈说的那样，今天，大年初一，整个天津城人们串门拜年时都在相互传告这个骇人听闻的消息——河楼教堂在大年夜里被一个女人放了火。要不是教徒们扑救得快，恐怕教堂又要像教案那年那样，烧成一堆灰烬。这个女人是谁呢？什么原因竟使她甘冒一死去烧教堂？谁都知道，教堂只有正面一个大门，其他三面都是几丈高直上直下的大墙。大门平时关得死死的，这女人是怎样攀上去的？莫非她会飞檐走壁？显然这女人不是寻常之辈。

这件事传来传去就出了细节，而且其说不一。有人说这女人是鸟市天桂茶园戏班子里的一个武功颇好的刀马旦，叫作红菊花——这种说法显然是因烧教堂的女人有武艺、能够攀高之故，至于这个刀马旦为什么烧教堂，就谁也说不出了。又有人说，这是山东那边流窜过来的义和拳干的——这种说法可能由于义和拳仇恨洋人，专烧教堂之故。但义和拳都是男人，不收女子，显然这种说法也是无根之谈。于是有人说到了郑玉侠，可是郑玉侠的名字太陌生。它在各种说法之中，好像夹在各种艳奇的花朵中间的一片叶子，不被人所留意。

晌午时分，四个城门都贴出缉拿郑玉侠的告示，纷纭不已的谣传才得到澄清。人们从告示上知道这女子是个闺女，年龄二十八岁，外貌特征是稍瘦的中等个子，肤色浅黑，梳一条长辫子，右手有伤。关于她烧教堂的原因，告示上没露一笔。有人说这个郑玉侠之父是同治九年闹教案时烧教堂而被李中堂处了极刑的郑五。郑玉侠含衔父仇，再度焚烧教堂，以泄积愤。这种说法似乎很合情理。但又有人提出异议——郑玉侠今年二十八岁，同治教案距今已二十九年，其父既然被杀，又哪来的女儿郑玉侠？于是，各种猜测乃至一些纯属无聊的瞎诌便层出不穷。还有人把这件事与昨日傍晚西半天那道神奇的光连在一起。

这么一说，老一辈人自然回忆起天津人与洋教那场悲壮的搏斗。如今洋教的横暴更甚于前。二十九年前被烧掉的河楼教堂，在去年里被洋人照原样重新修复起来。本地的土棍、混混儿、财主富绅，乃至衙门里的佐杂小官都蜂拥而至，争着受洗，顷刻变作纵横人间的虎狼。当此之际，这个叫作郑玉侠的姑娘，居然敢在教堂顶子上点一把火，自然叫人生出敬意。郑玉侠这个默默无闻的名字，一夜之间，变得为人们津津乐道、暗暗称颂。得人心的名字常挂在人们的嘴边；失人心的名字总咬在人们的后槽牙上。有的人甚至还为这奇异女子的安危而担虑。有些受洋教糟害过的人，还默默向神像为她祈祷，求佛保佑她千万别落入官衙手中。

告示贴出一天，没听说郑玉侠被抓到。河楼教堂的本堂神甫伊恩森德一天之间往县衙门去了两趟，又亲自往中堂衙门跑了一趟，显示了事件的严重。对于地方政府，这是相当麻烦的纠葛，因为官府最怕有洋人参与的官司。当日下晌，一队队练军护城营的"一亮子"出现在街头，巡缉纵火的女犯。这期间，有人在三岔河口北岸的雪地里发现一小摊暗红的血迹。据说，血泊里还有一小截被割断的手指头，带着指甲，早已冻成冰棍棍了。消息传出，一些好事者跑去看，并得知这是会友脚行的巴虎一刀所致。于是县里又悬赏白银五百两寻拿手上有伤的女人。

到了初二，郑玉侠依然没有被捕归案。但是，有一个住在北城外侯家后街的铁匠被抓到县里。他是纵火犯的师父，就是绰号"铁胳膊"的大名鼎鼎的卢万钟。本地好武的人闻知，都大惊不已。卢万钟半辈子明哲保身，谨慎行事，使尽闪展腾挪的办法，终未能躲过灾祸，而毁于一个义女，又是心腹的徒弟的身上。此中所包含的处世道理，发人深省，使不少未得发迹的才子志士感慨万端。后来，从县衙门传出话说，郑玉侠烧教堂一案的主谋就是他。人们再一次感到震惊。难道他蓄谋已久，是个颇有心计的人？联想谋划烧教堂的根由，又是一个乱糟糟的谜团。可信的说法只有一条——他是当年屈死在教案中的郑五（郑玉侠之父）的结盟兄弟。这说法合情合理，是唯一能打开迷宫的钥匙。

略略认识卢万钟的人都知道他的武艺非凡，莫说县衙门的几个捕役，就是护城营十个、二十个兵弁也拿他不住。如何反被擒住？据传说，卢万钟就擒那日，并未动武，而是乖乖束手待拿。到底他是为了不迁祸于妻儿老小，还是要为那烧教堂的徒弟顶罪？

这天，不少人亲眼看到卢万钟被快班押往县署的情景。他走在一群衙役中间，双手被倒剪向后捆绑着。他紧锁眉心，深思般低着头，神色沉静。一些教徒和混混儿站在道旁，放肆地辱骂他。据说黄三秃、白德山等刁悍的大混混儿也在场。这群平日里畏惧卢万钟的恶棍，都放开胆子报复，也以此给他们自己扬威。卢万钟没有丝毫反抗。他好像笼中的猛虎，对于那些因处境安全而神气起来的看客，不理不睬，显出一条真正的男子汉的气派。

三天过去了。尽管卢万钟被捕，那个烧教堂的郑玉侠依然无影无踪，明显是跑掉了。她跑到哪里去了呢?

初五这天又像除夕那天一样，暴风雪铺天盖地。虽然雪小一些，风可更大了呢!

深夜。在河东窑洼外空阔的旷野上，大风撒起野性，发狂般嘶吼着，在一些野林子和乱葬岗子中间发出凄惨难听的尖叫。风声中，偶尔还有大树"咔嚓"一响，折断了树干。这里没有几户人家，也绝少人迹，只有一座小小的、黑黢黢的娘娘庙，无法躲藏，像傻子似的立在野地里，忍受着凛冽的风寒。

这是座有人烧香上供、无人看管修缮的野庙。此地除了东门外那座规模宏伟的娘娘宫外，像这样的娘娘庙有四五座。它只有一层殿，外跨一个小院，院里有三株老槐树。当下老槐树黑黑的树冠被风刮得东摇西摆。敞开的院门与殿门乒乒乓乓摔打着。殿内的石板地上浮着吹进来的一层薄薄雪花。供桌上点着香火，两支戳在黑陶泥烛台上的红烛，一支已被吹灭，另一支还亮着，也只剩下半寸来长一节蜡根。火光摇曳不定。一尊三只爪、大肚儿的生铁香炉，敦敦实实摆在正中，冒着浓烟。龛内娘娘安详又清冷的面容就在这飘忽不定的光影与烟雾中间隐现……

忽然，哐啷一响，门猛烈地推向一边。跟着，一阵风雪裹着一个人闯进来。这人跑到供桌前，像栽倒一样，一下子扑在地上。额头撞地咚咚咚叩了几个响头，然后仰起脸，叫一声:"娘娘，娘娘呀……"

烛火照亮她满脸泪水。这是个姑娘，头上身上沾满雪花，扶在地上的手缠一块青布，缠成一个挺大的球儿。她的神情在极度的悲恸中显得很冲动，仿佛控制不住似的痛诉着："娘娘呀！我都知道了！我爹原来是二十多年前死在洋人和狗官手里的。卢大叔他一直不肯告诉我。这是我娘在三十夜里快不行了的时候告诉我的……我去烧教堂没烧成，手给他们砍了。我背着娘逃出来，可在我给她弄吃的去的当口，她跳进冰窟窿里了！"

她说到这儿，放声大哭起来，许久才慢慢平静下来。烛光闪闪的庙堂里，响着她轻轻的抽噎与啜泣。这声音悲悲切切，痛心而幽怨，使人听了会给这痛彻心扉的哀泣牵动得落下泪来。然而，四外只有大风在荒凉的野地里呼号。突然，她对着一动不动，瞠目下视的娘娘双眉一挑，带一股怒气响亮地喝问道："娘娘！你睁着眼，瞧得见这些事吗？死了我爹我妈，你管还是不管？为嘛我的命这么苦？天底下这么多人，为嘛倒霉的事偏偏落在我的头上，我克人吗？为嘛洋人狗官、二毛子们这么糟害我，我竟连报仇的份儿都没有？我的手指头没了，手冻成个大血蛋子，怎么拿刀？现在那群王八蛋要来捉我，我逃到哪儿去呀？娘娘，你叫不叫我活？你要是有灵，就叫我变成一把火，叫我和那河楼教堂一齐烧了吧！你倒是说呀！干吗你干瞠着眼连声音也不出。你是泥捏的、草扎的、木头刻的——你是假的吗？要不，你告诉我，我该怎么办？怎么办呀，你说呀！"

神奇的事出现了。面前神龛里忽然响起一个低沉的答话声："那你就跟我来吧！"

郑玉侠惊住了，一声不出。四下里也没有一点声音，只有结花的烛芯噼噼啪啪地响。

她张着泪汪汪的眼睛望着黑乎乎的神龛：泥皮粉画、烟熏火燎、沾满灰尘而显得挺脏的娘娘的脸上，依旧是刚才的表情，姿态也没有一丝一毫的变化。虽然郑玉侠已把生死置之度外，再无所惧，但还是被惊得不由自主地站起身来。怎么？莫非她真切的哭诉果然感动了神灵，要来为她伸张不平吗？

这时，郑玉侠发现神龛后边缓缓出现一个人影，并一直朝她走来。她忙侧过身子，左手绕到后腰上拔刀，耳畔却听到眼前的人影沉静地说："怎么？你怕我。我是人，又不是神仙。"

"你是谁？"郑玉侠问。

"我吗？和你一样。"

这句话好像有一种特殊的力量把郑玉侠稳住了，才使她看清对方根本不是神灵，而是一个女子。她个子不高，瘦而不弱，一身青布衣服，仿佛是丧服，头罩一块蓝布。她的脸儿显得很白，小巧玲珑的鼻子反而显不出轮廓来，薄薄的嘴唇闭成一条缝。眼睛细长，眼梢向上俊美地挑起，目光冷静。这目光如果向波涛汹涌的大海望去，好像海也能平静下来……

郑玉侠根本不认识她。她是谁？到这里来做什么？在这荒郊野外，在这大风雪的黑夜里？一个人对另一个人充满疑问时反倒无从开问，只有等对方来说。

"你还有什么牵挂吗？"陌生女子问。

"牵挂？做什么？"

"你先回答我！"她的问话用一种强迫的口吻，"你有什么亲人吗？"

"有个师父，也是我的义父。师父家有个好姐妹……"

"你不必去找他们了。现在全城官兵都在捉你，你去了，反给他们找麻烦。你还有什么要办的吗？"

"我？"郑玉侠眼睛一亮，说，"我要烧教堂！"

"那是以后的事。我问你，这里还有什么未了的事吗？"

"我只有仇、有恨未了结。旁的什么也不要了，连我自己在内。"郑玉侠说得自己冲动极了。

"好，那你就随我走吧！"

郑玉侠怔了一下，抬眼看看这个陌生的女子。这女子细细的双目异常沉静地直视着她。郑玉侠感到这外表瘦小的女人有一种强有力的、神秘的、不可抗拒的力量。她仿佛一只漂荡的小舟，给对方抓住了缆绳轻轻牵动了起来。她恍恍惚惚地问："随你去哪儿？"

"我去哪儿，你就去哪儿。你别问，慢慢都会知道。"

"那么……你是谁？"

"我叫林黑儿。"

陌生的林黑儿不再多说。她转身朝殿门走去，同时朝郑玉侠抛了一个亲切的、有希望的、召唤的目光。郑玉侠心里一热，不由自主地跟在她后面，走出庙门。

凛冽的风雪好像在外边等候她们似的，此刻猛烈地扑来。郑玉侠站在凌厉得像刀子一般的寒风里，侧转过身子，一只手抱住了另一只受伤的手。林黑儿瞧见了，站住脚，等郑玉侠走到跟前。她张开胳膊往郑玉侠的后腰上一托，郑玉侠顿时觉得步履轻快多了，仿佛离开地面。心中懵懵懂懂地想：难道她有如此高超的本领。非有绝世的内力，即是真正的神仙。这奇女人究竟是谁……她也顾不得再想下去，任那女人像风儿托着云彩一般飞快地带去了。

此刻，狂风在她们头上和脚下，在广阔而昏黑的天地间吼着……

第五章
卖艺女的警告

如今的城墙只是旧城池的一个标志了。原先修筑它是为了抵御外来入侵之敌。这个作用早已不复存在了。咸丰八年和十年，外国人两次轻而易举地破城而入。城中人不再因为它的存在而抱有任何安全感。它仅仅是往昔残留下来的一种遗迹，一个无用的空架子。

自从明代永乐三年筑城以来，乾隆年间做了几次修补加固，而后就很少有人关心它了。经过二百来年的风剥雨蚀，无数次大水淹浸，已经破破烂烂。城砖碱坏了，墙垛子残剩无多，城头上的炮台都被荒草湮没。有些段落整个坍塌下去。靠近东南角的地方，不知是哪个护城的兵弁吃梨时，遗落了梨核，长出了梨树，后来居然长大，开花，结了果儿。兵弁们不肯砍掉它，倒不是为了吃梨子。这种核儿长的梨树结的果子很小，水分少，又酸又涩，本来就不能吃，再加上城头的水土不足，结的梨儿和青杏儿一般大。但夏天里它下面有一块小小的阴凉地，可供巡城的兵弁躺在下边睡午觉。

四个包铁皮的城门打满了补丁，像船夫们披在背上的破袄，寒酸气十足，门楼子的斗拱上架了许多乌鸦巢，乌鸦粪弄得到处都是。门楼子里是护城兵作为兵营用的。兵弁们时常用火枪轰击这些乌鸦，把它们赶跑了，隔不久又都回来了。只因为城中人烟稠密，浊气浓重，雾霭迷漫，所以，别看城头太破，却是个比较寂静清爽的地方。

这是一座衰老的、被遗弃的、不可救药的城墙。它失去了人们的信赖。它的存在已经成了一种累赘。也只有在春天里，才会显出一些生气。

现在是庚子年的谷雨时节，天气已经相当暖和了。青灰色的城砖给日头晒暖，摸上去有种舒服的感觉；城头上，方形的绸制龙旗一舒一卷。充满晨光的天空，蔚蓝、透明，在城上边无限高的地方漫无涯际地展开。砖缝里的野草早就绿了，开出许多黄白间杂的无名的小花，在微风里轻轻地摆动着。一些去年蹿出来的椿树秧子，又绽出暗红色，又亮又硬的芽苞。从城根向上望去，简直像一面披满蔓草的峭壁。墙洞处，老家贼早生的雏儿开始发出一声声尖细的鸣叫……

东北城外是一片高地。从这里可以俯瞰船帆往来的宽坦的三岔河口和彼岸低洼的旷野。远远近近的村落，大大小小的坑池，一片片蓄满了水、白亮亮的稻田也能尽收眼底。眼力好的人可以一直望见北运河流经天边的远影。

头年年底失火的河楼教堂就耸立在对岸。虽然它烧掉的顶子重新修补过，熏黑的痕迹却无法擦掉。黑森森的影子倒入水中。

平原上的城市大多是从一个傍河的船码头发展起来的。不管这城市后来变成什么样子，它原始的风物——航运和船，却始终保持，不会丢掉。这里的三岔河口每天有百十只船经过。尤其春汛时候，南来北往，出海入口的百货，以至漕米和芦盐都从这儿输转。洋人的小火轮与炮艇从大沽一直可以开到这里来。搭满跳板的民船码头停靠着许许多多船只，忙着卸货和装货。因此，这边的高地上就出现一个常年的小集市，过往的船夫、游客与外商就近来买些吃的用的。在这儿可以买到各种本地风味的特产。像什么"狗不理"的猪肉馅包子啦，耳朵眼炸糕啦，大胡同的鸡油火烧啦……各种炉食摊、小吃摊、清真点心和饭食摊、专卖零星日用的杂货摊、茶摊、理发摊、书摊、古董摊、洋货摊、卜卦摊、估衣摊，以及修理眼镜、鞋子、锅盆、雨伞、刀剪、烟具，缝穷和其他五行八作的小摊应有尽有，一个挤一个接在一起。布的、绸的、苇席的、木板钉的罩棚连成一片。各式各样、奇形怪状、花花绿绿的幌旗招牌到处闪动。小贩们富于魅力的吆喝声，做糕食的敲打炊具的点儿，混杂在这嗡嗡作响的蜂房一般闹市的人声中。各种香味、怪味、臭味飘散在暖融融的空气里。

大车赶不进来，只有独轮车在人缝中慢慢挪动。扁担头儿东躲西躲。戴细辫草帽、穿肥腿裤、瘦小枯干的广东商人挤在中间，和本地商贩掮客讨价还价。广东商抽着衣兜烟卷，本地贩子叼着长长的烟管，个个圆头圆脑，油光光的红脸上堆满笑容。外县的经纪牙行躲在一边，互相在袖管里递指头，撒八钩九传递价钱。三三两两的混混儿像狗一样在人群中间窜来窜去，嘴里啃着带筋儿的猪蹄子，不祥的小眼珠向四处打量，总像要寻些事端闹一闹。偶尔，还有从紫竹林那边来的洋人，有男有女，装束奇异，打着鼓鼓的黑绸伞，傲慢地左顾右盼。本地人，尤其是内地来的人，好像看到怪物似的，不时把惊恐好奇的目光投向他们。这些怪物到这里来的打算，一般百姓是猜不到的。他们常常从古董商手里买走珍奇的华夏古物，他们也常受到古董商的诳骗，眉飞色舞地抱着一件赝品上了马车，兴高采烈而去。

空中飘着柳絮，轻轻的，软绵绵的，像雪花似的，时时粘在人们的头发上，挂在眼睫毛上，落在炸豆腐的油锅里。

"娘的——"炸豆腐的小贩用油烘烘、二尺多长的竹筷子夹起带着油滴的柳絮，甩在地上。

靠近城壕一带，摊儿见少，人也不多，挺松快。孩子们在放风筝。停着一些大车。

远来的乞丐讨到吃的，就到这边歇脚，吃东西，捉虱子，睡觉。黑黑的手指从衣褶里搜到虱子，便放到牙齿之间咔嚓一咬。壕沟旁一些柳树上，挂着许多鸟笼。鸟儿都在啼叫鸣啭。有养鸟的，也有卖鸟的。这个季节可以捉到虎皮、黄莺、红肚等一些候鸟了，雁户们把大抬杆往树干上一倚，挂起一串串红蓝白黑漂亮的大雁叫卖。这地界，这季节还是走江湖的艺人难得的天时与地利。因此，聚了不少耍杂耍、耍马戏、说书卖唱、拉洋片和卖武的，招来不少看客，围了一圈圈人。

有些艺人是年年必到的。比如变戏法的"快手刘"，耍傀儡的"马瘸子"，拉皮条的"张大力"。所演的都是些乏味、没有任何新鲜感的老节目。卖武的则不然。以往大多来自沧州、泊镇这几个北方著名的尚武之乡。今春不同了，从口音上听，不少是山东那边人，都是生脸儿，玩意儿也新奇，常表演刀枪不入的真功夫，就是用火枪装上沙子往肚皮上打，沙子打不进肚皮，用手一拂，沙子全掉下来。这功夫是先前不曾看到的。

严格地说，他们并不能算作卖武的，因为他们不收钱，只收徒弟。据说这是山东那边流窜来的义和拳。今年开春以来，滴雨未落，各处官府都设坛求雨，依然亢旱。跟着瘟疫流行，杂灾遍起。

这便传起一种说法"练好义和神拳，扫灭洋人，自然降雨消灾"。于是百姓一哄而起，直隶一带许多乡镇都有义和拳设立起拳厂，以教习武艺为名招引徒众。地方官府屡出告示，但禁而不绝。近些日子，本地城南瑞和成机器房、河东小树林、北城根和这里都出现了外乡人铺开的场子，教练拳棒。有的干脆就说自己是义和拳，能传授一种可避刀枪火炮的本领。本地人给洋人和教徒欺侮透了，谁不想练会这种死不了的本领，保身的保身，出气的出气。这号召效力极大，习练武术成了一时风气，闹得热气腾腾。

今天更不寻常。打一早来了三个卖武的，都是年轻的女子，围了不少人看。人们本是看个新奇，可一看就像被磁石吸住了。这三女子的武艺大大不凡。

三女子中，一个身材略高，年龄也稍长，大约三十来岁。她头罩一块挺大的青不青、黄不黄的头布，遮盖双耳；腰扎一条上了浆的平板板的紫绸褡膊；裤褂全是黑的。她那张端庄消瘦的脸儿，肤色浅黑；紧闭的嘴角像刀刻一样，清晰有力，不含一丝笑意；目光冷漠、发直、不近人情，不时有一种仇视的光芒像流光一样闪出来。她倒背手，右手握成拳头放在左掌心里。另外两个年轻，不过二十出头。一个长得苗条俊俏，辫子梳得顺顺溜溜，亮晶晶的眼睛像一对湿漉漉的黑玉珠儿，鼻梁又高又直，鲜亮的朱红小口，浑身洋溢着一种少女的青春气息，使得周围看客的目光总在她的脸上打转。她使一口钢剑，飞腾起来像一只轻捷的燕子，颈后的辫子就像舞动的大旗上的飘带，飞来飞去。年长的女子称她"三姑娘"。另一个矮胖胖，脖子短，腰儿粗，圆圆的鼻子生气似的往上翘着，嘴唇肥厚，面色乌乌涂涂，显得有些粗鲁笨拙，但也有一种憨朴气。

她的头发潦草地盘在头顶上，乱乱蓬蓬，像个大草窝子，还有几绺耷拉在鬓旁。她使一支粗杆的铁枪，看来力气不小。年长的女子和三姑娘都称她"傻妹子"。这两个妹子对那年长的女子一口一个"师姐"地叫着。

三姑娘和傻妹子对打一阵后，三个姑娘从地上拾起三四块大半头的砖头，在场子中央单腿跪下，把那几块砖码在了头顶上。年长的女子从带来的行囊里掏出一个大号的铁砣子，站在了三姑娘背后。傻妹子站在前边几步远的地方，手拿小铜锣当当敲了几下。三个女子使用一种江湖口，你一句，我一句，她一句，有问有答地对上腔儿。

年长的女子先开口："三姑娘，我手里拿着嘛玩意儿？"

半跪的三姑娘眼睛直视前方，口中答道："铁砣子。"

年长的女子问："你顶着的是嘛玩意儿？"

三姑娘答："砖头子。"

年长的女子又问："砖头子底下是嘛玩意儿？"

三姑娘答："是我的脑瓜子。"

年长的女子加紧问一句："我拿手里的铁砣子，砸你脑袋顶上的砖头子，你受得了吗？"

三姑娘做作地叫道："哎呀，哎呀，受不了，受不了！"

这时，站在前面的傻妹子用一种说惯了的、没有表情、只为了刺激看客的江湖腔叫道："不行呀！师姐呀！咱三姑娘的脑袋是肉长的，哪受得了你手里那块铁疙瘩！"

年长的女子忽然瞪起眼睛，直视前方，目光锐利可怕，而且惊栗似的抖闪着，整个表情像是一种神经质控制不住而突然发作。这种突变的神情使看客感到不安，有人顺着她的目光看去，她的目光正对着三岔河口东岸黑森森的河楼教堂。她用江湖人少有的、近乎失常的激动的声音叫起来："受不了？你一不做官，二不在教，三不坑害人，想活着就得豁出去受这一下子。三姑娘，你顶住了，我可砸啦——"

她把手中大铁砣子唰的举过头顶。三姑娘闭上明丽的双眼，红艳艳的小嘴微微张开，等候这搂头盖顶、猛烈的一砸。年长的女子运足力气砸下来，随着周围的看客发出的惊恐的叫声，只听"嘣"的一声，人们再定睛一瞧，三姑娘头顶上的几块砖不见了，都变成核桃大小的碎块，散了一地。三姑娘慢慢睁开双眼，一对黑亮的眸子晶莹放光。她站起身，一边用手从头发上往下拂落碎砖渣子，一边扭脸对年长的女子笑道："真有你的，姐姐！"

年长的女子没说话。她仿佛还没有从刚才那神经质的冲动中平静下来，目光仍在惊栗般地抖闪着，嘴角微微一抽一抽地颤动。三姑娘有意不叫别人注意她这种不正常的激情，而去同傻妹子扯话。这时，周围的看客中有不少为她们高超的武艺所感动，往场子里扔钱。一个穿长衫、文静的老者居然从怀里摸出一锭小银元宝，双手恭敬地捧献给她们。

三姑娘双手合十朝众人行礼，却婉言谢绝道："承蒙各位父老兄弟抬举。不过这些钱，请你们拿去，我们不收钱，只收徒弟。"

众人听了更加惊奇，难道她们不是卖艺的，也像义和拳那样只招收徒弟？在这里摆场子、教徒弟的并不鲜见，但是还没见过有女人也这样做呢！一个蹲在里圈的汉子，指着身旁一个十多岁的童子说："我这小子要跟您几位学两手，您肯教吗？"

不料，三姑娘摆摆手，和气地说："我们只收女弟子。"

这句话使众人更发生兴趣。各处教练武艺的都是收男弟子，今天这里偏偏收女弟子，真是件稀奇的事。于是有人问："您几位也是义和拳吧？"

傻妹子刚说了半句："不是，俺们叫作……"三姑娘听了，立即截过话说："我们这套武术没有名目，但是有法。学会这种法术，也能刀枪不入。甭说刀砍不进，枪扎不入，就是洋人的火枪往身上打也伤不着。还有其他的神妙之处。可是只能对弟子传授，不能泄露给外人。"

众人听怔了，面面相觑。这俊美女子说话的口气颇大，而且看得出她的口才也极好，唇齿伶俐，声音好听，惹人喜爱。她说话时，神态自若又认真，没有一般江湖人的那种虚夸。况且，她刚才顶住那一砸确实不凡，人们从来还没见过。真情实况使过分的话也变得可信了。

这时间，谁也没注意到，人群中站着一个女孩子，旁边是个老妈妈。这女孩子年纪不过十六七岁，梳一个又扁又小的圆髻，方方的肩头、脸盘和方方的小嘴，嘴角往里深陷，一双大眼睛也陷在深深的眼窝里，好像深藏在泥窝里的一汪水，神情深沉又倔强。她穿件打补丁、晒褪了色的蓝布褂子，头扎一条白布孝带。鞋子上也标志着重孝，白布贴帮，脚尖顶一双红绒球。她身旁的老妈妈黑衣蓝裤，脸儿黄黄，一副愁苦不堪的样子。

这女孩子听到三姑娘的话，就往前走，老妈妈去拉她的衣袖，却给她一甩胳膊摆开。她一直走到场子里，在那年长的女子面前"扑腾"一声双腿跪下，口气坚决又干脆地说："我要跟你们学艺，收下我吧！"

年长的女子已经从刚才那种冲动中平息下来。此刻她面色黯然，郁郁不乐。她问这女孩子："你知道练这种法术的苦吗？"

"知道。"女孩子答道。

"得挨打，得挨饿，得受罪——你受得了？"

"受得。"

"得热火烤，得冷水浇！得鞭子抽，得棍子打——你受得了吗？"年长的女子的话严厉极了。

"受得。只要学会就成！"女孩子回答得毫不犹豫，又很迫切。

年长的女人显然被这女孩子的倔强和诚意感动了。她闪着明亮又满意的目光，随后面对站在这女孩子身后的老妈妈，冷冷地问："您舍得吗？"

老妈妈迟疑了。女孩子扭过头气恼又哀求地叫一声："妈——"老妈妈的满是浅细皱纹的眼眶子里流出泪水来。她对年长的女子喃喃地说："舍得……我依着她。"

年长的女子问这女孩子："你为嘛要学这种法术？"

女孩子听了，猛低下头抽噎起来。她抽动得那么厉害，以至两个肩膀向上一耸一耸。从头上垂落下来的孝带子随着摆动，带子头儿拖在黄土地上划来划去。显然她有痛楚难言的事，年长的女子急然狠狠地说："不用说了！我明白了！你三天后到这儿来找我吧！哎，你叫嘛？"

"陈招弟。"

这女孩子说过话抬起头来。她脸上没有泪水，只在眼角挂一对儿沉甸甸的大泪珠子。泪光闪动的双眼放出希望、感激的光芒。

这时，三个卖艺女已经收拾包裹行囊、刀枪棍棒，预备走了。周围的看客对她们这些奇特的言行迷惑不解，都呆怔怔地看着。但也有极少几个有心人，从她们的言谈话语，尤其从年长的女子刚才举起铁砘子时说的那几句明显犯忌的话中，看出她们出落不凡。她们要做的事绝不是那么简简单单、平平常常……这只是人们一种朦朦胧胧的感觉；这感觉不单来自她们表现出的大胆、勇气和高超的武艺，她们身上有种控制不住的、非常危险的、反叛似的东西，在年长那女子神经质发作时，使人们强烈地感受到了。

有些好奇的人跟在三个卖艺女后边走了一段路，直等那个傻妹子站住了，回头瞪了几眼，才没人尾随了。她们沿城壕向南，穿过一片片碧丝袅袅的堤柳，在东门外娘娘宫附近找到一个不起眼的饭楼子——一家两层的木楼子，牌号叫"春元楼"——走了进去。刚进门，一个短打扮、精明爽利的店伙迎上来。他长了一张黑黑的马脸，滴溜打转儿的芝麻小眼，嘴大得出奇，仿佛话说得过多而渐渐咧开的。他应酬着说："楼下是随意便座，楼上雅座。煎炒烹炸，随要随做。当下不是饭口，上边没人，清静得很。三位大姑还是楼上请吧！"

三女子见楼下乱乱哄哄，坐了一些人，便蹬着陡直的楼梯走上去。

楼上果然清静，没有客人，窗户都敞着，挺豁亮。只有几只苍蝇在屋子中间绕着圈儿飞着。十几张桌子没涂漆，给碱水刷出了白木茬儿，洁净得给人一种舒服清爽的感觉。她们拣一张挨窗的桌子围着坐下。年长的女子临窗而坐，脸扭向窗外，叫饭叫菜的事儿全由俊俏伶俐的三姑娘担当。三姑娘挑了几样便宜的饭食，不一会儿饭菜连同热汤全上齐了。那个马脸、大嘴的店伙真是勤快极了。

这扇窗子并不临街，斜对着东门楼子，窗板用竹竿支得高高的，海关道署的一大片青绿瓦顶子都映入眼帘；柔和的春风扑进窗来，吹在脸上，很是惬意。三人大概因为劳累了，此刻都不说话，只顾大口大口吃着。

木楼子上的脚步声特别清楚。这当儿，楼梯响起一阵沉重的声音，有人上来了。店伙跑到楼梯口向下一瞧，就招呼道："田五爷，黄三爷，楼上请——您老二位今天怎么闲着？要说您老二位有口福，今儿早刚来的黄花鱼，都二三斤一条的，好新鲜呢！酒也有好的。田五爷，嘿！"

说话间，来客上了楼。

这边三女子扭头往楼梯口一看，上来两个人：一个矮子，穿件葡萄色春纱大褂，头盘乌墨的辫子，黄丝绳缠的辫根。这人前额过宽，似乎占了脸盘的一半；白嘴唇，又小又尖的鼻子，一双黑生生的小眼深藏在眉棱下凹进去的眼窝里，显得挺阴森。另一个长得瘦高，嘴巴子是两个瘪坑。他穿着仿金色的袍子、黑马褂，头扣一顶帽翅、两边太阳穴各贴一块大红布摊的头疼膏药。他手举画眉笼子，爬楼时身子向左边一歪一斜，明显是个瘸子，此地人一看他俩这副穿戴就知道是混混儿。住近城北的人无人不晓，一人叫田小辫子，另一个叫黄三秃，都是会友脚行的把头。

他俩站在楼梯口，向四下打量。黄三秃忽朝着三女子这边的座位一指，对店伙蛮横地说："我们就要这个座位！"

三女子一怔，互相交换个眼色，都没动声色。

店伙忙对黄三秃好言道："三爷，她们刚坐下吃。再说这儿挨窗户，正是风口，也吃不舒服。后边有单间雅座，没人打扰，又干净又清静，您老二位还是往单间请吧。您想吃什么，我赶紧给您张罗去！"

黄三秃真凶。他单手一叉腰，骂起店伙来："去你娘的！你是不是成心跟我黄三爷过意不去？你说，你这王八蛋是想挨揍怎么的？告明白你，你三爷就是要坐在这儿！"他这一喊，惊了笼内的画眉鸟，扑棱棱地胡飞乱撞，吱吱直叫。

三女子仍不吱声，低头吃饭。气氛挺紧张。

店伙挨了骂，依旧赔着笑脸，说："黄三爷，小的怎么敢惹您生气，不过怕那边风口您吃不舒服……"

"怎么不舒服？"黄三秃撇嘴一笑，淫邪地说，"叫她们陪我们俩喝喝嘛！"

店伙为难地："嘿，三爷，三爷，嘿，这叫我可……"他瞟着那边闷头吃饭的三女子，真不知该怎么办了。可是他眼见黄三秃的双眼凶狠地瞪起来了，又畏惧地说："要不，我去跟她们说说，给你们让让座……"

谁知黄三秃听了，反而笑了，对店伙说："你甭说！我黄三爷嘛时候不讲道理？不过是好吓唬个人！好斗个气儿！顺着我三爷，怕我三爷的，怎么都好说。你快把这鸟笼子找个地方挂好，我们俩到里边去！"说着，把鸟笼朝店伙一扔，店伙赶紧抱住，掬着笑脸说："三爷人真厚道。您老二位里边请，待我去给您二位张罗去！"

黄三秃又说："呸！去你妈的！别得便宜卖乖。快去，择好酒好菜大碗招呼。你田五爷是酒篓子，你就弄一罐子来吧！侍候好了，我给你多上点油水！"

黄三秃和田小辫子走到楼梯右边一间单间前，撩开门帘进去了。门帘是蓝土布的，用黄漆写三个字"春元楼"。门帘给风吹得轻轻摆动，只听那两个混混儿在帘里边说话了。

店伙真有点受宠若惊。他把画眉笼子挂在一个小窗洞的窗框子的铜钩上。这是专给客人挂鸟笼用的。跟着上上下下一通跑，给里屋的混混儿上了茶壶茶碗、热手巾把儿，随后又从楼下托上来一个大木盘，盘内是八个细脖的酒壶，其中两个壶上扣着酒盅。还有七八个酒菜，都是现成的凉菜，诸如炸海米、老虎豆、凉笋、驴肉和松花蛋之类。店伙托着盘子走过三女子身旁时，讨好地说："吃你们的，别怕！他们常到这儿来，是熟主顾。才刚不过和你们闹着玩儿，没事！"

三姑娘听了，笑了笑没说话。年长那女子面朝窗外，好像没听见店伙的话似的。

店伙进了里屋，给两个混混儿满满摆了一桌子。俩混混儿各不相让，杯子筷子一通忙活。

店伙走出去，田小辫子刚对黄三秃叫了声"黄三秃子"，黄三秃立即火了，反口骂道："你要再叫我外号，我就招呼你'田小辫子'啦！"

田小辫子举起手，表示要对方止住火气，说："好，好，咱哥儿们以礼相待。"

黄三秃听了，短眉毛一扬，拿出一股粗野的义气劲儿来，说："好哥儿们，你敬我一寸，我敬你一尺。"

田小辫子的小眼珠在眼窝里闪了闪，流露出不易被对方察觉的轻蔑神情，一边却端起酒盅说："我还外加敬你一盅。"

"好！我也回敬这一盅！"黄三秃举盅齐眉。

俩混混儿一仰脸，把酒盅一翻，辣滋滋的烈酒倒入腹中，便赶忙夹菜吃。黄三秃三盅酒落肚，来了兴致，对田小辫子说："田哥儿们，要说三岔河口上这些朋友中，就属你我够得上知己。你他妈心眼儿虽多，倒还从来没对我耍过。我信得过你，才对你说——那侯少棠，纯粹拿哥儿们耍着玩儿，口头上跟咱哥儿们长、哥儿们短，用得着咱们的时候，又是酒，又是肉，就差没叫他娘儿们跟咱睡一觉；用不着的时候，在街上直着眼装看不见。他妈的不就多几个臭钱吗，有嘛了不起的！"

田小辫子淡淡一笑，没说话，紧喝了两盅。

黄三秃见田小辫子没搭茬，又火了。他把手掌按在田小辫子的酒盅上，说："你他妈真是见酒比亲爹亲娘还亲。你听见我的话没有？怎么不说话？你怕侯少棠那小子？！"

田小辫子把黄三秃的手从酒盅上拿开，捏起酒盅饮一口酒，头一偏干笑了两声，说："不是我要多说你几句，兄弟，你虽然够精神，可事情总看不透。要说侯家的二少爷——"他左右看看，放低声音说："不过是个王八蛋。可有句俗话：有钱的王八大三辈儿。再说他又是教民，入教的王八又大三辈儿。一共大几辈啦？六辈儿啦！嘿，嘿……咱呢？不过把脑袋别在裤腰带上，没把命当回事罢了。要钱没钱，要势没势，除去一点横劲，还不是个臭要饭的！人家家财万贯，哪把咱们当回事？当下对咱客客气气就算可以了。巴爷怎么样？脑瓜不比咱大？不也是跟在侯少棠屁股后面？"

黄三秃沉一会儿，又干掉一盅，满口怒气地说："明儿一早，我到河楼去也入了教，看他还神气不？"

田小辫子竟笑出声来。他夹一个虎皮豆放在嘴里咯嘣咯嘣地嚼着，一边说："别看在教不在教的分成天上地下，到了教堂里边也分上上下下呢！你别忘了人家姓侯的做的是洋生意。给他撑腰板的不止神甫一个。他老丈人又是千总爷，护城营千来号子人在人家手里边。你就认头叫人使唤吧！巴爷入了教又怎么样了？不过在隔教人的眼里多长两条胳膊罢了！"

黄三秃感到一阵失望。两人停了话，喝了一通，都有些醺醺然。田小辫子怎么也夹不起虎皮豆来，弄得那油乎乎的豆儿在碟子里滴溜溜地乱跑，有两个蹦到地上去。黄三秃气咻咻地又说一句："反正我往后不真给他卖命了！"

"你呀——"田小辫子变红了的小眼珠瞟了他两眼说，"你要真这样就算对喽！你好好琢磨琢磨，人家杀了人，怎么样，没事儿！你要杀了人呢？至少也得坐几个月牢吧！你总怪我留两手，不留行吗？往后，你也留两手吧！心眼不能太实了……不过，你那股子劲儿一上来就全不管啦！去年三十晚上，你非闹着要去铁胳膊家不可，我怎么拦也拦不住，你以为铁胳膊好惹吗？正月十五铁胳膊那帮朋友到侯家门口耍刀去，凶不凶？要不是我叫巴爷拦住你，你又去了。倪长发那帮也不是好惹的，个个都有几下子！"

他俩说得激动，嗓门放大，根本没留意屋外还有用心的窃听人，只管说得痛快。黄三秃接着田小辫子的话说："这事今后不必担心了。铁胳膊脚跟上的大筋给挑了，就是将来放出来，人也废了……"他说到这儿，停顿一下，因为屋外传来打碎瓷碗的声音。他没有介意，接着说："跑了那小娘儿们谅她也不敢回来。至于倪

232

长发那帮小子更算不得嘛！他们还敢到咱行里来闹事？吓死他们！我姓黄的倒不怕事，就是生侯少棠的气！这王八蛋太不是玩意儿了……"他正说得来劲，忽发现田小辫子的小眼球瞪得圆圆的，连眼白上的血丝都瞧见了，好像见到鬼似的。黄三秃骂道："你他妈听不听我说话，怎么啦？"

田小辫子抬抬下巴，叫他回头瞧瞧。

黄三秃扭过头去，只见一个女子站在身后，一双眼睛可怕地直视着他。他先是怔怔地看着这女子，可是忽然认出这女子就是刚才坐在外屋吃饭的三女子之一。同时，他见另一个黑脸、矮胖的姑娘拿一口刀朝田小辫子走去，刀尖直对田小辫子。黄三秃的短眉毛一抬，双手按桌面要站起身，只觉右肩头给一件硬邦邦的东西死死压着。他的灰眼珠移到右眼角，瞧见一把寒光烁烁的钢刀压在肩上，那女子左手握着刀柄。

"干吗？你他妈不想活啦！"黄三秃口气虽然凶横，声音却有些变调。他猛一抬肩膀，再次试图站起身，但没成功，肩头仿佛压着千斤重。"你他妈是谁？"他骂道。心里却想这女子腕子上就有着千钧之力，可非同一般。

这陌生女子猛地在黄三秃和田小辫子中间伸出右手，用力张开巴掌，微微抖动。其中无名指少了一截，显然是给什么利器切断的，切口是斜的，一直伸延到手背上，形成一道深深的暗红色的刀疤，惨烈可怖！

"你……"黄三秃呆住了。

这女子压低声音，冲动而有力地说："冤家！"

外边的饭堂没人，三姑娘站在楼梯口。店伙从楼梯走上来，三姑娘说："你再给我们弄三碗鸡血豆腐汤，愈快愈好！"

店伙边往上走，边说："我先上去张罗张罗，再下去给您派到厨房去做！"

三姑娘好像有急事在身，"你先弄汤去吧！我们等着走呢！"她又暗示店伙，"准保有你的好处就是了！"

店伙停住，扬起长长的马脸殷勤地笑了，转身下去，并说："好您了！我马上去，一会儿就端上来——"

"两碗口轻点。一碗口重，多放点五香面。"三姑娘轻松地嘱咐着。

"好哩，三碗鸡血豆腐汤，一碗口重，多加五香面——"店伙大声吆喝着，拖长的尾声已经带进了楼下的厨房里。

店伙在厨房待了一阵子，等汤和楼上两个混混儿要的菜都做好，放在盘子里托上楼来。临窗坐着的那三个女子已经不见了，他到桌前一看，剩下一些饭菜。那年纪略大的浅黑脸儿女子的座位前，一个大碗裂成三瓣儿，像打开的瓜放在桌上，碗中饭菜从裂口处流泻一摊，显然是从手里失落到桌面打碎的。店伙以为这三个女子是吃白食的，方要喊叫去追，忽发现几个碗碟中间放了一把亮锃锃的铜钱。他用手指拨了拨，眼珠立刻亮了，这些钱远远比饭菜和赔碗所需的钱多得多。他见左右无人，伸手闪电般地抓了半把铜钱放在自己的衣兜里，另一半扔进托盘中。

但是，他这些私吞的钱，一个不少还全得乖乖地掏出来给老板。因为，他撩开单间的门帘往里一看，不禁惊叫一声，手托着的汤碗菜碟哗啦一响都掉在地上，摔得粉粉碎。屋里的黄三秃和田小辫子像两只要宰的猪羊，手脚给麻绳捆绑得结结实实，嘴里各塞一团布。可能黄三秃嘴里的布当时塞得太使劲了，不知戳破哪里，嘴角淌出了血来。

第六章
会友脚行的混混儿们

受了惊吓的田小辫子和黄三秃，直到会友脚行门前才想到，不能把刚才的事如实告诉巴虎，否则，巴虎会责怪他俩无能。堂堂男子汉没捉住三个女子，反被那三个女子捆绑起来，岂不叫人耻笑。要紧的是，三女子中的一个是郑玉侠——她至今还是县里缉拿的要犯，又是和巴虎结了仇的人，跑了她，巴虎必然恼怒。于是两人站在门外细细商量一番，把刚才的事情重新编成另一个情况，才大模大样进了脚行。

两人穿过二门楼子，就听巴虎在堂屋大喊大叫，不知在对谁大发雷霆。堂屋外的廊子上站着一个黑瘦瘦的脚夫，抓耳挠腮，转来转去，显得不知所措。黄三秃走上去问："巴爷对谁发火？"

黑瘦的脚夫看见黄三秃，好像溺水的人看见一块木板，不管能不能救命，也立刻抓牢一样，急忙上前打个揖，急渴渴地哀求道："这是我兄弟王有福，在咱行的店里当脚夫。今儿个他给河北大街德茂当扛了两件私活，叫站街的陶六瞧见扭送来了。黄三爷、田五爷，我兄弟不是作祸的人。我弟妹害产后风，起不来炕，家里实在没钱用……您二位为人厚道，热心肠，好帮人忙，就求您替我兄弟讲个情吧！我王有顺这辈子感恩戴德，总记得你们的好处……"

黄三秃从来不把人的生死当回事，脚夫们的死活更不必说。但他这个人标榜义气，赶上他高兴的时候，偶尔真能替脚夫说说情。但今天不行，他刚受了屈，正没处撒火，便绷起脸，瞪着王有顺骂道："你别他妈来这套！我他妈连亲爹的忙都不帮，还帮谁？行里的规矩你们不知道？叫我去说情，去你妈的吧！"

王有顺挨了撞，不甘心作罢，仍赔着笑脸说："谁不知您三爷口冷心慈。我兄弟犯了行规，真叫活该！您就看他一家老小苦命上帮一把儿吧！要真的给打断了腿，揉瞎眼，可怎么好……三爷！"

黄三秃瞅着王有顺殷勤、卑微、苦苦乞求的神情，反惹起火来，"去，去，去，去你妈的蛋！"他尖削的右肩头往后一拉，仿佛要给王有顺狠来一拳方才解气。他吓唬着："你要总缠着我，我就叫你替你兄弟去滚钉板！"说完，他与田小辫子一起进了堂屋。

这间屋高梁大柱，十分宽敞。迎面摆一把高背老虎腿、沉重的紫檀木太师椅，椅面铺着厚厚的红缎面的褥垫。椅子后是张条案，花梨木的，擦得光亮，上面摆着白釉彩画的"福、禄、寿"瓷人，有二尺来高。两边是帽筒、掸瓶、花插和珐琅座钟。上面挂一个硬木的镜框，洋玻璃面儿，内镶一张裱衬绫边的谕帖。再上边是块木刻大匾，四个大字"见义勇为"，带一股霸气。这是本埠几家有名的商会联合馈赠的。堂屋东西两侧对称摆放四套茶几座椅，布局像衙门里议事的大堂。靠窗户一个红漆的木架上，挂着几条铁龙鞭，倚着四根又黑又高、又大又粗的七棱酥木。这玩意儿一摆，使房里又添上一种阴森森的刑房的气息。

巴虎手叉腰站在堂屋中央。他头上盘着辫子，穿一身白色的纺绸裤褂，随着他的喊叫，衣襟裤腿都瑟瑟抖动。他脚前跪伏一人，前额触地，一条松散的发辫横在地上。巴虎身后站着一个瘦黄脸儿的人，头扣黑色瓜皮帽，这是站街的陶六。另外还有四个小伙计，一色青衣青裤，分列两旁。

巴虎好像已经骂了半天，一见外面进来人，反而更想借此发发淫威。他抓着自己的衣襟向两边用力一扯，唰的一声带着衣扣撕开了，肩膀左右一摆，脱下褂子往后一扔，露出两条刺着盘龙的疙疙瘩瘩的膀臂。一件紧身的黑缎坎肩，把胸脯肌肉的形状显现出来。坎肩正中是一排金线绕的纽襻儿，排得密密的，像一条大金蜈蚣趴在当胸。细健的蜂腰上煞一根皮条。他紧紧皮条，扭头气呼呼地暴叫一声："陶六，拿酥木来！"

陶六跑到窗根前的架子上取酥木。黄三秃和田小辫子站住脚，眼看将要发生一幕惨剧，但他们对这类事已经习以为常，所以毫不介意，好像陶六去取一幅画轴一般。

陶六把酥木扛过来。趴在地上的王有福恐惧地大叫："巴爷！您饶我这一遭吧！您遇到事，我甘愿当死签儿！"

巴虎不理他，一脚把他踢翻，对陶六横眉立目地叫道："你愣着干吗？！给他使家法，打断他的狗腿！"

陶六使出全身力气才把酥木在王有福头上边举起来，用力往下一砸。酥木太沉了，使力又太猛，木棒抡起来的惯力险些把陶六也带倒。可是这一棒打偏了，木棒头打在地面上，咔嚓一声折断，碎木头冲到屋角去。

巴虎大怒，朝陶六骂了句："废物！"一把将断了头的酥木抢在手中，野蛮的兽性发作，疯狂地抡起酥木，凶猛地砸下，"噗"的一声打在王有福的腿上。王有福发出痛彻心肺的一声惨叫，在地上打起滚儿来，直撞在西边一把椅子的腿上。巴虎还要再来一下，门外的王有顺不顾一切地跑进来，"扑通"一下双腿齐齐跪在巴虎跟前，头撞着地，哭叫着："巴爷呀！巴爷！您看我王有顺规规矩矩给行里扛了十八年活的分上，饶了我兄弟这一遭儿吧！他混蛋不懂事。这一下，他再不敢犯行规了！"

巴虎打了这一棒，仿佛气泄出来大半。他看了站在一旁的田小辫子和黄三秃一眼，田小辫子对他使个眼色，意思让巴虎到此算了，快快了事。田小辫子是巴虎信得过的谋士，特别是他在巴虎火头上出的主意与献的计策，常使巴虎过后想起来觉得很有道理。尽管巴虎对这个狡黠诡诈的混混儿也有所提防，但在一般事情上已习惯地信从他。这时，巴虎把手里的酥木往旁边一扔，对趴在地上的王有顺说："滚吧，不过——"他又对陶六说："先停他三个月的牌子，过三个月，我点头，才准派给他活做！"

王有顺眼下只顾兄弟的生死，不管什么牌子不牌子了。他紧着把头叩得山响，替兄弟向巴虎谢恩。黄三秃对蜷卧在那边地上的王有福喝道："怎么？王有福，你他妈还不叩头谢恩吗？"

王有福像一只大豆虫蜷缩成一团。他听到黄三秃的呼喝，浑身惊栗般地抽动一下，然后艰难地翻过身，向这边一点点爬。他爬呵，爬呵，从裤腿淌下的鲜血，在石板地上画出两条断断续续的血迹。他终于爬到巴虎面前，但两条被打坏的腿疼痛得止不住地抖着，怎么也弯曲不过来，跪不成。王有顺忙起身到兄弟身后跪下，手顶着兄弟的双脚掌，不顾兄弟的痛苦往前推，想使王有福的双腿屈成跪态。但王有福太疼了，胳膊支撑不住，又往前栽倒了。黄三秃狠狠骂道："你他妈在演戏，装孙子，是吧？！"

跪在王有福身后的王有顺，流着泪水哀求兄弟："兄弟，你……

你撑住身子吧！"

王有福用两条猛烈地抖动着的胳膊撑住身子，让哥哥把自己的一双血糊糊、又麻木又疼得钻心的双腿向前推上来，同时从胸腔里发出吭哟吭哟的痛楚的声音。额头的汗水滴滴答答落在地上。最后，他的双腿到底还是弯曲成跪伏的姿势了，便头撞地面，口中哆哆嗦嗦地说："谢，谢巴爷，谢三爷……五爷！"

巴虎淡淡地："快滚！"

王有顺赶忙背起兄弟，转身急匆匆向门口走去。他刚要跨门槛，就听黄三秃在后边又叫一声："站着！"

王有顺站住，背着兄弟慢慢转过身，眼睛睁得圆圆的，闪着惊恐的光——把头们如果变了卦，祸事会重新回到头上。

黄三秃冷冷地问："王有福，你扛活赚的钱呢？"

趴在哥哥背上的王有福声音又小又弱地答道："都交给陶六爷了！"

站在一旁的陶六发窘地说："在我这儿。"

黄三秃这才摆摆手，放王家兄弟走了。

陶六是个善机变、小聪明很多的人。他不等巴虎来问，已从囊中掏出钱来，捧到巴虎面前，瘦黄的面孔上摆出献媚和讨好的笑容，说："还没得机会交给您呢！"

他说完，望着巴虎向来是变化莫测的表情，心里揣摩巴虎的想法，暗暗希望巴虎不把这当作一回事，又生怕巴虎因此暴怒。

陶六刚才把王有福扭来向巴虎表示自己尽职，并没提王有福是否拿到了钱。他不提，巴虎也不知道，便可以悄悄贪下这几个钱。但黄三秃一问，问出了破绽，巴虎自然明白是怎么回事了。

巴虎在可怕的寂静中沉吟了一会儿，然后抬起一只手摇了摇。陶六得到这意外的赏赐，又惊又喜，脸上藏不住得意和满足的心情，但他还不敢轻易收下。巴虎的心理与脾气是不可捉摸的，他担心巴虎是用这一招来试探他的私心与对其尽忠的程度，便咧开满是皱纹、灰白色的嘴唇，柔声说了一个微妙的字儿："这……"

这不表示拒绝，也不是欣然接受，而是一种探询，目的是让巴虎再明确表示一下刚才的意思，他再接受下来就稳妥了。

巴虎忽然撩起眼皮，把眼珠斜在眼角看着他，目光渐渐变得冷峻，含着讥诮和嫌恶，慢慢又变得凶狠可怕。陶六见巴虎的手放在了腰间的皮条上，顿时感到不妙，刚要用好听的话把自己的意思解释一下，猛然巴虎飞来一拳，嗵的一下把他打出七八步远，手里的铜钱飞得满屋子都是。陶六捂着挨打的腮颊，头昏脑涨，耳朵里嗡嗡响，听着巴虎在骂他："王八蛋，你竟敢跟我耍起花招来了！"

陶六翻身趴在地上，摘下帽翅，叩响头，赔不是。

这时，田小辫子走到巴虎跟前，小声说道："叫他滚蛋，我有件事得告诉您。"

巴虎又骂了陶六几句，叫他到当院朝东边叩一百个头，然后滚回去。

陶六谢过巴虎，去了。

小伙计端来茶壶茶碗，又给巴虎捧来一件叠得齐整的金黄色团花的长衫。巴虎穿好衣服，与田、黄二人分席坐下。田小辫子把左右几个小伙计轰走了，对巴虎说："这件事……不大不小。"

巴虎知道事情不小，但用不经意的口气问："嘛事？"同时，他抓起身旁的茶壶斟一杯热茶往嘴里抿着。没听见田小辫子答话，他斜眼一瞅，见田小辫子撩起衣襟，从内衣的衣兜里掏出一团红布包缠着的麻绳子。

巴虎奇怪地问："这是嘛玩意儿？"

田小辫子把红绳子撂在桌上。他肚子里早有一套编好了的、有真有假的话，正待从容说起，黄三秃抢先开腔了。

这时候，从当院传来陶六不敢打一点折扣、整整一百个清清楚楚的叩头声，就好像用杵在石臼里春米的声音一样。

黄三秃的瞎诌和陶六的叩头声都不值一听。在这儿，想讲一点津门的脚行和混混儿们的事情。如今知道这些诡奇事物的人愈来愈少了。如果说不明白，恐怕读者会把作者笔下对混混儿们的描写误解为放肆的夸张。况且，这些人物还要在后面的故事中出现，他们将以怪诞离奇的手段与我们的豪杰们做殊死的搏斗与较量。

有些事情脱离开它的时代就是不可思议的了。譬如，此时此地，人们对神佛的虔诚，对女人的鄙视；数万万人对最无能的皇朝的顺从；为数并不多的外国洋人在中华大地上的猖狂无忌；还有，洋教会无限的权势，脚行惨烈的内幕，以及混混儿们残酷的生涯，都是这样。从光绪元年，上下各推出一百年，本地所特有的混混儿，就好像闹蝗灾年头的蝗虫，多得出奇，凶狠得出奇。这些混混儿其实都是些土棍、地痞和市井无赖。他们在一起群居伙食，人称"锅伙"。"混混儿"是他们的自称，或称"混星子"。顾名思义，不过是在世上混吃混喝、混生混死而已。他们一伙伙散布在城内外各处，穿戴丑怪，行为放荡，终日在街上游逛，遇到女人调弄一番，闯进店铺胡闹一通。他们最喜欢恶作剧，高兴无缘无故地流血，把凶杀狠斗当作儿戏，标榜不怕死，崇拜恶的极端。他们身上有一种蛮横的野性和破坏欲，随时随地都想发作，常常为了一些纯属无聊、不值一提的事而闹得天翻地覆、流血丧命。或者由于逞强好胜，而呼朋引类，相互残害。有时，一场架打起来没完没了，骇人听闻的惨剧一个连着一个。他们烧房砸店，把一条街弄得鲜血淋漓，一塌糊涂，没人敢上街，店铺上了门板，市面萧条冷落。当时，外省人常说："津门是斥卤之地，民风凶悍。"这种说法过于笼统，未加分析。如果说的不是"民风"，而单指混混儿，还是很恰当的。

这些混混儿很好义气，讲究为朋友两肋插刀，在所不辞，每每被提进衙门，身受极刑，口中也不吐半个饶字。他们自谓英雄好汉，大多为此之故。更有强悍的混混儿，耍起光棍来，以对自己下狠手来慑服别人。一般人都认为，对别人下狠手总是比较容易的，而对自己则是非常困难的；不然，自残自杀就不那么惊人了。混混儿们正好相反。他们对自己所用的手段，往往凶狠得令人难以想象。嘉庆二十五年时，西城根一处杂耍馆子里，一群赌徒正赌得热闹，牌桌上押的赌注数目大得惊人。有人赌红了眼，把金怀表、房地契、当票全押上了。这时突然进来一个混混儿。他把一个纸包放在桌上，说这是他下的赌注。赌徒们打开一看，吓得叫出声来，原来纸包里是一只血淋淋的耳朵！再一看他，左耳没有了，耳根处正淌着鲜血，显然是刚刚割下来的。这混混儿却面色不改，好像放在桌上的是他的烟荷包。赌徒们哪个还敢惹他，只好情愿把桌上的那些赌金和赌物全部归他。而他从容地脱下褂子把钱物包走了，只留下那只带血的耳朵摆在桌上。

从此混混儿们的行为愈演愈烈。他们之中不断出现一个又一个见所未见、闻所未闻、凶残异常的角色，并因此而独霸一方。

脚行向来就是由这种混混儿们把持着的，所以，内中的情景也就绝非一般了。

那时，南来北往的商人，对于天津的脚行都望而生畏。流传到各地的有关津门脚行的故事，常使听者面上改色。这些传说充满血腥的气息和浓厚的帮会色彩。听到脚行里彪悍可怕的把头、野蛮严厉的行规，以及脚夫们所受的酷烈的刑罚，会使人联想起殷商时代奴隶主的行径。恐怕那时的奴隶也没滚过钉板吧！

然而这些传说很少虚诞成分，只就会友脚行的情形就完全可以证实。了解会友脚行底细的人，甚至还会嫌那些传言虚弱无力不够劲儿呢！

天津的八十八家脚行里，会友脚行一直以凶暴著称。行里在签的把头总共五位，都是出名的混混儿。总把头巴虎更是凶横狠毒。脚行附近的民家妇女吓唬不肯听话的啼哭的孩子，常用这句话："再哭，巴虎可就来啦！"

一句话，你无论把巴虎想象得多么残暴，也不会过分。

传说巴虎的一个祖辈曾是个声名狼藉的土棍，叫作巴会友。他看上三岔河口一家获利最大的脚行，要据为己有，便带领一群混混儿和几个族人，跑到这家脚行门前，直截了当地提出自己的要求，并对老板说，假如老板不服气他的蛮横，就在门前烧一锅热油，他敢跳进油锅——这是混混儿们的规矩，他一旦跳进油锅，老板就必得把脚行让给他巴会友的子孙。

老板不是软茬，当然不服气，他果真在门前架起一只乌黑的大生铁锅，烧了满满一锅热油。巴会友见了，毫不含糊，脱光膀子，把小辫子一盘，辫梢叼在口中，一闭眼，便纵身跃进沸腾翻滚的热油中。顷刻间人被炸成焦炭，缩成兔子的尸骨一般大小。就这样，脚行归了巴家。行号随之也改了，取用这个恶棍的名字，叫作"会友"。单是这字号就带一股凶烈的气息。

脚行的总把头是世袭的。巴家几代在行里拿子孙签儿。除非有什么更厉害的混混儿，使巴家的人慑服，脚行才算改了姓。但一直传到巴虎手里，还没有敢向巴家挑战的。人们也都知道，巴家为了这脚行不断送在巴虎这代身上，自小就花了数不尽的金子银子，请来名师传授过武艺。巴虎天生资质强壮，又受霸悍的家风熏染，造就了虎狼一般的性情，再加上一身头一流的武功，谁敢惹他！

后来有了，那是光绪二十年。

针市街上住着四个混混儿，没人敢惹，气焰极高。他们想碰碰巴虎，来到了会友脚行。

巴虎站在门前，沉着脸问混混儿们："有何见教？"

领头的混混儿是个瘦子。他说，他们哥儿几个要在会友脚行里拿签儿，否则就要把巴虎扔到河里去。

巴虎淡淡一笑，鄙夷地问他："拿什么做见面礼？"

瘦子不说话，把右腿的裤管挽到大腿根，再撩起袍襟，从里面掏出一把一尺来长的牛耳尖刀，嗖的一声从大腿上削下一片肉，血糊糊扔到巴虎面前。这股霸气劲儿，很像当年的巴会友。围在旁边闲看的人，都大惊失色。

巴虎丝毫不表示惊奇。他淡淡一笑，回身叫伙计从行里拿出一大碗芦盐，放在瘦子面前。意思说：你要敢把这碗生盐涂在伤口上，我就依了你！同时，巴虎也煞紧腰间的皮条，预备拼命了。谁知瘦子扫了盐碗一眼，竟然畏惧了，刹那间，凶横的神情一扫而光，脸色变得和那碗芦盐一般惨白。

瘦子服输了，但巴虎并不完结。巴虎明知，论武功这四个混混儿不过是自己掌下的四个蚂蚁。但混混儿间讲的是心狠手毒，不惧一死。故此，他看中了这几个混混儿可以做自己的左膀右臂，便叫伙计们把这瘦子抬到行里养伤。伤愈之后，巴虎给他们每人六棵签儿，做把头，分钱花。这瘦子就是黄三秃，另外三个是田小辫子、白德山、马金镖。白德山满身汗斑，花花溜溜，绰号"花长虫"。这四个混混儿还依照不同的性情与嗜好，又分为"酒、色、财、气"，各占一个字。田小辫子虽然狡黠诡诈，但爱酒如命，常常因酒误事，占个"酒"字。白德山是个色鬼，整天泡在妓馆里，开烟盘，打茶围，有事也不易找到他，他包了"色"字。马金镖见钱眼开，得利忘义，常做图财害命的事，"财"字送给他最合适不过。黄三秃死活都为了一口气，气不顺就要闹翻天，"气"字自然应当归他了。

巴虎深知他们的弱点，牢牢掌握住他们。巴虎这个人是最难捉摸的。他凶暴起来如一头猛虎，狡猾之时胜过狐狸，而且喜怒无常，反复无常，任何人摸不透他的脾气。他的疑心病又很重，从来不完全相信一个人。他还有一种古怪的心理，时常拿真真假假的话试探手下的人，似乎他愿意发现人家在哄骗他、欺瞒他，好借此发泄淫威。说不上他到底是个诡计多端的人，还是个古怪的暴君式的人物。往往有心计的人都是怕死的，他则不然。他是个地道的混混儿，下油锅的事他也敢干。

会友脚行把持着北至北大关，东抵南运河两岸一切装卸搬运的生意。津门各个脚行之间，向来是分疆划界、各占地盘。任何人——包括货主，都没有自己搬动货物的自由，这类生计必须由脚行包揽。货主要是扛一只箱笼过街，就要付给本地段脚行"过街钱"。谁要想卖苦力、当脚夫，必须投入脚行，让把头欺凌盘剥，才会取得半温半饱。会友脚行原有二百个脚夫，到了巴虎父亲一辈儿的时候，洋毛子在城南紫竹林一带修筑租界，从那里轰赶出许多居民。这些无家可归、生活无着的人，大都入了脚行。津门各脚行的脚夫人数倍增，会友脚行增加得尤其多。一次，巴虎的父亲骑马在海大道上过。天挺热，出了满头的汗，他手抹汗水随便一甩，把手上一个翡翠扳指儿甩到道边的野草地里不见了。他立即把行里的脚夫们叫来，答应谁找到丢失的扳指儿，赏银二十两。据说，那天他行里的脚夫一个不少，全到齐了，密密麻麻一大片，占了一亩多地。有人在远处数了数，竟有一千二三百号人。但到了巴虎的时代，行里的脚夫却逐渐减少，这是巴虎的暴虐带来的结果。

　　会友脚行每年都有被沉重的货包压弯了腰的，或者砸坏身子的，以及年老或生病的脚夫，被当作废物而轰赶出来。每年又有一些脚夫犯了行规，而被酥木打断腿，被沙子揉瞎眼或被钉板扎得满身洞眼儿……严厉的行规神圣不可侵犯。入了行的脚夫如同卖身的奴隶，绝不准他们私自到街上给别人扛一个包儿。在巴虎他们几个大把头之下，还设了一级低于一级的小把头。最低一级的小把头也很辛苦，要一年四季站在街头市口，叫作站街的，比如陶六就是。这些人头扣玄色的瓜皮小帽，短打扮，像鹰犬一样伸长脖颈东张西望，监看脚夫们有什么非分的举动，要不，王有福怎么能被发现做私活儿呢？

　　脚行之间时常为了争夺生意而拼打起来。这时，两边的把头都要驱使自己的脚夫去与对方械斗。每逢这种时候，按照脚行的常例，要先拜祖宗，再拿出一个敞口的大铁罐子。这罐子是长方形的筒儿，里边衬一块黄缎子，中间塞满红黑两色的竹签子，由脚夫们来抽。两色签子中，红多黑少；红的叫"活签"，黑的叫"死签"。抓上黑签就必须和对方拼死，或者杀死对方，或者被对方杀死。有时还要被自己的把头弄死，作为向衙门诬告对方杀人的罪证。巴虎以自己的个性给这些残酷的规例添上了一种怪诞的色彩。他要是忽然觉得谁可疑，或是讨厌可憎，就从罐里抽出一棵死签给他，这个无辜的脚夫立即成为一个死囚。脚夫们的生死全不能自已。他们小心翼翼，对把头时刻赔着小心，但把头们都是喜怒无常。有时把头将一个脚夫去送死，仅仅是当作一种嬉戏，或者只是一瞬间产生的某种古怪心理的发泄……

　　衙门里当官的管不了他们。一些官人之间的私仇免不了要请他们去泄愤解气，各脚行暗中都与官府勾挂着。光绪以来，许多把头混混儿赶时髦，入了洋教。官府拿他们不但没办法，反倒恭维着他们，遇到他们吃官司的时候，当官儿的还会格外照应。今年年初，巴虎经侯少棠的力举，终于在河楼教堂受了洗，当上教徒。县太爷阮国桢得知，跟着就亲往脚行送了一张谕帖给巴虎，上边写道：

　　　　谕会友脚行巴虎，立即遵照执行。嗣后倘有不轨之
　　徒，无故搅扰，恃强讹索，或冒充脚夫名色，诓骗盗卖客
　　货等情，准尔行随时呈告该管地方，扭送来衙，凭质从严

速办。冀尔脚行亦勿借端滋事，致生纠葛。毋违特谕。

　　尽管巴虎对谕帖上的字句还不尽满意，但毕竟是一张求之难得的护身符。他立时叫伙计们把谕帖送到毛贾夥巷的瑞芝阁，用上好黄绫精裱起来，装入镜框挂在堂上，跟着把大小把头邀来痛饮一顿，以为庆贺。当时，他高兴加逞强，与田小辫子对酒时喝得大醉，兴奋至极将两桌酒席掀翻了。醉醺之中，他忽然对恋在妓馆中而没来赴宴的白德山起了疑心，猜疑白德山故意不来捧场，盛怒之下，把两个为白德山说情的小把头打得头破血流；其中一个的耳朵也被打聋了。

　　此后不久，他凭着这张谕帖，与邻近的脚行血战了数场，终于把他的地盘向东南扩展到了闸口。目前，是巴家的全盛时代。他似乎什么也不怕，什么都敢做，一双小小的黑漆一般的眼球整天炯炯发光。有时，他给一种莫名的心理煎熬得非常难受。这种时候，他真想弄死一个人才会感到好受一些。

　　介绍到这里，再回头接着前边，黄三秃和田小辫子从饭楼跑回会友脚行，向巴虎讲他俩编的瞎话。

　　黄三秃说了好半天，里边的瞎话是：他和田小辫子在东门外壕沟边偶然遇到郑玉侠。只郑玉侠孤身一人。他俩从郑玉侠缺了一个手指上，看出来对方的破绽，当下便与郑玉侠动起武来。郑玉侠从背囊抽出一口钢刀，他俩赤手空拳与郑玉侠对打了一阵子，郑玉侠竟不是对手，险些被他踢倒。后来郑玉侠匆匆而逃，跑出十几步远的时候，扔下这团绳子——黄三秃指着桌上的绳子说："这团绳子是三段。那小娘儿们说，是给您、侯二少爷和神甫的。叫您三位用它上吊。还说，不然的话，过几天她就来取您老几位的脑袋。我他妈一听就火了！赶紧追了她一段路。您别瞧那小娘儿们没嘛能耐，跑得倒真快。我的腿要是没挂过花，准能把她逮住！"

巴虎听他说着，一直没插嘴，使劲抽烟，在眼前吐了一片浓白的烟雾，等他说完，又沉吟了一会儿才开口说："你说，她是干吗来的？"

"说不好！要饭来的吧！"黄三秃怕巴虎怪罪他们没抓住郑玉侠，便尽量把郑玉侠的出现说得无所谓。

"她扔下这团绳子是嘛意思？"

"瞎诈呼呗！还有嘛意思？她还真敢到这儿闹事？嘿，吓死她！"

巴虎瞟了黄三秃一眼，突然追问一句："你说你们在哪儿遇见郑玉侠的？"他目光停在黄三秃的脸上。

黄三秃慌了，表情很不自然，嘴倒挺硬，他说："就在东城根城壕的堤坡上。那没错！"

巴虎笑了。他笑中既没有讥讽的意思，也看不出有任何不信任的意思，但笑得挺特别，很不近人情。随后，他又把目光移到田小辫子的脸上，似乎等待田小辫子的反应。田小辫子相当老练。他把话扯到巴虎刚才的问题上，说："依我看，这小娘儿们是报仇来的。不然，她不会回到这儿来。天底下那么大，她跑到哪儿去不成？巴爷，这事儿虽不大，也得留点神。她要是明着到咱行里来闹，那没说的，保准把她卸了。就怕她暗含着干咱们一下。这小娘儿们也有两下子！"

巴虎野气的脸隐没在他吐出的烟雾中……俗话说得好：会说的

不如会听的。巴虎从他们的话里听得出郑玉侠的出现当真不假。郑玉侠留下了三根含着威胁意味的绳子，也确有其事。但事情的过程肯定有不少编造的成分。他曾与郑玉侠交过手，完全明白黄三秃和田小辫子绝非郑玉侠的对手，更何况他俩是空手对白刃！用瞎话骗人也是一种能耐，必须合情合理，否则还不如说实话，田小辫子有这种能耐，黄三秃还差得远。但巴虎对这几个大混混儿向来是给面子的，所以，他没有揭露这些破绽。眼前郑玉侠的出现比什么都重要，自己是那小娘儿们的仇人，那小娘儿们很有点本事，忽然又在他身边抛头露面，不能不防。他吐了一口气，把眼前的烟雾吹散，露出脸儿来。他问道："你们说，那小娘儿们现在会在哪儿？"

黄三秃发怔地摇摇头。

巴虎向田小辫子抬抬下巴，叫他说。田小辫子已有了成熟的想法，他说："她会不会去找卢家的人？按她与卢家的关系，肯定会去。卢家兄妹俩是个祸根，还有押在县衙门里的卢万钟。巴爷！如今各地方都闹拳匪。这些天城里也哄哄起来，街上练武教拳的见多了，将来保不准会有什么变故。咱哥儿们虽然嘛也不在乎，可总有些线头缠着也不肃静。依我看斩草除根！想个法儿先把卢家的人都暗含着干了，绝了后患……这事儿，我看……最好叫侯二少爷打头阵。"

"怎么？"巴虎问。

"侯二少爷是神甫的红人。他岳父又是千总爷。上上下下、里里外外都使得上劲。要是想叫县太爷弄掉卢万钟，也不过一句话的事。这种事咱办不了，侯二少爷办还容易些。再说，如果外边没闹拳匪，咱怎么干都行。眼下办事还是多拐个弯儿好。巴爷，我可是为您着想……"

巴虎对这番明显的好意却做出另外的回答。他嘴角凶狠地向下一垂，非常严厉地反问田小辫子："你当我怕事吗？"

黄三秃也尖声叫起来："田五爷，你可小看咱哥儿们了！"

田小辫子气恼地骂黄三秃："黄三秃！你又瞎诈呼了。你忘了我刚才在酒楼子上怎么对你说的，迟早你得死在气盛上边。"

"你他妈的早晚死在酒壶里。田小辫子！"黄三秃脸和嘴都气白了，唰的站起来朝田小辫子吼道，"你要再跟我上劲儿，我宰了你！"

混混儿们相互翻脸、殴打以至残杀，常常就是这样发生的。即使平日里混得不错的伙伴，稍有嫌隙也会拍案而起，拔刀相向，毫不客气地戳死对方。田小辫子也站起身来，走到黄三秃跟前，胸贴胸，斜抬起脸儿，黑生生的小眼珠从深深的眼窝里射出蛮横狠毒的光芒。两人即刻要爆发一场恶斗。

巴虎朝他俩骂道："去你们妈的！你们有能耐，怎么叫那小娘儿们跑了？哎，我说，你们是在酒楼上碰到那小娘儿们的吧？"

两个正要拼个你死我活的混混儿，听了巴虎的话登时泄了劲，一齐扭过头，吃惊地望着巴虎。巴虎好厉害！原来他已经识破黄三秃的谎话，对事情的真相也猜出个大概，认定他们是在酒楼子上遇到的郑玉侠了。两个混混儿无话可说，照往常，巴虎很可能要闹一通，但现在他没闹。他笑了，笑得挺怪，使俩混混儿感到迷茫和紧张。

田小辫子对付凶暴的巴虎有种特别的办法，就是以不变应万变，每次他都是不声不响等巴虎闹得差不多时再说。当下他依然如此，用一种若无其事、没有任何表情的眼神看着巴虎。

巴虎抓起身旁的茶壶，一扬手向堂屋的门口扔去，啪的一声，茶壶在门外的廊子上摔得粉碎。这不是发火，而是招呼小伙计们的讯号。

果然，几个秃领仄袖、戴黑瓜皮小帽的小伙计慌张地跑进来。巴虎叫道："备马，去侯二少爷家！"

田小辫子和黄三秃都知道没事了，暗暗吐一口气。在巴虎身旁，常会出现这种风云难测、紧张凶险的气氛，谁都难保结局会怎样。有时会酿成惨剧，有时却突然烟消云散，化为乌有，一切结果都决定于他当时的想法。这想法又很难得知，只有田小辫子能猜出一二。

田小辫子望着巴虎走出去的背影，暗中猜到，巴虎对郑玉侠的出现已十分关心了。

第七章
侯家

　　很快，侯少棠就得知了郑玉侠潜回城中的消息。开始，他满不在乎地什么"臭娘儿们""骚娘儿们"骂了一通，等巴虎把那三根红绳子往桌上一放，他如同骨鲠在喉，一声不出了。坐在一旁剥核桃吃的老婆任凤仙，把扁长的大嘴一撇，开了口："怎么样？冤家找上门来了吧！你呀，你跟人家洋人不一样。人家杀了人没事，咱中国的法管不了人家。你呢？你杀个人看看！上回你把那个卖布头的左眼打瞎了，要不是我爹给你下的保，你就得蹲大狱去！"

　　侯少棠听了，恼怒地一摆手，喝道："去！有你老娘儿们嘛事？！上回，也不是你爹使的劲儿，是教父使的劲儿。在大堂上，那卖布头的王八蛋跪着，我他妈站着，教父就坐在县太爷公案的旁边。"

　　"唷——瞧你，多威风呀！这回我看你怎么办？快找你教父去呀！我也要看看他怎么办。不定哪一天，那小娘儿们冷不防在你背上插一刀，你也就认头了。哼！大过年的，连祖宗也不拜了，往教堂跑。教堂着火有你的嘛？那天我不过说了几句，瞧你像疯了似的，和我又打又闹。现在怎么样？别忘了，人家卢家还有闺女儿子、一帮朋友哪！跟你还不算完哪！"任凤仙说完，把剥好的核桃仁扔进嘴里。她的嘴好大，很容易就扔进去一大把。她一边嚼着，

254

一边嘲讽地瞟着侯少堂。

侯少棠发起火，转过胖大的身躯，对任凤仙咆哮起来："不算完又能把我怎么样？好汉做事好汉当！我们信教的嘛也不怕！谁惹我，试试？！我立时叫他过铁。何况他妈一个臭娘儿们！"

任凤仙并不示弱。她鼓鼓的金鱼眼似的大眼睛向上一翻，说："对，一个臭娘儿们！瞧你多大的本事，叫一个娘儿们找上门来了。还不知你干些什么鬼事呢！"

侯少棠忽然大叫一声，发狂一般扑到任凤仙身前就要动手。坐在一旁的巴虎赶忙上来拉架，一边用力阻拦侯少棠，一边劝任凤仙快退到里屋去。任凤仙见有人拦挡，好像有了保护人，反而上了劲儿。她拿出故技，索性撒起泼来，把手中核桃和敲核桃的小铜锤往地上叮当哗啦地一扔，低头朝侯少棠怀中顶去，嘴里哭骂着："给你，给你，断子绝孙的王八蛋！你怕那个小娘儿们，跟我要威风，我今儿个不活啦！"

侯少棠不愿在巴虎面前落个怕老婆的名声，非要把任凤仙压服不可。他用力一推巴虎，上去一把抓住老婆的头发，横竖狠捶几拳，猛地一搡。任凤仙仰面朝天倒在地上，大声号叫起来。

巴虎怕事情闹大，用力拉侯少棠。不管侯少棠怎么挣脱，自己胳膊上还挨了几下，终于把侯少棠拉到院子里，又拉到外院，劝了一阵子，便要告辞回去。侯少棠脸上的肉还是横着的呢！气哼哼的，很难看。他见巴虎要走，想了想，问道："你看怎么办好？"

巴虎阴森森的眼珠转动了半圈就停住了，凑上前压低声调说："我看，得马上给教父送个信儿去。这事依靠教父就好办得多，只要教父出面去找县太爷，派出快班四处访拿，不难抓到那小娘儿们。再有，对卢万钟的一儿一女也得想点办法。依我所猜，郑玉侠回来，必定会和卢家的人勾串，咱们应抓住这个机会，借郑玉侠烧教堂的案子把卢家一家全挂进去。如果能活动活动官府，把他们暗含着这么——"他做一个刀砍的手势说："……才好呢！就绝了后患。二少爷，今年到处闹拳匪，可不是好兆头呀！不过——"他想起刚才田小辫子给他出的主意，便说："官府里边您平蹚。这可就看您的了！"

侯少棠听了末尾的两句话，却感到舒舒服服的，还含着一种满足。他大气地说："好！你先去河楼教堂给教父送个信儿，跟着回来找我。我自有办法对付他们！"

巴虎笑了笑。这种笑意只有他自己明白。他拱手与侯少棠作别，遂转身出了侯家的大门。

侯少棠回身进了内院，只听老婆任凤仙还在屋里又哭又骂撒大泼，所骂的言辞不堪入耳。他心中本来乱糟糟的，最易起火，再一听骂自己的污言秽语，更耐不住性子，心头一热，就要闯进屋和老婆大干一场。忽然，一个苍哑的声音传入耳中："干吗？还没个完？"

他一看，是父亲侯善颐穿着素雅的开气儿袍子、黑马褂，光着头顶，正站在北屋门外的高台阶上。侯善颐不等他说，接着自己刚才的话生气地说："咱侯家几辈子温文尔雅，中和敦厚，从来没有过你们这样的！今天一架，明天一架，成什么样子？关上门，不成体统；开开门，叫人耻笑！"

侯善颐体态瘦小，分量很轻，像个南方人，侯少棠却是个标准的北方大汉。然而侯少棠慑于父亲的威严，不敢吭声。任凤仙并不这样。她在屋里听见侯善颐的声音，就蓬头散发地跑出来，好像地狱里跑出来的披发鬼。后边还跟出来一个姑娘，是大凤。任凤仙手拿着那三根红绳子朝侯善颐哭叫起来。她嘶喊了半天，嗓子好像破裂了，沙哑难听。大凤在旁边搀扶她，她反而故意往下坠，装作痛不能支的样子。她又胖又沉，整个身体的重量都压在大凤两条胳膊上，大凤真有些拖不住她了。

"爹呀！您得给我做主。他在外边惹了祸。那个烧教堂的小娘儿们找上门来了，拿这玩意儿非叫他上吊不可。我才劝了他几句，他又打又骂。您看看我这头发里，生生叫他擂出好几个大硬疙瘩。我为了嘛？不就怕他去惹祸招灾吗？他这么打我？哎哟，妈呀，可疼死我啦呀！你们侯家的日子我一天也过不下去啦！您叫他赶快把我休回去吧！别看给休回去，比起将来弄不好当寡妇还强哪！您做不做主？您不管，我回娘家找我爹去。他生我养我，总不能看着我受这份罪呀！"

她愈闹愈厉害，索性一把推开大凤，"扑腾"一声坐在地上，把刚钻出地皮来的一片嫩绿的花秧子全压在肥胖的屁股下边。她用白白的手"啪啪"拍着地面，哭起她死去的娘来，中间还夹杂着一通骂。她骂侯少棠在外边吃喝嫖赌，骂着骂着，又骂到侯家的家风，就差指名道姓地骂侯善颐了，但已经转弯抹角把侯善颐捎带上了，一时闹得天翻地覆。大凤好心去搀扶她，被她在胳膊上挠了几道血印子。侯善颐气得脸色煞白，哑叫一声："行啦！行啦！你们还叫不叫我活？！"但是，这叫喊并不能制止住任凤仙。他只好转身回屋，头也不回地说："少棠，你来！"

侯少棠气极了，浑身充满横暴劲儿，恨不得上去把任凤仙一脚踢死。他强压下胸中的怒火，随父亲走进屋去。

在侯家，任凤仙撒起泼来任何人都毫无办法。侯善颐是个威严的老者，对于凶暴的侯少棠也能有所约束，唯有对任凤仙的泼闹，也只能听之任之。侯少棠给这个泼悍的老婆惹恼了，虽然能使些武力压一压，但压过了劲往往更坏。每逢此时，还只有退让方才了事。打惯了架的夫妻之间有一种火候，犹如不大和睦的国家之间的关系，很难掌握得恰如其分，任何小摩擦都会引起一场大战。任凤仙之所以敢在侯家泼打泼闹，一是因为她从小娇养惯了，二是因为她根本没把侯家放在眼里。

她家是静海县城里首屈一指的财主，有房子，有地，有买卖；论名声虽比不过天津的八大家，论财产实业，则无愧色。静海、苏桥、唐官屯、胜芳、南皮一带，到处有她家开的铺子。杨柳青石家开的铺子，牌号都带个"万"字；她家所开的店铺，牌号都用"元"字打头。这个"元"字在当时是很有些势派的。她作为内地县城里长大的阔小姐，尽管没经过此地豪富们奢华至极的大场面，以她的吃穿享用也算很可以了。她是个独生女，母亲又早丧，成了父亲的掌上明珠，自小给家中人像众星捧月那样捧着，养成一种骄横、暴躁、偏执的个性。她父亲叫任裕升，人还正派，由于疼爱闺女，一直未肯续弦。他怕女儿受继母的委屈，也怕续来的老婆受不住女儿的脾气。他少时喜欢骑马、狩猎、舞刀、射箭，虽然家财万贯，而无意为商，倒有心做一员武将，戍边报国。后来，他考中了一员武举人。运气还算不错，正赶上天津城的四门千总有个空缺，他便把家业交给胞弟任保升经营，自己带着女儿来津做官。官儿不大，仅仅是六品，手下却有两营人马。那时卖官鬻爵很是盛行，有钱的人买个品级官职非常容易。他有钱却不肯花，并非吝啬，而是因为津门的衙门多，官场里边纷杂得很，终日里鸡争鹅斗，谁都不把国事放在心上。他在官场中混了多年，早把这一切都看得透彻。官场好像赌场，像一座擂台，像乌烟瘴气的经纪牙行；它是小人钻营、庸人混吃混喝、恶人争强斗霸的场所。有几个廉洁奉公、忧国忧民的正派人？如今，外侮日亟，连皇上太后都顺从洋人，自己一个小小守城营官，还谈得上什么精忠报国呢？他少时那些幻想像一块软软的雪块早已融化不见了。再说，天津紧挨着京都，朝廷里的党同伐异，向来要波及这里，此处的官员更换得十分频繁。在职的官员也好像老树上的秋叶，时时都有可能被吹落。他已年纪不小，再对付十来年，就回乡养老去了。这些年，凭着他处事的老练，办事认真，忠于职守，很得上司的信用。他在此地为官多年，人也混得厮熟，官儿做得还算又稳又牢。晚清时代，中举的得个实缺是极不容易的。别看街上走着那么多穿着四五品袍褂的老爷，实际上大多是有名无实，和戏台上的官儿差不多。任裕升却是名副其实的六品营官。他手下有千号子人，足说得出去，不然侯家也不会和他家联姻。这就成了任凤仙敢在侯家胡打乱闹的本钱了。

侯家在城北一带是排得上号的富户。在估衣街上开了两家大买卖：同泰布庄和同生堂大药铺。铺面颇具气派，货色的丰足、金银的吞纳，可冠同业。从估衣街北至南运河之间一大片居民区，俗称"侯家后"。是否由于地处侯家宅院的背后而得名，恐怕连权威的风俗史家也无从得知。侯家在这里确实住过好几代人。据说最早一代的侯家人就开了这两个店铺，到了善于经营的侯善颐手里，买卖就更加大发了。

侯家不是内地来的土财主，也不是南边来的商人靠一笔非分的横财发家的那种暴发户，而是地道的本地商绅，根基牢固，底子雄厚，买卖做得平稳扎实；不会像暴发户那样：平地忽起三千丈，又可能在一夜之间赔得倾家荡产。侯善颐比寻常商人更胜一筹的，是他好读书，肚囊中很有些墨水。他得了书的好处，看得清世上风云变幻与各种暗礁险滩，对于人生事理也颇有一些见地。他遇事懂得伸缩，不会只顾眼皮子底下瞧得见的一点点实利，因此，他不像一般沾满铜臭的商人，叫人讨厌。他给人一种念书人的雍容娴雅的气派，面孔长得清秀，举止文静，身子单薄得很，毫无北方人的特点。至于他为人处世、生活小节，也不像一般商人那样庸俗鄙琐。

他和任裕升一样，早早死了老婆，也没有续弦。但他没有和任裕升相同的顾虑，而是甘心过老鳏夫清心寡欲、简单消闲的独居生活。那时，有钱的人弄几房妻妾，纵情声色，是很自然的事，他鄙视这种生活。侯家后一带拥挤了许多妓馆，几条花街柳巷中，整天车水马龙，闪动着豪富们花花绿绿的衣衫，但从来没见过他的踪影。

死去的老婆给他留下两个儿子，小的就是侯少棠，大的叫侯万棠，娶了一个开钱庄老板的独生女，名叫金采莲，生了个男孩儿，乳名唤作香娃。没过几年，侯万棠背后长了个疽，折腾几个月就死了。这期间，金采莲的父亲在租界与洋人争一块地盘，受到旧日的仇人从旁陷害，气郁成疾，窝窝囊囊地死了。母亲本来有老病，勾起来了，也相继而亡。金采莲无从投奔，便带着孩子在侯家守节。可是她守节刚刚两年，突然疯了。她究竟为什么疯的，没有人知道。据侯善颐说，这是由于她思念亡夫所致，其情可谓感人。侯善颐常在人前流露出对这个命运悲惨的大儿媳的恻隐之情……

一个处在高宅深院中的家庭，总有许多难解的曲折，潜藏着一些龃龉的秘密，不为人知。侯家虽然不是聚族而居，没住着一个亲戚，但这几个人之间的关系，就相当紧张、肮脏，甚至是可怕的。家中一些男仆女婢，凭着耳听目察，看得出任凤仙由于自己生不了孩子，而对有孩子的疯妯娌怀着深深的妒忌。金采莲的疯病总也好不了，但她很少打闹。自她犯病那天起，就一句话也不说，整天瞪着一双又黑又大的眼睛走来走去。她不用别人照料，生活全能自理。奇怪的是，她对香娃很是疼爱，收拾得干干净净。疯子是否也有母爱呢？任凤仙常常骂闲街，影射金采莲是在装疯。无论她怎么骂，金采莲还是那副疯疯癫癫的样子。她疯的时间长了，容貌也变了。上下眼皮变得乌黑，远看眼窝好似两个圆圆的黑洞，像骷髅那样吓人，目光总是直的；枯黄的脸像一片干叶子，毫无表情。只是偶然间她眼里会射出一道冷漠、仇视、叫人恐怖的光来。这道光十分强烈，咄咄逼人……在这个家庭中，沾点亲戚来谋生的大凤夹在当中，是很可怜的。侯少棠是个霸王，又是个淫棍，大凤常受他的欺侮，并因此还要受到任凤仙的妒骂。任凤仙整天待在家中没事，除去搬弄是非、找些闲气之外，还时时用她鼓鼓的大眼睛跟踪侯少棠，不叫他挨近大凤。这样，她反而成了大凤的保护人了……有些心计的仆人暗想，金采莲发疯的原因是否与侯少棠这条淫棍有关呢？

多亏侯善颐还活着。他要是死了，很难想象这个家变成什么样子。他像一个威严的主帅，压住了这团乱糟糟的队伍。

他是严肃的主人，终日里不苟言笑。虽然他从不打骂仆人，却没有一个仆人敢在院子里大声说话。在仆人的眼中，这位老爷比糟蛋的少爷不知要好多少倍。老爷说话句句合情合理，行为拘谨，甚至对仆人的过失也很少追究。当然他要求仆人们一切按规矩办事。

他请邻人程子久用馆阁体的正楷字，把朱夫子的《治家格言》抄了四条，裱成轴儿挂在堂屋正中，自己带头照那些格言做，地上有了字纸，便叫仆人拾起来，放在大门外崇文会发给的草篓里去。这些行为给仆人们传扬出去，在闾里间，他颇有些好名声。当时，邑绅们很热心倡办赈济穷人的义事，诸如粥厂、恤嫠会、救生会、延生会，等等。这些邑绅为了表白善心，还成立了放生会、掩骼会。他都拨银资助，而且做得诚诚恳恳，规规矩矩，认真不苟。不像有些财主那样虚情假意，为了沽名钓誉，来凑凑热闹，故此，他反得了急公好义、救穷济贫、温良慈悲的美名。当然不免有人把他这些无可挑剔的行为归为伪善。侯善颐听到这些议论，并不气恼，而是摇着头感叹地说："人言可畏，人言可畏呵！"仿佛已经看破了红尘。此后，他果然把买卖交给儿子去做，自己退隐在家，吃好的、喝好的，会会来客，读读古书，养了满院子的花草，很少再到铺子里去。铺面的事都由侯少棠料理，旁人问他为什么脱离买卖，他就眯起细小的眼睛，微微含笑，摇着手，不予解答。他似乎做起超凡脱俗的隐士来了，但外边的慈善事却依旧认真去做。看那些爱评论人家短长的人还有什么说的？然而，儿子侯少棠的行为，又把他给人的这个印象破坏了。

侯少棠不单是个有钱的阔少爷，胡嫖乱赌，酗酒成性，还仗着身强力蛮，会点武功，和巴虎那群混混儿厮混一起，成了地面上的土霸王。他长得健壮精悍，并不粗鲁。侯善颐曾希望他学些学问，考个官做，但他看不进书去，喜欢耍胳膊踢腿，常常逃开家里的私塾先生，到街头找摆场子的武师学艺。从小他在外边耍野，常打伤了人叫人家找上门来，这使侯善颐很伤脑筋，早早给他娶了老婆，以为他可以安分守己在家过日子了，谁知更坏事。这儿媳妇是头野牛，骄横暴躁，又不生孩子，年年到娘娘宫拴娃娃，放在屋里成了摆饰。两口子常常打架，打起来就挺凶，这么一来，反把侯少棠外边闹的乱子搬到家里边闹。

侯少棠与巴虎本来没有来往。不过由于侯家的买卖正在会友脚行的地盘上，搬运的活计都是会友脚行包揽，两人就常有接触。他们又都住在这一带，难免打头碰面。但侯少棠家里有钱，婚后又有岳丈的权势做靠山，没必要像一般富家子弟那样，对巴虎过于将就，只是客客气气而已。后来，他们之间出了一件事，关系变了。

那是一年的三月二十三日，娘娘宫的娘娘过寿诞。照民间俗例，此日出皇会。民间各会都要出会，表演歌舞百戏，以示恭贺。宫南宫北的大街上，住户搭起罩棚，海河内香船云集，都来观看。侯少棠的老婆任凤仙也乘了轿子去看庙会。她在娘娘宫前下了轿子，刚巧碰上巴虎一群经过这里。那时女人很少上街，巴虎他们并不认识她，再说，任凤仙长得肥胖，腰圆臀大，模样又丑，偏偏装扮得挺浓艳，使人看了不禁发笑，跟在巴虎身旁的好色的白德山说了几句取笑的便宜话。任凤仙在家里霸道惯了，哪肯吃亏。她又是在内地县城里长大的，更不知此地混混儿们的厉害，上去就吐了一大口唾沫，正吐在巴虎的嘴巴上，并怒吼着："你们瞎了眼。要是不知道老娘是谁，就在估衣街上打听打听去！"

巴虎听了，二话没说，转身走了。傍晚，带了四五十个混混儿，拿着枣木棒子，到了侯家门前，叫嚷着非要这位二少奶奶给他左脸上的唾沫舔下去不可。侯家吓坏了。

侯善颐素来胆子不大，怕事，因想多送些钱了事，但被儿子侯少棠拦住了。侯少棠整天在外边混，比老子更懂混混儿的规矩。他出去把巴虎一群狂徒请进门来，在当院摆了四大桌酒席，摆出来酒海肉山，请混混儿们吃个够，又把老婆叫出来给巴虎赔礼，黄三秃等人还是不依不饶。幸好混混儿们中间有几个认得侯少棠，从中做和事佬，千说百劝，侯少棠又说了不少懂理儿和讲面子的话，巴虎才作罢了。不打不成交，这么一来，侯少棠竟和巴虎认作了朋友。

侯少棠本来就很蛮横，自交上这帮朋友，染上了混混儿的气味，做起事更加横暴。乡里间吃他亏的人渐渐多了，但没人敢招惹他，甚至怕碰见他，他就得了个"夜猫子"的绰号。

巴虎为他壮着势面，严格说是壮胆量。他呢？以老丈人在官场里的门路为巴虎排解一些棘手的事。两人互相利用，说不好谁上谁下。去年，河楼教堂重盖起来，侯少棠通过一个与他家做买卖的英国名商戈林，结识了教堂的本堂神甫伊恩森德，被准予入教。从此，不知不觉地他比巴虎高了一头，巴虎不知不觉由称呼他"二弟"，改称他为"二少爷"。巴虎也想入教，来托他的门路。其实巴虎托别人办亦非不可，但巴虎怕这样办会惹恼侯少棠，给他从中作梗，反而麻烦，索性就来求他帮忙。侯少棠把这件事一直拖到今春，等自己在教堂里的地位相当牢固时，才拉巴虎入了教。教徒之间，是以同神甫的关系的疏密来分高低的，这样，侯少棠始终在巴虎上头。

侯少棠在外面为非作歹，侯善颐当然知道，但无可奈何。他说他把买卖交给儿子做，也是为了把儿子拴在柜上，实际上，侯少棠并不为其所囿，反而愈闹愈凶。外边的人说，侯家的老爷虽好，却无能管住这个逆子。有的人却不这样想、这样说，因为侯善颐表面上退隐家中，但铺面上的一些大事，侯少棠回到家中仍要找他商议。近几年侯家专做紫竹林内戈林洋行的生意，侯家为洋行代购鹿茸、大黄、人参、棉花和乌枣，侯家的铺面又专门代销戈林洋行的远洋轮运进港的洋布、洋药和樟脑。同泰布庄几乎成了洋布店了。然而，这些洋买卖恰恰都是侯善颐退隐之后，由侯少棠出头做的。侯家自从做了洋买卖，横财直入，无人不知。所有的买卖又全是侯少棠跑到紫竹林的洋行里谈成的，侯家从来不邀请洋商到自己家中来。此外，侯善颐为什么自己不入教而允许儿子入教，并和神甫拉拢得那么近？他是从教案那年过来的人，自然深知百姓们把洋人洋教恨入骨髓。是否他躲在背后，叫儿子出头露面和洋人打交道？果真这样，他倒是极有远见的。所谓处世经验，无非是做事时总留一点退身步。以侯善颐的年纪、经历、见识和人情的练达，很可能有这些想法。不过，人心都隔在厚厚的肚皮里，只从旁猜一猜是靠不住的。

没过多时，巴虎从教堂出来了。他不知侯少棠夫妇是否已经休战，不愿意去掺和，便回到行里，打发人把侯少棠请来。侯少棠到后，两人到后边一间小客室说话。小客室光线幽暗，迎面摆一张镂花的大木榻，铺着褥垫。榻上正中间放一个小桌，隔成左右两个座席。两人都放浪惯了，当下往榻上随便一躺，摊开身子，跷起大腿，好像被猎枪打翻的两头野猪。

巴虎告诉侯少棠，神甫得到消息后，马上动身进城去找县太爷，请县太爷派兵缉拿那个流窜回来的郑玉侠。巴虎说，神甫今天表现得特别气愤。他听说郑玉侠回来了，当时就把茶杯摔了，并把桌上的墨水盂扔在地毯上，溅污了一大片；他出门时忘了开门，差点撞在门板上；走出教堂一段路又打发随从回去一趟，因为他忘记戴帽子了。自从去年年夜教堂被烧，始终没捉到那个纵火的女子，一提起此事，他就大发雷霆。一个左右别人命运的人，叫一个小小女子狠狠干了一下，又无法报复，怎不使他气恼？他发过誓，一定要亲手把这个烧教堂的女子碎尸万段。但仅仅一句解气的誓言是于事无补的，报复的念头渐渐成为一种空望。后来，乖巧的教徒们凑了一大笔钱把教堂修复了，并尽量避免谈到烧教堂的事，一切才渐渐恢复平静。今天，郑玉侠的出现又勾起旧事，尤其是郑玉侠留下的红绳子的话，简直要把神甫气得发狂了。神甫刚才与巴虎分手时说，他同意侯少棠与巴虎的主意，尽快干掉卢家一家人，绝掉祸根；又在卢家周围设下罗网，候捕郑玉侠。但神甫认为，让官府除掉卢万钟，这容易，可除掉卢家兄妹就比较难了。因为卢万钟属于烧教堂案子里边的人，卢家兄妹并不在此案之中。要除掉这兄妹俩，必须神甫本人出头和官府交涉，迫使官府在案情上弄虚作假。这就太费劲了！倘若传扬出去，必然会惊动市民舆论，惹出许多麻烦。最好的办法，莫如由他们暗中下手，既不借助于官府，也不惊动一般百姓……巴虎说到这里，向侯少棠这边凑近一些，轻声说："教父的意思，眼下仇教的风一天天紧起来，这种事干在暗处比干在明处强。他说，要干得神不知鬼不觉，杀人不见尸首。能做到一滴血都他妈找不见才好呢！"

侯少棠听了，不以为然地笑了笑。他在巴虎面前总表示出好勇斗狠、死活不在乎的横劲儿。其实他是个少爷，不过气儿粗、性子暴，并没有混混儿那种不怕死的天性，胆量也差得多。他问巴虎："兄弟打算嘛时候办？"

"晚上吧！这种事白天没法办。"

"尸首扔到哪儿去？"

"这好办！咱把那卢大宝大卸八块，东一块，西一块，扔到西窑洼的大水坑里就行了！"巴虎说。

"卢大珍呢？"

"也那么办。不过，先得让我……"

巴虎说着，眼角放出一种光来。侯少棠明白，肉囊囊的脸上立即泛起淫荡的笑的波浪。他放低嗓子，怪声怪气地说："那可是个闺女……你他妈还真能琢磨！"

巴虎露出得意夸耀的笑意。他刚才说话间，已脱下鞋袜，此刻把跷起的脚指头拨动得嚓嚓响，没说话。侯少棠又说："那闺女是有两下子的。你可得留点神！"

巴虎不当回事地笑了笑，蛮有把握地说："一个小娘儿们还不好对付！我先把她打服了，叫她乖乖听我的摆布！"

侯少棠听了这话，眉毛一动，忽问："听你说话，你知道我想的是嘛？"

"嘛？"

"我在想，你的小娘儿们好办；我那个老娘儿们可不好办！"

巴虎想起刚才任凤仙撒泼的事。他犹豫了一下，便说："二少爷，您听明白了。咱哥儿们可不是以疏间亲。依我看娘儿们的事没嘛难办的。她们不过是桌上的摆饰，手里的玩物，炕上养的小猫儿。她们有嘛能耐？最多不过哭一鼻子。论力气，没咱大；骂起街来，咱他妈择最难听的骂两句儿，保管她们还不过口。有几个像郑玉侠那么恶的。即便是她，站在咱面前，还不是叫她死就得死？！"他瞟了侯少棠一眼，见侯少棠发怔地听着，便换了个口气说："当然，二少奶奶是千总爷家的金枝玉叶，跟他妈那些穷娘儿们不一样。她不过和您闹腾闹腾，还主得了您的事？别往心里去就是了！"

侯少棠听着，忽然仰面大笑起来。他胖大的身子在榻上打个滚儿，翻身坐起说："兄弟！你这番话说得倒不错，真可以找个幕牍代写一篇什么'论娘儿们'的文章，送到《国闻报》上登一登呢！"

巴虎也咧开嘴笑了。他摇着又短又直的五个手指头，说："我他妈比不上您，肚子里一滴墨水也没有。论什么娘儿们不娘儿们的，论论她们还不如治治她们呢！"说完，他抓起桌上的茶壶扔出门去。小伙计们闻声跑进来，"嘛事？巴爷！"

巴虎又抓起桌上的盖碗儿扔在这小伙计的当胸上，水溅满襟。巴虎骂道："还问我嘛事？！王八蛋！茶都凉了，换一壶热的来！"

第八章
"我恨你！"

小木门吱呀一响。一个人走进漆黑的屋里，轻声说："哥，哥！你睡了吗？"

没有人回答。这人摸进里屋，在黑暗中嗒嗒几声打着火镰，将浸在油碟里的灯捻儿点亮。屋内的一切显现出来，照出了点灯人，是一张女孩子的面孔。灯油少了，光线晦暗不明，但看得出这是卢大珍。她额头和鬓旁的头发像秋草那样缭乱，容颜显得憔悴、郁闷，无精打采的。她四下里一看，屋内空空无人，冷冷清清。当她的目光碰到条案上一块灵牌——那是她娘陈菊香的牌位，身子瑟缩地抖了一下，赶紧把目光移开。天气虽然入春，夜间还是挺凉的。她从床上抓起一件夹袄套在身上，在扣襻上扣襻儿的时候，忽想到这是她娘生前常穿的袄，心里一酸，眼里涌出泪水……

她坐在炕沿等候哥哥大宝。昏黄的灯光给屋内添上一种愁闷的感觉。她盯着眼前一片杂乱而静静的黑影，想着身边乱七八糟的事情。她知道哥哥又去城里找倪长发、于环等人去了。他们常在一起商量怎样解救爹爹卢万钟，想尽了办法，又是活动人，走门路托人情，又是集凑银子向衙门行贿。但这是教案，神甫在那里盯着，谁也没办法。倪长发等人倒是非常义气，甚至想去冒死劫狱。可是此地的大狱是很难打进去的，卢万钟被捕后所押的地点又十分秘密，很难得知。前几天，于环通过一个表兄弟买通了西头大狱里的一名狱卒。狱卒接受了六十两银子，答应代为探听。今儿，大宝哥就为听回信去的，卢大珍并不抱很大希望。几个月来，爹爹毫无音信，妈妈难过得心疼病发作突然死了。她没遇见一件好事，希望破灭得次数太多了，她甚至不敢再抱什么希望……

很晚了，大宝该回来了。

门外有人叩门，多半大宝回来了。她撩起衣襟抹抹挂着泪珠的眼角，出去开门。门开了，进来的不是哥哥，而是一个陌生的姑娘。在银白色的月光下，看得出这姑娘身段绰约，面孔很是俊秀。她问这姑娘找谁？这姑娘稳重地说："屋里说吧！"

卢大珍引她进了屋内，未等说话，这姑娘先露出热情的笑容，笑容又使这姑娘显得俊美可爱。这姑娘说："你是大珍？"又不等大珍回答就冲动地说："我叫李月枝，郑师姐管我叫'三姑娘'！随你怎么叫都成！"

"郑师姐？"卢大珍一怔。

"是呵！"李月枝像对待早已熟悉的老朋友那样，亲热地对大珍说，"就是你郑姐姐呀！她叫我找你来的！她要见你！"

"郑……她，她在哪儿？"卢大珍的声音吞吐不清。

"在不远的地界，正等着你哪！你快随我去吧！"

俊美的李月枝似乎预料到卢大珍必然要迸发出一种激情。她笑眯眯站着，白白的脸蛋上出现一对酒窝儿的又小又圆的影子，仿佛等待卢大珍这种激情的表露。可是，与她的预料和期望刚好相反，卢大珍竟然非常冷淡，蹙起眉头，偏过脸躲开李月枝热情的目光，淡漠地说："找我干吗？只要她过得随心就行啦！找我又有嘛用？"

李月枝听了十分愕然。这情况出乎所料，她不明其故，但依然真切而又急迫地说："大珍，你郑姐姐就惦着你，惦着你们一家人。她特意叫我来瞧你，领你去见她。卢大伯的事她都知道了，想找你去问明实情，好想办法去救卢大伯……"

卢大珍听后，依旧不为所动。她偏着脸一动不动，眼瞅着暗处，仍用刚才那种冷淡的口气说："请你带话给她，我们不用她惦着。瞧不瞧我，也不要紧。至于我爹……谁也救不出他。既然我们倒那么大的霉，认头也就算了！"

李月枝从她冷冷的话中感受到一种执拗的、坚决的拒绝，显然卢大珍和郑玉侠之间存在隔阂，可能还是一种误会。不管是隔阂还是误会，看样子一时难以消除，何况李月枝根本不知道究竟为了什么，恐怕连郑玉侠也不会想到呢！李月枝为难了，该怎么办呢？她左右看看，顺口问："你哥哥大宝呢？"

"还没回来……"

"你娘呢？哦！"李月枝问到这儿，忽然停住了口，因为她发现条案上的油灯旁立着一块灵牌。那灵牌，像一块碑石的木制模型，上边扣个塔顶似的帽子，下边是木头镟的带足的方座。灵牌上的墨笔字在闪动的灯光中赫然入目。牌前摆两个碟儿，凄冷地放着四个小馒头和两个干瘪的果儿。李月枝惊慌地问："你娘她什么时候……怎么会……她不是挺好的吗？"

"是挺好的！现在也是挺好的——她不受这份罪了！"卢大珍扭过脸来，明显地激动起来，"反正我们家都是实心眼儿，不会只管自己，不管朋友！不会闯了祸，自己一跑了事！更不会忘恩负义！"

卢大珍正与李月枝面对面，气愤的情绪使卢大珍黑黑的眉毛直抖动。李月枝却从这几句气话听出来一些缘故，俊美的脸上露出柔和与宽解的微笑，方要开口为大珍解除误会，屋门"呀"的一响，进来一个人。卢大珍见是和她要好的姑娘大凤——自从卢万钟入狱，卢大珍得到的有关她爹的一鳞半爪的情况，还都是大凤在侯家窃听到后偷偷告诉她的呢——现在，大凤神色匆匆，似有什么急事。

"嘛事？"大珍问。

大凤瞅了瞅眼前这个陌生的姑娘欲说又止，犹疑不决。

"你说吧！不碍事儿！"大珍对她说。

大凤说得很快，好像要一口气说完："今儿中晌，会友脚行的巴爷到我们那儿去，说郑玉侠郑姐姐回来了。听说郑姐姐拿了三根绳子，要河楼教堂的神甫、巴爷和我家二少爷上吊。也不知这三根绳子怎么到巴爷手里的，看样子，他们还真把那三根绳子当回事了……"

卢大珍听了这莫名其妙的事，无意中瞅了李月枝一眼，李月枝正对她含笑不语，笑中有一种神秘又得意的神气。卢大珍不明白她为什么有这样的神气，但她来不及弄明白这种神情，因为大凤的话说得太快了。

"后来，二少奶奶和二少爷为这事打起来了，巴爷就走了。没多久二少爷也出门了。刚才二少爷从外边回来，进门没说两句话就劈头盖脸把二少奶奶狠打了一顿，边打边说：'对你们娘儿们就得治！'二少奶奶又撒起大泼，骂他不敢惹郑姐姐，就会欺侮她。二少爷说：'不敢惹？今天我他妈专治娘儿们，有一个算一个。你瞧着吧！连他妈那个打铁的闺女在内，我斩草除根，半个不留！'我一听吓坏了，本想找娟子给你送个信，可一想娟子她娘规矩严，晚上不叫她出门，我就赶紧跑来了。大珍，你快躲躲吧！我听二少爷的话不是气话，是有来头的。哎，你哥大宝呢？"

"他进城去了。也该回来了！快到撞钟时候了！"大珍说。

"那你先躲躲吧！要不找找大宝去。大珍，我得先回去了。出来时候长了，回去不好说。"大凤说着，上去拉着大珍的手，她柔顺的目光中流露出又焦急、又爱怜、又同情、又难过的心情。"快点吧，大珍！"她摇着大珍的手说。

卢大珍连连点头答应，一方面感谢，一方面为了使这个好心善良的姐妹放心回去。

卢大珍把大凤送出去，自己回到屋中，心里如一团乱麻。她的处境出现危险了。李月枝叫她随自己走，她执意不肯。她说她要等大宝回来，他们兄妹自有办法，绝不麻烦旁人。好像她不愿意在困境中接受帮助因而放弃旧怨。看来成见太深了！李月枝感到郑玉侠和卢大珍之间由于误解而结成的扣儿，竟是死死的。误会有时是很难办的；它往往比错误造成的隔膜更不容易解释清楚。它需要平心静气的解释、推心置腹的剖白或真凭实据的证明，而这一切都来不及呀！况且，卢大珍的这个误会对郑玉侠来说，还是绝想不到的呢！刚才，郑玉侠托李月枝来找卢大珍，含着多么深挚的情感呵……李月枝眼前掠过刚才的一幕——郑玉侠对李月枝说："为了我，卢大伯在牢里给他们弄成残废，还不知大珍、大宝、卢大妈知道不……"她说到这儿忽然哽咽了，扭转身去，背朝李月枝说："三姑娘，你无论如何也得把我大珍妹找来。我等着她……"她的声音变得很小，仿佛只有这样小的声音才使情感保持住平衡。李月枝猜想得到郑玉侠背过去的脸是怎样的表情……然而，那时郑玉侠还不知道卢大妈已经不在世了，卢大珍又是这样的冷淡、固执、心灰意冷。李月枝不觉对眼前这个苦命的姑娘产生了爱怜。她把手搭在大珍的肩头，说话时的感情很冲动："大珍妹，说真话，我不知道你为什么不想见你郑姐姐，我担保她也是完全想不到的。几个月来，我们在一起，她是多么想你呀！我们都不知道你家出了这么大的事！你爹的事只是今儿来到这里才听到的。你娘去世，你郑姐姐还不知道。她还叫我问你娘好呢……她要是知道了，不知会……大珍，你郑姐姐无亲无故，心里只有你和你们一家人呀……既然你要等候大宝，我就先走一步，赶紧把这里的事告诉郑姐姐，她会跟着就跑来的……"

卢大珍听了最后这句话，赶紧拦住了说："不，不，别叫她来！我，我，我在这儿待不住。大宝哥一来，我们马上就走。"她对李月枝抖动着嘴唇，激动地、决然地说："烦你告诉她，我不想见她！"说完，她好像给谁推了一下，往旁边跄跄一步，险些跌倒。李月枝抓住她的肩膀，把她扶住，"你怎么啦？大珍，你怎么……"

卢大珍慢慢推开李月枝的手，说："你，你走吧！"

她的声音里含着很深的痛苦，然而李月枝没有时间来劝慰大珍。她要把这里发生的事情尽快告诉郑玉侠，卢大珍的处境是危险的！她对卢大珍说："我先去了。你等大宝哥回来，马上找个地方躲躲。如果你们没地方躲，就到运河边归贾胡同口，那儿停着一只木船，船桅上挂着个小红灯笼。要是在那找不到那只挂灯笼的船，就沿着河边一直往南，准能找到。我们都在那船上……你听见了吧，大珍，呵，大珍！"

李月枝一直等卢大珍点了头，才转身往外走，才走出大门几步，又返回来，不放心地叮嘱卢大珍："要是大宝哥一时回不来，你也要先躲躲。要不你去找找大宝哥……你要来找我们，可留意船桅上那个红灯笼呀！我们……反正我准在那儿。要不，你……我等着你吧！"

她，真是为难极了！

油碟儿里只剩下一点点油底子了，灯芯又结了挺长的花，毕毕剥剥地响。卢大珍无心去挑它，任凭四周的一切变成一堆乱七八糟的黑影子把自己围在当中。期待着未归的哥哥——这是她唯一可以相依相靠的亲人了；一边想着刚才这些事。想到闯下大祸跑掉而把灾难留给她一家人的郑玉侠，想到狱中的爹，以及大凤送来的危急的消息和自己的处境，还有妈妈……她哭了。她哭了一会儿，又想着眼前这些使她伤心、愤恨与担惊受怕的事。这时，屋外似乎有响动。她想是哥哥回来了，忙走出屋去开院门。

打开院门一看，没有人，却有一顶轿子停在门口四五步远的地界儿。她挺奇怪，不觉上前去看，忽然，身子左右黑影一闪，未等她明白是怎么回事，一个黑乎乎的东西飞到她头顶上，把她罩住。这可能是个大麻布口袋，把她从头罩下来。她飞起一脚，没踢着暗害她的人，却被几只粗硬的手按在地上，任凭她本领高强，遭此意外袭击，也还不过手来，跟着就有几道绳索将她上上下下死死缠住。她开口叫喊，又有一团棉布似的东西，隔着布袋狠狠塞进她的嘴里。然后，她被抬进轿子里。

她知道自己被掳劫了，使尽力气也无法挣脱，想呼救又无法喊叫，只听轿子外边有一片脚步声，有几个男人在说话：

"里边没人？"

"没人。那小子跑到哪儿去了呢？"

一片脚步声，她听出是一些人在她家跑进跑出。一个尖哑的嗓子骂道："王八蛋！还待在这里干吗？！巴爷叫你们快把这小娘儿们抬到行里去！"

另一个声音："三爷！你跟巴爷、二少爷在这儿等着那小子吧！我跟他们去，别叫这小娘儿们半路上挣脱了！"

"行！快去吧！"

卢大珍立即明白对她下手的是谁。紧急中，她想到出外未归的大宝哥可能遭埋伏，便大喊起来，但布团塞满口中，只能听见自己的声音在喉咙里呜呜地响。

一个人钻进轿子里按住她，轿子被抬起来一颠一颠地向前走了。按着她的人不规矩起来，用力扳她的肩膀，搂她，捏她。一只瘦硬的手野蛮地上上下下摸着她。她使劲扭转身子，挣扎着想摆脱，弄得轿子剧烈地颠簸。只听抬轿的低声叫道："白四爷，您叫她老实点。这么折腾，轿子没法抬！"

轿子里这人只得罢手。走了一段，这人又撒起野来，可这时轿子像扔在地上似的，猛地一蹾，停住了。外边响起抬轿人的一声惨叫，另一人大呼："白四爷！不好！"

轿子里这人蹿出去了。传来几下刀剑碰击的刺耳的声音，接着是一声尖嗓门的惊呼，随后又是奔跑的脚步声。很快，这些声音都消失了。卢大珍又听到几个人踩着轻轻的脚步，走到轿子跟前。她很紧张，却听到一个清脆的声音，像女人的，但听不太清楚，因为声音很低："抬走，快点！"

她觉得轿子掉转了一个方向，忽悠忽悠飞快地走起来。怎么？这些人不是刚才那些人，她被救了吗？她被抬到哪里去？她想活动一下身子，想问，但动弹不了，说不出。

轿子行了一段路，好像上了一个坡，又下了一个坡。只听前面有人打招呼似的问："怎么抬个轿子来？里面是谁？"

这边回答道："还有谁？在轿子里边哪！"

前面那人高兴的声音："好，好！快抬上来！"

这回大珍听清楚了：两边说话的都是女人。

轿子好像被抬过一个颤悠悠的狭窄的道儿，随即放在一块平地上，耳边响起流水的声音。

有人掀开轿帘，给她割断捆在身上的绳索，搀扶出来，又掏掉塞在嘴里的布团，除掉布罩。卢大珍忽觉四外开阔，浑身凉爽又松快，这才知道自己是站在船板上，只见对面立着几个女子，笑吟吟看着她。这几个女子个个陌生，仔细一看，认出其中一个是刚才去过她家的李月枝。中间一个身材不高，头罩青布，一身黑衣，脸儿挺白又很秀美，眼睛细长，目光温和而冷静。给人一种威严庄重和不凡的感觉，好像庙里的娘娘，有一种看不见的力量，一下子把人笼罩住了。卢大珍觉得这女子头上边有个东西灿灿耀眼，抬眼一看，原来是一盏艳红的小圆灯笼，高悬在船桅顶上。这时，中间那女子说："大珍，你得救了！"

卢大珍这时才醒悟过来，明白是怎么回事了。她刚要叩头答谢相救之恩，李月枝笑着说："不，不，大珍妹，先别忙着谢。你大宝哥刚才回家与那群恶徒厮打一阵子，我们的人已经帮着他脱险了，他跑到什么地方去还不知道。大珍，你别谢我们，营救你的事，都是你郑姐姐筹划的。她正等着你呢！"

李月枝说完回身招呼一声"郑师姐"，只见从船舱里猫着腰走出一个瘦瘦的人来。她头顶上盘一个扁扁的发髻，穿着青衣黑裤，腰间扎一条带子。卢大珍一看，正是与她从小就朝夕相处、突然离别了数月的郑玉侠。

郑玉侠啊！在这张她太熟悉了的浅黑色的脸上，带着一种难言的激情。本来，这一双情同手足的姐妹在痛别之后再相逢时，感情应当是又苦又甜又单纯的。然而，由于郑玉侠知道了卢大珍对她的误解，这种心情就变得非常复杂了。

卢大珍看着她，突然后退两步。卢大珍对郑玉侠是一种什么心情呢？原来那种根深蒂固的情谊，被愤恨的浪潮压倒了。她一双眼睛里流露着由于内心强烈的矛盾而产生的深切的痛苦。这痛苦叫郑玉侠看了，受不了。她克制不住了，一步步向大珍走近，眼眶里的泪水在颤抖中滴滴答答往下掉，"大珍……"

可是，就在这一瞬间，卢大珍一跺脚，对她瞪大了眼，狠狠地说："我，我恨你！"说完转身在跳板上跨了两步，跳上岸去，跑上岸坡，头也不回地飞快跑去，夜很黑，很快就不见了。

"大珍，大珍，你……"

李月枝边叫着，边带领一个姑娘随后追去。

郑玉侠直条条站着。她的眼睛瞪圆了，没有目标地朝前望着，目光锐利而可怕，好像神经病要发作似的。

第九章
疑神疑鬼

老爷和少爷们今天都在发肝火。

侯少棠因为没能如愿地除掉卢家兄妹，回家后让老婆任凤仙饱尝了一顿老拳，在任凤仙肥厚的腰窝上捶出两个烧饼大的青紫疙瘩。巴虎得知掳到了手的卢大珍竟被反劫而去，两个抬轿的混混儿还受了伤，气得他直发昏。白德山说劫走卢大珍的一共四个人，都是紧身黑衣，并用黑布蒙头遮面。联想到去年郑玉侠烧教堂时的装束，他猜想这就是郑玉侠。巴虎听了并不大信。他疑心是好色的白德山买通了抬轿的混混儿，把卢大珍弄到什么地方藏匿起来。后来，由于发现那顶用来劫卢大珍的轿子被扔在南门外的臭水坑里，才相信这件意外的事属实。竟有人敢劫他，这使他十分恼怒。一天里，他打坏了两个小伙计，砸碎了一个漂亮的洋座钟，打断了一条马腿，并差一点和白德山闹翻了。县太爷也发火了，因为派出去的快班既捉不到郑玉侠，也抓不着卢家兄妹，这几个人好像云燕，一闪即逝，藏到云彩里去了。县太爷本是个慢性子，慵懒，怕事，不易动肝火，但今天也很反常，竟然对衙役班头吹胡子瞪眼，"啪啪"拍着桌案；还在吃饭的时候，顶撞了他素来畏惧三分的太太。这原因很简单，只为河楼教堂的神甫逼他逼得太紧了。

神甫的火就更大了。如果他站在暗处，几乎可以看到头顶上蹿出来的忽闪闪的小火苗儿。辱骂之声在教堂里回响着。他骂这些办事的人无能、迟钝，是笨蛋。他说，主也不喜欢忠于他的废物。他要挟县太爷如果再不快快了结烧教堂一案，就把这件事作为教案，提交给驻津的本国领事，找大清国北洋帮办大臣、总督裕禄直接交涉，甚至要请樊国梁大主教和总理各国事务衙门交涉。县太爷害怕了，为了使神甫暂且缓和下来，答应先砍掉押在大牢里的卢万钟。但这件事又完全出乎他们的意料，办得更糟。

卢万钟一直押在离西关刑场不远的西头大狱里，此事绝密，没人知道。转过两天的晚间，卢万钟被从狱里提出来锁进刑车。在押往刑场的途中，忽然从道旁跃出六七个人，都是强壮的汉子，执械劫人。押送刑车的兵弁有十来个，两方面立即开打。这时，不知从哪里又来了四五个骑马的人，个个包头蒙面，提刀仗剑，协助那群劫刑车的汉子，袭击兵弁。这些人都骁勇异常。经过一场短促、激烈而凶狠的格杀，兵弁们全部倒在地上，非死即伤。这些人用刀砍碎刑车，把卢万钟劫去了。一个受伤的兵弁过后追述这个情况，说当时由于这些人来得意外又迅猛，天色又黑，他没有看清其中任何一张面孔；尤其是后来的一群骑马的蒙面人，脸上的布都遮到眼睛下边，更无法辨认。他们帮助先到的那群人劫到了卢万钟就呼啸而去。据这个兵弁说，蒙面人来去如飞，个个武艺非凡，打完就走，好像从天上下来的似的。他自己就是给蒙面人打伤的，幸运的是，他在就要被刀砍中的一瞬间，脚尖绊在一个树棵子上，而身子倒下的方向和刀砍的方向一致，靠着这种侥幸只被刀尖划开皮肤，没有切入骨肉。他说，那一刀来得太快了，想躲是没法躲的。他能躲过去可能是因为他头天晚上为得病的老娘去庙里烧香，老天被他的孝心所感，才救他免遭横祸。

无论如何，本地像这种劫刑车的事，过去从未发生过。这可真把道州府县的大老爷们全惹怒了，也使他们恐慌起来。当官的就怕民心动乱，还怕在小百姓面前显得无能。但劫刑车的事很快就传开了，闹得街谈巷议，满城风雨。事过之后，作案的那群人以及被抢走的卢万钟又无影无踪，查找不到。到底是谁这样胆大妄为、神出鬼没呢？说是郑玉侠一个人干的吧，与事实不符。那么，又哪来的一群？

神甫真气急了，气得他脑袋里好像有根筋嘣嘣跳的疼。他用两个大拇指使劲掐前额的头皮，在两边的太阳穴上留下许多红色的指甲印。他的胡须生得太茂盛了，像一团深秋时的龙须草，发红、打卷儿，遮盖住下半张脸，只在张大嘴巴说话时，才从中间闪露出又尖又白的牙齿。

"很明显，又是烧我教堂的那个郑玉侠干的！镇台！你们只用疏忽大意呵、失职呵、欠周密呵，解释不了发生的这一连串的事情！不客气地说，我在想，这些每天都在作乱而你们怎么也捉不到的人，是不是得到官府的纵容与袒护？不，不，你不要解释。解释是最无力的，有时它是用来遮丑或当作一种欺骗的手段。这个郑玉侠烧了我的教堂，我却连她的面都没见过，对！你们也没见过。你们一直用她逃掉了的话搪塞我，可这次她又回来了，已经在城里待了好几天，还给我送来了上吊的绳子，伤了人，抢走了卢家兄妹，前天又从你们手里劫走了卢万钟。你们还说什么？对，你会说，她劫走了卢万钟就该跑了，逃到天涯海角永不回来，再不敢跑到你们的眼皮底下。如果这样，你们敢不敢保证她不再出现，保证我和我的教堂的安全？"

"神甫，我来正是这个意思。方才知县大人与我商议，要在教堂周围添设巡哨，严加防范，以防匪徒滋事。至于作乱的犯匪，官府岂能纵容再三，时下已派兵队，会同府县快班四出巡缉。只要这群匪徒还在本县境内逗留，迟早能抓捕归案，神甫尽管放心好了！"

说话这人穿便装袍褂，灰亮的小眼儿，瘦瘦的面颊，唇上两抹油乌的八字胡，修得齐整，好像墨笔画上去似的。他坐在一张软椅子上，双手放在膝头，硬板板挺着胸脯，神情严肃又练达，带着一股武人的做派。他就是任凤仙的父亲、津城的四门千总任裕升。旁边坐着他的女婿，胖大的侯少棠。隔过一张华丽的桌案，坐在对面高背的皮椅子上的大胡须、正在生气的外国人，便是河楼教堂的神甫伊恩森德。他年纪有五十多岁，中等偏高的身材，结实，健壮，但已谢了顶。他穿着一件宽松的圆领黑袍子，两条胳膊神气地放在椅子的扶手上，右手的食指不自觉地嗒嗒敲着。他们眼下是坐在河楼教堂内的一间房子里说话。从细长窗洞射进来的橘色的夕照，把他的胡须照得如同炉中烧红的一团铁丝。他对任裕升的答话很不满意，眼神由愤怒变得阴险和刻薄起来，用质问的口气说："镇台，你怎么看待这些事件？"

"怎么看？匪民作乱呗！"

"你说，哪来的匪民？我问的不是郑玉侠一个，而是这一群！"

"乌合之众呗！还不是郑匪在外边勾串来的歹徒？！"

神甫冷笑一声，意思是任裕升的答话是他早预料到的。他沉住气再问一句："这么说，你们仅仅把它看作是个别的孤立的事件？"

"这怎么说？"任裕升迷惑地问，"此事难道还有旁的勾挂不成？"

伊恩森德神甫严肃下来，说："镇台！外边闹义和团，你们这儿被劫了刑车，就不能把这些联系起来看？"

任裕升听明白了神甫的意思。但他摇摇手说："本官还看不到其中有何联系。郑玉侠一群劫刑车、抢囚犯，无非是为解救她的师父，报私仇。至于外边的拳匪，虽然日渐猖獗，但要祸及津门，也非轻而易举之事。这是什么地方，岂容匪类胡闹？"

"呵，好想法，好想法。只怕你想法虽好，而事与愿违呢！镇台！你比我更清楚现在的局面。据我所知，天津之外广阔的土地上，找到义和团比找到柳树还容易。世界上的顺民比犀牛还要少，除去顺民，其余人都可以成为义和团，尤其是这些仇视我们的人。难道你们要等这些人的脑袋包上红布，才相信义和团出现了？怎么不能认为郑玉侠就是义和团呢？我看她是，那群人都是！"

"不，我保管不是。神甫！"任裕升的口气非常肯定。

"为什么？"

"拳匪都是男人。他们不收女流之辈。"

神甫也知道义和团不收女子的规矩。他受到有力的反驳，停顿不语。但出于自尊，他有些恼火，便提高嗓门，用一种对中国官员习惯了的训话的腔调说："镇台！那个被劫的卢万钟并不可怕。他已经残废。据说被劫时，你的一个士兵又砍了他两刀，他不会活太久的。至于郑玉侠一群是不是义和团，也可以暂且不论。我看可怕的倒是您（神甫一直对任裕升用'你'称呼。这里改称为'您'，并非尊敬，而是讥讽）的见解。我认为，天津并不像您想象的那样保险和太平。它是义和团最终的攻击目标。因为他们的目标是我们，而我们正好就在这里！在天津！"

在任裕升听来，神甫的话是有道理的，但他这个人很不喜欢洋人。洋人横霸于中国，欺凌百姓，其势汹汹，凌驾于官府乃至朝廷之上，他看不惯，感情上也受不了。当然，他也不准许小民们胡反乱闹。他希望国朝仍像康乾年间那样，外夷臣服，边土无犯，百姓也顺从不二。堂堂大清焉能为远来的番邦倭寇所辱？为此，他绝不像一般官员那样对洋人低眉俯首，丧尽大清王朝的尊严！神甫的命令与训导式的口气，刻薄的言辞，高居在上的神态，使他颇为反感，心里闷着火，说话便有意抵触。自然他又不敢惹翻洋人。反正他不苟且，不逢迎，公事公办，用不着说好听的话哄他们痛快。像他这样的官员在当时官场中已属难得，为数少得很，就像长了六个指头的人那样罕见。

"怎么？拳匪会到这里来？不会，绝不会！至于外边的乱匪，官府自有办法。制台大人早派了马步各军驰往各地弹压。各县都出了告示，饬令拳匪所立坛口尽速撤除。本城内，连摆场子耍艺卖武的也一概禁绝。拳匪无处插足，如何闹得起来？要不是郑玉侠等几个反徒暗中扰乱，地面上也算平静无事。您还怕教堂出事？明天，这一带再添上些巡哨，您自管高枕无忧就是了！"

神甫不高兴地摇着头，胡须擦着前襟沙沙作响，"不！镇台，如果你拿我的教堂打比方，可就失去说服力了！这座教堂在三十年前只剩下一堆木炭。去年，如果没有您的女婿见义勇为，今天我们只能换个地方谈话了。这座教堂是你们百姓狭隘和无知最好的验证。它的遭遇告诉我应当怎样看待你们和你们的百姓。不管义和团现在哪里，它可怕的阴影已经投照教堂的大墙上。遗憾的是，看见这阴影的并不多！"

一直缄默地坐在旁边的侯少棠开口了。不知是因为神甫夸赞他"见义勇为"而受宠若惊，想乘机讨好，还是怕老丈人与神甫谈得不融洽，惹恼神甫，反正他觉得自己不该再沉默了。今天他随任裕升同来，本想借官府要为教堂添设卫哨一事买好神甫。偏偏老丈人犯了死硬劲儿，好事不好说，弄不好会适得其反。他扭脸对任裕升挤挤肥胖的眼角，说："岳父，我们教父担心拳匪在咱这儿露头。请您防备得严实些，早点把郑玉侠他们抓到手，也省得给您和县太爷找麻烦。教父是一片好意……"

神甫听得话顺耳，话锋变得柔和一些，不再针对任裕升。他点着头对任裕升说："你们中国人有句话，叫'防微杜渐'。好像还有句话，叫作什么？对了，叫'除恶务尽'。我担心你们太大意或太宽容。镇台，你的女婿是个圣徒。他知道，主虽然慈善与宽容，却从不宽赦一个恶人！"

任裕升见对方态度有所缓和，自己也换了一种口气。他漂漂亮亮打着官腔："我乃大清官员，剿除乱民，是分内的事。外匪绝不会闯进城来；郑玉侠若仍逗留在城中，保管也跑不出去。我已通知四门卫兵，查看所有进出城门女人的手，只要发现缺手指头的女人，随即抓捕起来；并且派人四处搜寻，连同卢家一家人在内。"

神甫微微点首表示赞同。侯少棠见机，又转过来为任裕升说话："我岳父办事，向来只讲究做，不讲究说。"

神甫露出笑颜。这种笑仅仅是一种客气，其实他心里并不信服官府会有什么作为。在他眼里，大清王朝是世界上最庞大、臃肿，又最无能的政府。尽管当官的不把小百姓当作一回事，视他们为自己铁脚掌下的虫蚁，只消一跺脚，就会把他们踹死，根本不相信作乱的小民能够成事；但是神甫和洋人们所畏惧的，却不是官府，而恰恰是那些乱民。官府无能又无害，乱民则不然，他们天不怕，地不怕，敢抗官府，敢反洋人，劫刑车，烧教堂，肆无忌惮，而且像野草，才除掉了，转眼又葱茏一片……

神甫向来不愿意和任裕升打交道，讨厌任裕升这张硬板板的、从不赔笑的脸。虽然今天任裕升该说的话全说了，该办的事都答应办了，他仍是不满意、不愉快，原因又不都在任裕升身上；一种泛泛的忧虑、隐隐的不安，像云烟一样缭绕在他心头。因此，他把任裕升送出教堂，没等他们跨上坐骑，就回身进了教堂的大门。

侯少棠随岳丈任裕升踏上回去的路。两人缓缓并辔而行，因为要说些避人的话，就打发跟随的差人离得稍远一些。一路上，侯少棠的话题总离不开劫刑车的案子。任裕升看出，这位女婿对此事比县太爷、比神甫更为关心。他头次发觉，这个凶恶的女婿平日里胆大包天，什么样的狠手都敢下，真遇到了事，也不怎么样！其实，去年年底，郑玉侠跑了，侯少棠曾暗自嘀咕过几天，担心郑玉侠暗中伤他，可是这种担心很快就过去了。因为郑玉侠如同石沉大海，销踪匿迹。卢万钟被抓进衙门后，正月十五灯节那天，倪长发、于环一伙曾到他家门前耍了一通大刀，向他示威。他又担心了些天，怕倪长发和卢家兄妹找他的麻烦。那些天他很少出门，铺子有事都是代管的掌柜到家里来找他商量。但好多天平安无事，并没人惹他。他以为，这多半是因为卢万钟押在狱中，那伙人怕再闹事会牵累卢万钟。可怕的事，日子一长也就淡了。于是，他又出门，上街、进城、逛妓馆，并依旧在外边欺侮人。

自从郑玉侠重新出现，事情接二连三发生，都围绕着他，特别是刑车被劫之后，他才愈加感到不妙。起先郑玉侠留下那三根红绳子时，他听巴虎说，只是郑玉侠独自一人；后来，卢大珍被劫、卢大宝被救时，忽然出来五六个人。这次劫刑车竟变成两群人，一群精壮的汉子，一群纵骑的蒙面人。这到底是怎么回事？从哪里来的这些人？究竟还有多少？从蒙面人的装束来看，大概都是女人，其中有郑玉侠可以确定无疑。但除去郑玉侠，那几个女子又是谁呢？他琢磨不透。至于那一伙男人，他猜想可能是倪长发、卢大宝、于环等人。县衙门派人盘查了，结果并不如他揣测的那样。因为倪长发、于环等人都有邻居亲友联名作保，证明这几个人在出事的当天没出过城。这事真怪了！几个仇人和一群不知根底的人潜在身边，而且本领都很高强，来去无踪，神出鬼没，谁知何时会跳出来在他背上插一刀？害怕是一种想象，愈想越吓人，正所谓"疑心生暗鬼"。这几天他又干脆躲避家中，如果非出来不可，便在怀里揣一把短刀，以防不测。他甚至想到紫竹林找戈林先生，弄一柄小洋枪随身携带。看来，抓不到这些人，他吃饭没有胃口，睡觉也不踏实呢！

"岳父，回头您跟县太爷说说，要紧的是郑玉侠那几个女的，可得认真找一找。她们到底是嘛人，真叫人费解……还有卢家一家子。"

任裕升的灰眼珠斜睨他一下，见女婿的肉脸上已把重重的心事流露出来。他将着稀疏的短须干笑了两声说："几个女流，你理会她们做什么？不管神甫怎么看，我看她们已然离开这里。人救走了，城里查得又严，她们不走有什么好处？不过，神甫有些话亦令人深思。眼下拳乱日甚一日，制台大人派了梅军门、张观察、杨管带带领兵队往景州、任丘、新城会剿查办。看来……"他压低声说，"景况很糟呢！根诛未净，反而顿形猖獗。今天，县太爷从制台大人处回来说，宣化的延庆、京东蓟州、邦均、宝坻、丰润，以及南边的静海、文安、霸县，聚匪尤多，遍地教堂都烧了，在教的很难幸存。听说朝廷里为这件事意见纷纭，争得厉害，有的想化私团为官练，消匪患于无形；有的力主严办，一鼓荡平。制台大人已是五中焦灼，莫衷一是。匪势猖獗得很，弹压不住，我看照此下去，很可能要酿成巨乱……"

"呀！方才教父也顾虑到这些。您怎么不透露一二，叫他好防备防备。"

任裕升低头看着马鬃，没说话，眼角的皱纹里稍微现出一点点讥诮。侯少棠没发现，他脑袋里满是这些刚刚听到的消息。任裕升没抬头，又对他叮嘱说："少棠，我这些话，你可不准对外人说！"

侯少棠一怔，跟着明白过来，忙支吾说："知道。岳父自管放心好了，您的话，我向来是左耳朵进、右耳朵出……"

"心里该存些事，嘴上莫乱讲就是了！"任裕升这才抬头看他一眼，再无讥讽意味，而用一种长辈的关切、劝导的严肃口气说，"少棠，你是个明白人，无论何事都得三思而后行，钻头不顾腚的事干不得。我有些话一直未肯对你明说，今天索性说了，你就是听不入耳，想也不会记恨于我……你平日做事不加约束，结下仇人不少。俗话说'冤家宜解不宜结'，你不是不懂这层道理，而是火气盛，不在乎这些。你知道冤家仇人何时找上门来？你能担保郑玉侠、卢万钟就此作罢？其实他们犯了案，何劳你去出头？天津不是块肃静的地方，自从同治九年闹出教案，民怨极深，直到今天，郑玉侠他们闹的还不是这笔旧账？如今拳匪又闹起来了，这儿有租界，洋人聚集于此，保不准要出大变故。你是在教的，谁都知道你与神甫过从甚密，又做洋人的买卖，我看……你得早做打算，凡事避避风头。教堂的事敷衍敷衍算了，至少也该少出头，不必挺身弄险，与隔教的人做仇。一旦有变，神甫、洋人都可以远避重洋之外，你能躲到哪里去？少棠，我这话可太爽直了！"

"好，好！岳父为了我好，也句句都在理！"侯少棠感动地说，眼里有种如梦方醒的神情，亮闪闪的。态度真诚不假。

有的时候，人很想叫人骂一骂，好像非此不痛快。别看侯少棠平时像头狮子，挨近他都不成，今天却不同，只要对他的心思，打几下都可以。任裕升见了，欣慰地笑了。他倒不认为女婿会从此浪子回头，改恶从善。只要他听得进去一点做人的道理，已经很不容易了。任裕升打着趣说："你何必谢我？其实这些话你父亲不是也常对你说？今天，要不是事情闹得这样紧迫，你未必能听得进去这些话……唷，你瞧咱们到哪儿啦！该分手了！"

侯少棠四面一瞧，好像到了一个陌生的天地中间，再一细看，背阳的黑乎乎的城垣就在不远的前边，身后响着南运河的流水声。原来他们一路说话，不觉已过窑洼浮桥。任裕升要回城，便与侯少棠分手。两人在马背上拱手作别之时，任裕升说："少棠，我还有件事托托你。"

"嘛事，岳父自管说。"

"请你多多照应我那个不懂事的闺女，不必跟她一般见识！"

任裕升说。

侯少棠心里一动，马上明白任裕升是什么意思。前天，他打了任凤仙，任凤仙曾找任裕升去告状。任裕升肯定很生气，但现在当面一句客气话，却把对侯少棠的责怪与不满全包括进去了，弄得他无法辩驳，面上很窘。一种假意的赔笑把五官牵扯得很不协调，他只得尴尬地唔唔了几声，便与任裕升分了手。他一边往回走，一边寻思这老东西真够"江湖"的，做事多么老到，含而不露，绵里藏针，说话既有分寸又厉害。其实，有分寸的话才是厉害的。自己呢？锋芒毕露，做事又太绝，不留半点退身步……尤其入了教之后，更放开胆子，并又总想在教徒中间冒头。他娘的！现在想缩都缩不回来了！

"二少爷，您回来了！"

一个声音把他从焦虑中唤醒。只见两个头戴黑色瓜皮小帽、短衣打扮的仆人站在门楼子底下。转瞬之间，他已经到了家门口，心想，今天怎么啦？掉魂儿了吧！方才不知不觉过了桥，现在又不知不觉回到了家。走了这么长的道儿，怎么一点也不觉得呢？

他下了马，把马鞭子扔给仆人，闷闷进了大门。

侯少棠进得屋来，摘下硬壳的缎面的帽翅，"嗒"的一声抛在桌上，又扒掉袍子、马褂往椅子上一扔，身子一歪仰面朝天躺在榻上，眼珠子溜溜地看着粉白的屋顶，脑子里又转起刚才那些想法。这时，窗外忽然响起"啪啪"两声，跟着是孩子的哭喊和一个女人刺耳的尖声叫骂。

"原来是你，死不了的玩意儿！我早晨见这些花秧子给揪了，问你还说不知道。这回我看你认不认？你给我起来！跪直了！"

侯少棠闻声翻身坐起来，隔着窗玻璃向外望，只见老婆任凤仙双手叉着粗腰站着，地上跪着他的侄儿香娃，抬起小手抹眼泪。任凤仙骂得火起，扬起裹着水红色绣鞋的肥脚往香娃的当胸使劲一踢。香娃手捂胸口在地上打着滚儿，发出一声声凄厉的尖号。大凤从廊子上跑过来，见此情景不知该怎么办，又急又怕，战战兢兢对任凤仙说："二少奶奶别生气了，香娃他不懂事。"

任凤仙不理大凤，描过的弯眉向上一挑，对香娃直吼一声："给我跪直了，听见没有？！"

这当儿，通往里院的门洞那边忽然发出一个古怪的惊喝声："哦——呜！"

但见门洞口站着一个瘦高的女人，非常可怕！她蓝衣黑裤子，脸儿枯黄，简直是一片干枯的大长叶子；黑乎乎的眼圈，目光灼灼逼人；一绺乌黑的麻线般的头发从两只眼睛中间穿过，斜垂下来，阴森森地遮住鼻子和脸颊。她直瞪着任凤仙。

任凤仙见是疯嫂子金采莲，不觉怔住了。金采莲一步一步直条条朝她走来，一直走到她面前，眼眶瞪得好像要裂开了，射出两道仇恨的光焰来；两条胳膊猛烈地抖着，同时从胸腔里发出一种粗重的发怒的声音。这完全不像是女人的，甚至不像人的声音，好像是被激怒的野兽发出的胸音，或是狂风在狭道中打旋时的吼声……

"哦——呜！哦——呜！"

"干吗？你要干吗？！"

任凤仙面上虽然挺横，声音已经打战了，而且不由自主往后退了半步。面前这疯女人的样子实在吓人！

金采莲猫腰从地上把浑身是土的香娃抱起来，像大猫与小猫打闹那样，低下头把嘴唇按在香娃泪痕斑斑的脸上，使劲地、贪婪地胡乱亲吻着，转身向自己的厢房走去。她边走边发出"哦——呜，哦——呜！"的叫声，声音凄惨，令人毛骨悚然。

　　任凤仙等金采莲回了厢房，才恢复了神气，胆子又大起来。她骂道："什么玩意儿！真不是人做的！从小就不做人事，长大也不是好东西！有人生没人养的狗杂种！"骂来骂去就骂到金采莲身上，"养不了孩子就别养，扫帚星！早晚把一家人全克死！"

　　她正骂得起劲，堂屋里有人用劲咳嗽两声。任凤仙明白这是侯善颐在表示对她的不满，阻止她闹。她顿时又冒起一股邪火，鼓鼓的大眼瞟了一下门窗紧闭的堂屋，有意再歪两句词儿给侯善颐听："我上辈子作孽了，嫁到这家来……男不男，女不女，老不老，少不少，没一个好玩意儿！"

　　在旁边的大凤一听她犯到老爷头上，怕生出更大的风波，悄悄溜走了。然而，堂屋里并没什么动静。不知侯善颐耳朵背，没听见，还是装听不见。任凤仙火发得差不多了，也骂得没劲儿了，才走回自己的屋子，一边嘴里还嘟囔着："嫁的家不好，嫁的人好还可说。哼！嫁这么个王八蛋，哦——"她一脚迈进屋门，见侯少棠仰面躺在床上，心里吓了一跳，说："你多咱回来的？"

　　"方才。"侯少棠嘴唇动了一下，目不转睛地盯着屋顶。

　　任凤仙心想自己刚才骂他的话，准叫他听到了，她瞟了侯少棠一眼，侯少棠不动劲儿地躺着，好像生气那样，脸上的肉平平板板，鼻孔里呼哧呼哧喘着粗气，看来他又要找个茬儿和自己打一架了。任凤仙虽然也敢和侯少棠闹一闹，但也怕侯少棠的拳头。前天给他在腰窝捶了几下子，疙瘩没消，喘口大气还疼呢！此刻，只有低着点腔儿，跟他找点话说。可是和他搭讪了几句，她发现侯少棠并无意和自己打架，反而比自己还和气，心想，这小子怎么啦？是不是成佛啦？她斟碗茶水，给侯少棠放在身边的茶几上，坐在近旁，和侯少棠扯着话："才刚巴虎来过，我问他有嘛事没有，他不说。可他又叫我告诉你，你要找的几个人还是没找到。他叫你到衙门方面想想办法。哎，你要找谁呀？"

侯少棠没答话，声音也不出，出神地想着心事。他正在想：他妈的你巴虎可够鬼的！事情大多是你干的，郑玉侠的手指头是你砍的，挑了卢万钟脚跟上大筋的主意是你出的，抓卢家那小娘儿们的歪点子也是你出的！你他妈想把卢大珍弄到手为了嘛？为了我吗？现在可好，事情变了，你嘛事都叫我蹿到前头。你他妈有群混混儿围在身边，我单枪匹马，孤身一人，弄不好叫他们在大街上给我飞来一刀。你却支着我东跑西跑，不是拿我当枪使唤吗？你够什么朋友？我呢，我又为了嘛？没我的什么便宜！这王八蛋，敢情要耍着我玩儿——侯少棠愈想愈气，嘴向上一噘，使劲来一下："呸！"

侯少棠这一下把任凤仙吓一跳，以为侯少棠这回是朝自己来了。侯少棠从嘴里喷出大口唾沫，却都落在自己脸上。任凤仙分外勤快地从柜子上取了一条面巾递给他。他接过面巾抹了抹脸，顺手往远处一扔，掉在屋地中央。任凤仙的鼓眼睛睁得溜溜圆，好像等着侯少棠恶虎般扑过来，把雨点般的拳头落在她身上。在这紧要关节的时候，门外一阵喧哗，仆人跑进院子，上堂屋禀告老爷客人来了。侯善颐头戴帽子走出屋，刚提着袍襟走下台阶，客人已进了二道门。原来是街坊程子久带闺女来访。父女俩穿着出门应酬拜客才穿的好衣服。程子久手里拿了一个包好的纸卷儿,大概又是侯善颐请他写的条幅或画的花鸟山水。侯善颐把他让进堂屋,一边叫大凤来陪程秀娟,可程秀娟没进屋,和大凤在院子里说着话。

任凤仙见是个脱身免祸的机会,忙自言自语地说,要到外边看看来客,就走出房,到院子里和程秀娟扯起闲话。她问东问西,程秀娟笑嘻嘻应答着。

程秀娟嗓音清亮,又爱笑,这少女的悦耳的说笑声,就像叮当作响的泉水声传进屋来。躺在榻上的侯少棠,不由自主地眼珠一转,脑子也转到程秀娟的身上。程秀娟白净秀嫩的小脸儿浮现在他眼前。阵阵笑语声又使这幻觉的脸儿变得笑意盈盈。他想,要不是身边的黄脸婆赛过母虎、胜过雌狮,他真想把程秀娟弄过来充个姿室。跟着,一股强烈的欲望涌上来,使他忽然想到应该去请巴虎,帮他把这轻盈动人的小娘儿们弄到什么地方去,做个外室。嘿!这事得叫巴虎出头了。自己帮了巴虎那么多忙,又是入教,又托衙门给他了事,他帮自己做过什么?他要推阻,就跟他翻了!想到这里,不由得又想到刚才任裕升的告诫。可是他每逢要做这类事,总是不管不顾,干了再说。于是他又把任裕升那些话反过来想想,自我安慰。心想,自己怕什么?什么拳匪不拳匪,在哪儿呢?这儿,洋人有枪又有炮,谁敢跑到这儿折腾来?郑玉侠又算个屁,想必早跑到八百里地之外去了!刚才,准是任裕升那老混蛋故意拿话吓唬自己,给他妈的泼闺女出出气罢了!谁敢把我在教的侯二爷怎么样?!

他想得兴奋,劲儿愈来愈足,翻了一个身,觉得身下有件什么东西,抓起来一看是一张黄纸,像张符纸,上面写着字;再看看,不觉吓了一跳，嘴都张开了。他想了想，喊了一声："凤仙！"任凤仙走进来，他问道："这张纸是巴虎刚才拿来的吗？"

"哪张？嘛纸？"

"这！这张！"他晃了晃手中的黄纸块，急躁地说。

"不是呀！巴爷根本没进屋，他在院子里说了几句话就走了！"

"哦……还有谁来过？"侯少棠脸上变得惊慌失色。

"没有呀！嘛事？你怎么啦？"

"你过来看！"侯少棠低声紧张地说。

任凤仙走到他跟前，凑过一张香喷喷、搽粉涂脂的白脸，开口念着纸上的文字：

　　恶贯满盈，

　　天地难容；

　　再行歹事，

　　收尔魂灵。

　　佛法无边，

　　心诚则灵；

　　不拜邪教，

　　只拜祖宗。

　　日日申刻，

　　举香向东；

　　三拜九叩，

　　自得安生。

两人相互瞠目结舌。许久，任凤仙仿佛才领悟到这文字的真谛，"准是你造的孽太大，把神仙惹怒了。这是张催命符吧！"

　　"去你妈的！我们在教的，不信什么神仙，就信上帝！"侯少棠嘴硬，却对老婆的话半信半疑。这时，他抬起头来，看看屋顶、梁木、四壁和室内的一切，连同自己的老婆在内，都好像那么陌生、奇怪、无关。他怔着。屋外寂静得宛如深山老林一般，其间隐隐约约有一种呜呜的声音，声调哀怨凄婉，不绝如缕。他倾耳细听，这是疯嫂子金采莲的啜泣之声。

　　"那两个王八蛋走了吗？"他问。

　　"哪两个？"任凤仙反问他，"你那疯嫂子和小该死的吗？"

　　"不！那个穷卖画的和他的闺女。"

　　"走一会儿了。你没听见那丑丫头还隔着窗户和我打招呼呢！瞧她长得那份德行，美不滋的。单眼皮，一脸雀斑，像沾满脸茶叶末子似的。薄命相……"

　　侯少棠没心听老婆这些泼醋的话，一挺肚子跳下榻来，拿着那张吓人的催命符往外就走。

　　"你去哪儿？还不老实在家待着？！"任凤仙对他说。

　　"我哪儿也不去！我他奶奶——"侯少棠又要发火，瞪着眼叫着，"我总得问问家里的人，这玩意儿到底是怎么来的吧！"

第十章
千古奇冤

　　在城南二十多里的李七庄与东边的白塘口之间，有一大片纵横交错的河汉子，没有正式的河道，舟楫不能通行，但却是捉虾捕蟹和打水鸟的好地界。河汉间一块隆起的高地上，有几间不起眼、矮墩墩的泥屋，被杂乱的柳树林子包围和遮掩着。如果不是在屋旁河边的树干上拴一只小船，看不出这里住有人家，倒很像去年涨水时给渔人废弃了的房舍。就在这屋中，卢大珍和哥哥大宝守着爹爹已经八天了。看来爹爹的性命愈来愈没希望了。

　　劫刑车那天，爹爹被押刑车的兵勇在胸口和后背上砍了两刀，当时就昏死过去，流的血多得可怕，抬到这儿还一直昏迷不醒。但今天早上他竟然睁开眼睛。他叫大珍把他的枕头垫高些，要水喝，还要吃羊爆肚儿。大珍激动极了，非要到海光寺给爹爹买碗羊爆肚儿吃不可。这家的主人沈振海不叫她去，因为他们是秘密隐藏在此的，外边风声很紧，正在缉拿他们。沈振海自己要去，大珍不好意思麻烦人家跑那么远，来回得走三十里地，她叫大宝去，但沈振海人很实诚，他见卢万钟好容易醒来，自然希望儿女守在跟前，便执意要去，争了半天还是沈振海去了。

　　屋里只剩下卢家三人。卢大珍坐在炕沿给爹爹喂水，卢大宝坐在一个矮腿的小板凳上，不眨眼地看着衰弱不堪的爹爹。卢万钟露出笑容。他看看兄妹俩，又看看四周，声音软弱无力地问道："咱这是在哪儿？你妈呢？"

卢万钟被押在大狱四个月，家里出的事他全不知道。听了爹爹的问话，卢大珍忽然哇的一声哭了起来。她从小没离开过爹妈，无话不对爹妈叨念。但几个月来爹妈硬被扯走了，她受了那么多的苦难、委屈、惊吓，能对谁说？大宝虽是哥哥，人却粗拉得很，又不爱说长道短，像块木头，对一切事，好像都没什么反应。她平时顶要好的两个姐妹，一个是郑玉侠——甩掉她跑了；另一个是娟子，被妈妈圈在家，难得一见。家里出了这样大的事，她不愿意找人的麻烦和讨厌。现在，爹爹又回到眼前，可以对亲人说冤道苦了，便流着泪水把爹爹被捕后的一切，包括妈妈的死，家里的日子，亲朋的热诚帮助或白眼相待，以及混混儿们怎么欺侮她，都说了。她一直说到现在，但就是没提郑玉侠。父亲是荫庇女孩子的大墙。卢大珍好容易靠在这面墙上，一味地倾诉苦痛，哪知道这面大墙横遭重创，已然脆弱极了，经受不起沉重的打击。特别是死了老伴……

但卢万钟忍着，克制自己。自己是男子汉，是父亲，是需要给别人力量的人。

卢万钟从女儿口中得知，这期间，平常尊敬他、接近他的那几个青年——倪长发、于环等人非常义气。在他患难之时显出了真诚和豪杰本色。大珍大宝的日子就是靠这几个弟兄慷慨相助来维持的。这次劫刑车也是他们买来的消息。那天劫刑车，其实他们都去了。事先，他们用了许多巧计，用装病在家、暗中溜走的"金蝉脱壳""移花接木"等计谋骗过了街坊的耳目，使得事后官府来盘查时，街坊们当真给他们作保。卢万钟被抢救后就藏到这里来。这里离城远，地僻人静，比较保险。主人沈振海是倪长发的表哥，原有一老母，新近才死的。他年纪轻，没有娶妻，一个人以张网捕鱼、打野鸭子为生。枪法极好，通晓些武艺，人很义气，乐于助人。这次劫刑车他也去了，并担着风险请卢家三口子躲在自己家中。他和卢家本来素不相识，仅仅因为与倪长发是表兄弟，就冒着风险，竭力相救，使得卢家兄妹感激得不知说什么好，好像说什么也没有分量。

"大珍，你玉侠姐呢？"卢万钟忽问，"她还活着吗？抓起来没有？"

卢大珍皱起眉毛，摆摆头没有说话。

"她在哪儿？你们后来瞧见过她没有？"

卢大珍眼盯着前面破烂的墙壁，冷冷地说："还提她干吗？咱倒霉就倒在她身上了！"

"什么？你怎么这样说话？她在哪儿？她娘呢？"卢万钟对女儿的话很惊疑。

"不知道，和她一块儿跑了呗，要不也死了……"卢大珍说。

卢万钟再次被震惊，"这是怎么回事？"他见女儿负气似的坐在那里不答话，便转向大宝焦急地问："怎么回事？你们怎么不说呀！"

卢大宝知道妹妹为什么原因不说。他怕爹爹着急，便吭吭巴巴地都对爹爹说了。当说到前些天郑玉侠重新出现在城中的时候，他的话被爹爹打断。卢万钟的神情迷惘，好像追述梦境似的说："原来她真的还活着。真怪呀？我在狱里梦见过她，还真是脸上蒙块黑布来救我……好像对我说：'卢大叔，我坑害了您……我把您救出去就该离开您了。我再没脸见您了呀。'……好像她还对我说……说什么呢？做过这梦之后，我一直想，玉侠大概给他们抓去弄死了。这是托梦给我……"

"这是真的。爹！"卢大宝说，"大珍妹还给夜猫子和巴虎他们劫了一次，就是玉侠姐带人把大珍救下来的。"

"哦！她带着什么人？"

"不知道。听大珍说都是些女的。大珍还瞧见玉侠姐了呢！"卢大宝说。

"真的？大珍。她说什么了！"卢万钟问。

卢大珍的目光一直没离开眼前的破墙，赌气地说："我没理她！忘恩负义，理她干吗？！"

卢万钟惊愕极了，似乎完全不能理解女儿为什么这样做，又不知怎样扭转女儿不该有的偏执，急得他脑袋微微摇动。卢大宝向来不会察言观色，只管接着自己的话说："劫刑车那天，不知她怎么得的信儿，带着一群人骑着马赶到了。把您劫下后，她看见我就问大珍妹在哪里，我说跟我在一起。她又问我要把您藏到哪儿去，我说有地方。她问我在什么地方，我没告诉她，她就哭了，说：'你们把卢大叔交给我吧！'我说不行，因为大珍妹还在等着您呢！她就说：'你们把卢大叔藏好，可千万不能叫卢大叔再落到他们手里！'说完，她把一小口袋铜子塞在我手里，上了马，头也不回就走了。我想把钱还给她，可她骑着马一溜烟就不见了……"

卢大宝说着，站起身想拿那袋铜子给爹爹看，忽然，卢大珍大叫一声："爹，爹，您怎么啦？！"

卢万钟的后脑壳猛地撞在枕头上，昏厥过去。大珍大宝叫了半天，他才慢慢睁开眼睛，目光黯淡，含着挺深的痛苦。这样子叫卢大珍看得真是难过极了。他蹲了几个月的大狱，受尽酷刑与折磨，完全变了一个人，脸瘦成了一条条，好像肩膀也变窄了；前额顶生出许多又软又长的毛发，下巴和两颊长满黑黑的胡须；脸色苍白难看；原来钢筋铁骨般强壮丰满的身躯，现在软了、干瘪了，脆弱得仿佛任什么也经受不住；尤其后脚跟的大筋被挑断了，两条腿残废，就好像锯断了根的大树，哪里还立得住？更何况劫刑车那天，又让押车的兵勇们深深砍了两刀呢！

卢大珍知道爹爹的脾气，素来刚直好强，绝不忍辱偷生、受气活着。可是命运偏偏嘲弄他，无情地折磨着他，尽管有一身非凡的武艺，现在却动弹不得；那条足以使歹徒、使对手和仇人惊魂失魄的铁胳膊，已经像面滚儿那么细、那么软绵无力了。如果他现在躺在侯少棠和巴虎一群面前，只能赠受着侮弄与揶揄，那他真要急死、气死了！大珍再不忍看爹爹这副可怜的样子了！她伏在爹爹身上，伤心地哭起来，委委屈屈地说："您别生我的气，玉侠姐真把咱一家人害苦了！"

卢万钟瘦削的手抚弄着大珍蓬乱的头发。他知道，孩子们几个月来受了不少冤屈与磨难，真是太苦了。他们自小是爹妈翅膀下面的雏雀儿，哪里受过这样一次次猛烈的摧残？其实，他们只是糊里糊涂地受苦受难，并不知道这一切包藏着一个惨烈的根源。那根源本来已是往日结下的苦果，连卢万钟也没料到今天又落地而生，蹿出来更为凄惨的枝蔓。于是，他决定把这件过去决心不说的事情告诉给孩子们。他的声音深沉了："大珍、大宝！你们别心疼我。要真心疼我，就别怨怪你们的玉侠姐了！你们要是像她一样，也会那样做。自然，你们不知道那段往事，她也不见得清楚。就是她娘也不会都告诉给她。我自知没多少天活命的日子。知道那段事的只三个人，你们娘、她娘和我。我猜想玉侠她娘没准还活着。如果玉侠她娘也见了阎王，那知道的就剩下我一人了。我把这件事全都告诉你们，如果将来你们能见到她，就全告诉她……"

卢大珍慢慢抬起头来，见爹爹眼睛里有一种难以捉摸的情感……

"我的孩子丢了！"

"呵，玉侠？！玉侠呀！"

郑五和青年的卢万钟面对面，惊恐地张大嘴，谁都说不出话来了。

那天是同治九年的端午节，距今整整三十年。卢万钟还清清楚楚记得，那天，他给玉侠煮了几个江米粽子，因为玉侠突然失踪，全都干在锅里了。

卢万钟当时二十四岁，和陈菊香才结婚三年，还没有生大宝和大珍呢！郑五比卢万钟长四岁，老婆姓吴名桂花，生个闺女叫玉侠，这年已经五岁了。郑五是个粗石匠，卢万钟是铁匠，两人都是和硬东西打交道，性子刚直，侠义肝胆，又都好舞弄拳棒，武艺上互教互练，互相钦佩，情投意合，遂结为兄弟。郑五住在南城内的大水沟子旁，卢万钟几辈人都居住在侯家后。两家住地相距虽远，却常来常往，有事相助，生活相互拆补。卢家没孩子，常把玉侠抱去解闷儿，郑家夫妇想念了，再接回来。玉侠聪颖伶俐，很会哄大人高兴，她便成了两家共有的宝贝疙瘩了，这天一听说玉侠丢了，可就像天塌了一般。

那时，街上总闹"拍花的"，孩子被拐走的事屡见不鲜，家里有小孩子的父母，为此心中惶惶不宁。玉侠是在自家门口丢的，卢万钟倒好像玉侠是在他家丢的。两家夫妇在城里城外白天黑夜找了三天，根本不见孩子的踪影。他们谁也不肯说出口，心里却认准是"拍花的"拍走了。

没过几天，和郑五同街坊的一个小男孩也丢了。跟着有人在估衣街当场抓住了两个"拍花的"，把他们扭送到县衙门。郑五和卢万钟闻讯跑去，只见衙门门口围了不少百姓，在大声喊叫，喧嚷一片。两个"拍花的"被人揪着，跪在中间。卢万钟和郑五挤上去抓着"拍花的"发辫追问他们的玉侠在哪里，"拍花的"吓得脸像白纸，颤抖不止，只说他们拐去的孩子都交给了河楼教堂，不知哪个是玉侠。此时，还有一些丢失孩子的父母围在旁边又哭又叫。无论谁问到自己的孩子，"拍花的"就把手向东北边一指，说："在教堂那儿……"

这是早已传遍全城的事。人们传说教堂的洋毛子花钱雇用了这些"拍花的"，在街上用糖豆花纸引诱孩子，再用蒙汗药在孩子头上轻轻一拍，孩子就会迷迷糊糊跟他们去。这些被拐走的孩子被送到教堂，洋毛子便用尖刀活活剜掉孩子们的眼睛，掏出心肝，做一种十分名贵的，能够起死回生、长生不老的洋药。这种过于惨烈和离奇怪诞的传说之所以使人相信，是因为以前很少听说有人丢失孩子，偏偏从前年教堂修盖起来以后就接连发生了。

现在，"拍花的"供认不讳，而且有人当场从这两个"拍花的"怀里翻出来一小捆花花绿绿的洋票子和一大把"北洋造"，这事便令人深信不疑了。

容貌清瘦而端正的县太爷刘杰从衙门里走出来，百姓们跪了一大片喊冤。郑五、卢万钟和几个同样受害的人跑到前面，流着泪，趴在地上咚咚叩响头，恳求父母官为百姓做主，把可怜的孩子们从教堂要回来。县太爷沉着脸，叫衙役们把两个"拍花的"奸人收监看押，上刑审问，并答应众人转天亲往教堂讯明情由，秉公处理，百姓们这才散去。然而一股仇教的热风剧烈地旋转起来，使这个向来安谧平静的城池突然沸腾起来。

郑五回家没见到妻子吴桂花，便出城到侯家后的卢家去找。陈菊香说吴桂花方才来过这里找他，坐了一会儿，听外边一些人闹着去教堂找孩子，她便急匆匆走了，并没说到哪里去，不知她是回城时和郑五走岔了道儿，还是跟着那些人去教堂了。郑五想了想，说："她去教堂了！"

母爱是连心的，郑五猜得对。

这时，天已黑下来。卢万钟刚跑了半天，饭没吃就又陪着郑五去河楼教堂，但到了教堂前一看，一片漆黑，静悄悄的，连个人影也没有。他往回走时碰到一个人说，人们都往东门外的仁慈堂去了，据说教堂拐骗来的孩子都圈在那里，有些已经弄死，埋在盐坨边一块教堂专用的坟地里。

他们赶到东门外，远远就见仁慈堂一带有许多灯球火把亮亮闪闪的，还有人影晃动，乱乱哄哄，确实有不少人。走近一看，仁慈堂已经被一些执枪拿刀的教徒圈守起来。他们向人打听，得知刚才有一群人冲进仁慈堂院内，寻找孩子。不知谁，在盐坨旁的坟地里发现了孩童的尸首，人们又擎着火把拥到坟地里，竟然刨出不少四尺来长的小木匣子，打开木匣，里边真有烂得认不出模样的孩子的死尸。人们惊骇了，激动着，哭喊着，叫骂着。河楼教堂的谢福音神甫立即招来不少教徒，气势很凶。他们说一切事都须经由官府才能交涉，不准擅自聚众闹事。于是凶暴地把查找童尸的人们轰走，把仁慈堂连同坟地一齐看守起来。有人说，还有些孩子在仁慈堂里，人们当然不肯散去，要认领孩子回家。神甫不准，人们便围在那里和教徒们吵吵嚷嚷。

郑五和卢万钟在人群中没找到吴桂花，就绕过仁慈堂，又绕过坟地，终于在黑乎乎的河堤上找到了她。吴桂花一个人站在那里，双手捂着脸呜呜地哭。乌蓝的星天映衬出她的身影。他俩赶紧跑过去。

"嫂子！"卢万钟对她说，"你怎么在这儿哪，该回去啦！"

吴桂花朝他扭过脸来。——直到现在，卢万钟闭起眼就想起当时她那样子——月光照亮她满脸泪水。那张脸真是痛楚和凄惨极了！她悲痛欲绝地呜咽着说："玉侠，她没了！"

郑五一步跨到她跟前，抓着她胳膊，声调都变了："怎么？你看见她了？！"

"没有……"她摇了摇头说，"准没了……"

郑五松了一口气，放开手。跟着，他俩劝她回家，告诉她，听说还有些孩子关在仁慈堂里，说不定可怜的玉侠就在其中。明天县太爷来和教堂交涉，找到玉侠还是挺有希望的。现在没瞧见玉侠不是坏事，因为从坟地找到的孩子都是死的，没找到的才有可能还活着……

吴桂花是个软弱柔顺的女人。她相信他们的话，跟着男人回去了，抽抽噎噎哭了一道儿。

卢万钟送他夫妻俩进了东门，直送到鼓楼下，才各自分了手。分手后，卢万钟往北走了几步，不觉停住脚步回头瞧瞧，南门里大街两旁，店铺挂着的疏疏密密的灯笼，把街道分割得一段亮、一段暗；走在街心的郑五夫妇的身影时明时暗，时隐时现。那对身影显得那么凄惨，叫人疼惜万分。卢万钟眼里流着热泪，直到看不见郑五夫妇才转身往家走。他走着，泪流不止，等一会儿又忍不住骂出声来："他娘的，该 × 的洋教！"

第二天清早，城门方启，整个天津锣声大作。紧迫的锣声把人们从家里召唤出来，大小街头挤满了人。依照此地的旧俗，只有发生攸关全城人命运的大事，才在满城串锣集众。由此往前十二年，洋毛子闯进城时，就这么敲了一回锣，传集民众抗击入侵者。今天响锣是因为县太爷要去河楼教堂与神甫对质，足见洋教之害，早使津人感到切肤的痛恨和忧患了。

县衙门口，上千人围着静静等候。郑五夫妇和卢万钟夫妇都挤在中间。

县太爷刘杰身穿补服，神色严峻，走出衙门，上了绿呢轿子，一二十个跟班个个红缨大帽，前面鸣锣开道，后面张着红伞，仪仗整齐庄重。再往后是快班衙役押着那两个"拍花的"。此时，城内街两旁的墙壁上贴满了揭帖；邑绅们送来了四五尺高的万民伞，上面写满了赠送者的姓名，向这个敢于为民伸张不平的县太爷表示崇敬和赞助。

轿子走起来，成千上万百姓、绅士、商民、水火各会都跟在后面，一些兵勇也告假出营，夹在中间。郑五和卢万钟两家人挤在这壮观的、威风的、长江大河一般的人流中间，眼里都闪着兴冲冲、充满希望的光彩。人们用自己的力量鼓舞自己。

事情不如想象的那么顺利。在对质时，县太爷有凭有据，谢福音神甫却胡搅蛮缠，态度甚为强横。县太爷只得回城，向本地品级最高的官员通商大臣崇厚请示对策。聚集在教堂前的人群却不肯散去，叫喊着非要把事情查清不可。

法国领事丰大业是个相当狂妄的人。他不能忍受中国官民的这种举动，带领着秘书西蒙直奔通商衙门，刚闯进去，抬手就朝崇厚打了一枪。子弹错过目标，擦着崇厚的肩膀飞过。崇厚没见过如此狂暴的洋人，吓跑了。丰大业叫着："我不怕中国的百姓！"他跑出衙门，正与县太爷刘杰相遇，又朝刘杰开一枪。他的枪法非常糟糕，刘杰与他面对面，没有打中，射出的子弹却打死了刘杰身边的差役高升。

高升卧在血泊里……

人们的忍受到达极限了，愤怒爆发了！当场用拳头和脚，把丰大业和西蒙打死在大街上。紧接着，千千万万怒不可遏的人群怒吼着，像潮水一般涌进了河楼教堂和东城外的仁慈堂。

郑五和卢万钟劈开了仁慈堂内一间密室的门。一座唬人的魔窟的全部秘密披露在人们面前。在这间晦暗、发臭的房间里，幽闭着一百多个孩童。难以想象人间还有这样凄惨的情景。这些孩童赤脚散发，满身疮毒，瘦得吓人。有的瞎了眼，残废了，趴在地上奄奄一息；有的颤颤巍巍走出来，在阳光下，皮肤是黄绿色的，简直像从地狱里跑出来的小鬼儿。他们发出一片可怕的哀号。

郑五、卢万钟、吴桂花、陈菊香挤在人群里，把所有孩子一个个看过，也没找到玉侠。后来，他们在墙角发现几个用草帘裹着的小孩的尸体，这是教堂还没来得及掩埋的，慌忙打开来看，其中一个正是玉侠！她死了！瘦成干柴一般的小手小脚恐惧似的抽缩得紧紧的，紧闭的小嘴角还显露着死前的痛苦和惊惧，头发脱落不少，有一块都掉光了，露着头皮……吴桂花当即昏了过去。陈菊香尖叫着、号哭着。周围是一片撕人心肺的哀号声，那是孩子们的爹妈或别的亲人们发出来的……

人们愤怒得疯狂了！

疯狂了！疯狂得要毁灭一切。疯狂没有选择。人们打死了谢福音神甫、修女和一个中国神甫吴维辛。在教堂、仁慈堂四周，用鼓、铜锣、铜盆敲起激荡人心的声音；砖头瓦块像雨点一样飞进那些细长的窗洞。一群群人挥着木棒、挠钩、门闩、锄头和亮闪闪的西瓜刀，冲进去砸毁房内的一切。跟着是火油、木头、柴草搬进去了。大火吞噬着罪恶的所在。河楼教堂、仁慈堂、法国领事馆、布道堂和英国人的四所讲经堂，都升起了凶猛的火团与浓烟。半个世纪以来，外国入侵者的狂妄与残暴在此地人心中积下的宿怨，一下子得到痛快的报复与发泄。从三岔河口北岸直到海河西岸，遍地是人，黑压压地遮掩住大地的颜色。人们跑来跑去，所有的心都在狂跳着。

郑五砸了仁慈堂，又奔到河楼教堂。他像疯了似的，嗓子发出怪调，挥出去的胳膊把自己带得如同酒鬼那样跌跌撞撞。他一会儿哭得泪下如雨，一会儿笑起来忘乎所以。他到了河楼教堂时，谢福音神甫已经毙命，卧在地上。他上前一把将神甫抓起来，戳在地上用手扶住，就像活人那样。忽然郑五双眼瞪得铜铃一般大，一拳把神甫打出去很远。他又跑进烈火熊熊的教堂，爬上正在焚烧的顶子上，挥动两条膀臂纵情大笑。所有人都看见了他，听见了他的笑声，说他疯了！卢万钟跑上去要把他拉下来。两人站在高高的顶子上，在呛人的烟雾里，郑五张开胳膊把卢万钟抱住了，放声痛哭着说："你看见玉侠了吧！你看她那样子……太惨啦！"

卢万钟见他的眼球上布满血丝，通红通红，像一对红果儿，嗓子已经喊得干哑了，没有声音，说话时丝丝拉拉，仿佛什么东西在喉咙里摩擦……

卢万钟也哭了。他刚才看见玉侠那副惨状，被惊呆了，反而哭不出来，只是心里好像塞了一块沉重的东西。他带着这块东西喊呀，叫呀，砸呀，烧呀，此刻似乎才明白过来，才又想起来孩子。该哭了，该痛痛快快地大哭一场。他抱住了郑五，两个结实的汉子搂在一起，像女人、像孩子那样痛哭起来……

教堂烧了！仇报了！该好好劝慰玉侠的妈妈吴桂花了。劝她忘掉过去，重新振作起来，日子总还有希望，因为吴桂花又有了身孕。连郑五也这么劝他的妻子了，吴桂花便渐渐挣扎着从苦海里爬出来。生活教会她用自我安慰的办法解脱愁苦，眉心眼角那些皱纹又逐渐舒展开了，眸子里闪出盼求的光亮。她瞒着人，时常悄悄地跑到娘娘宫里，给送子娘娘烧香。她怀着玉侠时，祈求过娘娘给她一个儿子。生下了闺女玉侠之后，她感到很不称心。现在她盼望的则是一个和死去的玉侠一模一样，连话音、性情、眼神都一样的闺女。

可是就在这时，外边哄传被惩罚的洋毛子，要挟朝廷一定要治罪那天烧教堂的人，否则，就要炮打津门，攻占京都。据说不少外国兵船已经聚集在大沽口外。人们纷纷猜测，洋毛子会不会打进来？朝廷是何主张？有人说朝廷这一次要袒护子民，抵制外夷；有人说朝廷又要像往次那样，屈从于狂暴的洋毛子；还有人说驻节保定的直隶总督曾国藩马上就要来到天津，抓捕那天闹事的人，凡是烧了教堂和打了洋人的人，都要砍头。这些谣传使气氛紧张起来，有些闹事的人悄悄地倒锁上门，远避他乡。卢万钟几次来劝郑五夫妇也到外边躲一躲，郑五起先不信谣传，不肯走。可是风声愈来愈紧，卢万钟又总来催促他走，他心里活动了，开始做些打算。哪知事情变化得那么快，曾国藩如一阵狂风赶来了，并即刻来个满城搜捕。郑五正在当院凿石头，忽然闯进来几十个穿黑衣的捕快。凿石头的钎子"当啷"一声落在地上，他被捕了！

所有被捕的人都受尽酷刑。吴桂花得知后，哭得死去活来。陈菊香怕她出事就搬到她家来住，整天陪伴她，把劝慰人的话变着法儿说给她听也没有用。卢万钟在外到处奔走托朋友，找门路，想尽办法营救郑五，但毫无成效。又传说曾国藩要把抓到的人斩首，放掉押在狱里的那两个"拍花的"，还要为洋人重建教堂。曾国藩惹起众怒，贴在大街上的他的告示，不是被扯掉，就是被人挂上一缕长麻，骂他是给洋毛子披麻戴孝的奸贼。曾国藩是湖南人，在京的湖南商绅们也把他开除出同乡会，这使他进退维谷。要求未得全部满足，洋毛子感到失望也不满，再以武力相逼，朝廷只得撤掉他，又命李鸿章为直隶总督，处理此案。李鸿章以善于调整中外事务闻名朝野，这一次干得更是十分干脆，所谓"快刀斩乱麻"，来了结此事。他于九月十八日来到天津时，带来了大批兵队，气势汹汹地开进城池。他先把沸腾不平的民情世态压住，随即与洋人开展议和，很快获得成功，慷慨地用百姓们的脂膏和性命安抚洋人，答应向洋人赔银四五十万两，又把县太爷刘杰等官员终身流放到黑龙江，并派出崇厚去往法国赔礼道歉，厚葬了丰大业和谢福音神甫等人。还有最残酷的一条：将郑五等十六名闹事首犯斩首示众！这一切都定案了，再也改不得！

十月十九日。

这天是了结这桩教案、对死囚开刀问斩的日子，天气反而特别好。秋阳分外明亮，把一切都照得清清楚楚，历历在目。

郑五、马宏亮、雀三、冯瘸子、郭万有等十六条汉子，手脚上了带链子的镣铐，从县衙死囚牢里押出来。大群戴红缨大帽、手执藤鞭的衙役和缠青头布、穿号衣的兵勇簇拥上来。刀剑出鞘，挟持两旁，左右喝呼，一路出了北城门，穿经城西北的针市街、铃铛阁，直往西关外刑场。不少百姓知道了信息，所以沿路两旁早就围满人，连墙头屋顶都站着人，静静等候给赴刑的好汉们送别。李鸿章闻知，又加派了兵队，沿途警戒，以防不测。

十六条汉子没给中国人丢脸。官员叫他们一顺儿走路边，他们偏偏分散开，慢腾腾走在街心，脚下蹚着铁链哗啦哗啦地响，人人都凸起胸脯，没一个脸上露出惧色。死在不远的前边等着他们，他们呢？倒好像来逛大街、来抖威风似的，还边走边大声说："父老们！我们哥几个走啦！你们别怵他们，不然就对不起我们哥几个啦！"

"咱天津人不是脓包，谁他妈的欺侮咱，就狠揍他们。怕死不是人！"

"老几位，咱可得说声——回头见啦！"

周围的人听了，眼睛都奇怪地亮起来。那是止不住的辛酸悲痛的热泪，亮闪闪地涌了出来……

道旁，有不少这样的人堆：几个大人，前面站着一个孩子，这孩子是烧教堂那天得救的，今天由大人领着来向救活他们的恩人诀别，给他们送终……孩子们端着大碗的水酒，口中喃喃地说："叔叔大爷，喝一碗壮壮胆吧！"

孩子的身后，站着流泪的父母和其他亲人长辈。

汉子们看到这些活着回到爹妈身边的孩子，都欣慰和满足地笑了。他们像得胜者那样，带着一种冲动的豪情接过酒碗，一饮而尽。

去刑场的途中，不时从街旁人群中奔出一个女人，身穿重孝，头上飘着挺宽的白布条子，有的手里还拉着孩子，一直跑到某个汉子身前，扑通一声扑跪下来，两条胳膊向左右一张，拦住这条通往鄸都城的去路，又哭又喊，叩着头……这是汉子们的老婆孩子，很快就要变成孤儿寡母了。这种事弄得他们很不好受，但他们忍住了。眼泪今天好像分外吝啬，一颗也不肯掉。他们在这种事上，仿佛还互相逞强，或许是相互顶着劲儿，一个比一个更坚强，只是，有的粗眉毛惊跳一下，有的污黑的脸颊猛烈地一抽动……

沿街的小店小铺的掌柜和伙计们，搬出桌子凳子来，留这些汉子坐坐，还拿出好烟好茶款待他们。汉子们坐在凳子上抽烟喝茶，随随便便同周围的人说话。人们掉着泪，听这些年纪轻轻而将死的好汉说最后的一些话。马宏亮是个小眼睛、黑瘦、爱说笑话的汉子，光棍一个，在北城根摆糕食摊，整天乐乐呵呵，同买糕食的人说笑。他说的笑话从来不重样，诙谐风趣，而且俗不伤雅。他左耳朵天生就粘连成一个卷儿。人们和这个讨人喜欢的乐天派逗趣，管他叫"马耳朵"。此刻马宏亮嘴里冒着烟，仍像往常那副神气，半开玩笑地说："老几位，认得我的都知道，我就一个人。家里养只猫，想也饿跑了。我死后，烦哪位替我收收尸骨，不用太讲究，只要把脑袋和身子埋在一块儿就行。钱您先垫着，来世我加倍还，还给您报德……"

听的人再笑不出来了，而是哭出了声。有一个容颜清雅的穿袍子的人慨然承诺了马宏亮的要求。他是估衣街上同泰布庄和同生堂药铺的年轻的掌柜，就是当年的侯善颐。事后，他认真兑现了对这条好汉的许诺。

兵勇们催促了，汉子们撂下烟茶，又起身上路。

郑五在中间，一直左顾右盼，找他的亲人。他终于找到了，在针市街的西口。

宽阔的街口围满了人。人群前面摆着一张小小的榆木桌，桌后边站着卢万钟，以及平日和郑五要好的几个街坊与穷朋友。桌上摆着酒壶酒碗、几碟肉菜，还有一个铜香炉，炉里插着一大把香，冒着一股粗粗的青色的烟缕。桌旁站着一个女人，一身黑衣，白鞋白腰带，鬓旁垂一条白布条子，这就是吴桂花。她红肿的眼睛里没有痛苦，没有悲伤，更看不到绝望，只有一团虚茫的迷雾含在眼眶里。她只觉得她前边的一切都空了，没了。她迷迷糊糊，梦幻一般地直视着逐渐走近的郑五。陈菊香扶着她，哽咽地说："嫂子，你得扛住了呵！你身上还有个孩子呢！"

卢万钟端两碗酒走上前，递给郑五一碗，自己拿着一碗。他心里早想好了要说的话，可眼睛一碰到郑五的目光，喉咙立即像给什么东西塞住了。他费了很大的气力才含混地、断断续续地说出一句话："兄弟给你送行……来了！"

郑五顽强地咬着嘴唇，头扭向一边，卢万钟的头扭向另一边，"当"的一声两个碰了酒碗。他俩常在一起喝酒，今天是最后一次对酒。两人都一口气把酒喝净了，又不约而同把酒碗啪的摔在地上，打得粉碎。卢万钟回到桌边去端菜。

这时，吴桂花一步一步朝郑五走来。陈菊香要阻拦，卢万钟见了，说："菊香，你别挡着，叫嫂子和大哥告个别吧！"

吴桂花与郑五面对面站着。她眼里的迷雾突然散去，一瞬间心中所有的痛苦、悲伤、绝望，都从眼里猛烈地喷射出来。她的眼睛闪着可怕的光芒，牙齿打战，咯咯发响，瘦弱的双肩剧烈地抖颤着。她快支持不住了！

郑五忽然瞪起眼，对可怜的女人发火似的大声说："你干吗？想叫我走得不痛快吗？孩子她妈！你跟我这几年，挨饿受穷，担惊受怕，我对你也不怎么样！我死了，你也用不着念叨我！你年纪轻轻，用不着守寡。你要自己过不下去，就改嫁别人，我成了鬼，也绝不来找你……"

吴桂花的脸色顿时煞白。她眼睛一闭，"噗"的一声昏倒在郑五的脚前。

郑五又对卢万钟说："兄弟，我这娘儿们就拜托你了！你要养不了她，随她嫁人，我不怨怪你。可她肚子里的孩子得给我生下来，留下来，归你养活。生的要是男的，随你给起个名号，要是女

314

的，还叫玉侠。等这孩子满二十岁，你一定把我怎么死的告诉她！兄弟，我没别的事，可得走啦！"

郑五不等卢万钟回答，转过身，离开卧倒他脚边的女人，走了。

卢万钟眼前一黑，好像给谁推了一下那样身子向一旁栽去。他下意识地用手一扶桌边，撑住身体，头上的大发辫松落下来，像甩下来一条大鞭子，把桌上的酒壶和香炉全抽落在地上。

他的脑袋里轰轰作响，隐隐约约听到郑五他们脚镣的声响，"哗啦哗啦"的，逐渐轻了，远了，消逝了……

两天以后，卢万钟去给郑五收尸。他给郑五合上了眼皮。那眼睛至死愤愤地瞪着，遗恨未已。眼皮合上后，脸上呈现出一副安睡的神态，但卢万钟总觉得那眼睛还在闪着逼人的目光。

教案结了，风波平息了。旧日的恩怨给岁月的尘埃埋藏起来。

卢万钟夫妇见吴桂花孤身一人，无依无靠，身上又有孕，需要时时照顾，便在侯家后离自家不远的地方，租了一间临街的小房，把吴桂花迁来住。好在这里的住户都不认得这个孤女人，也不知她的身世与来历。吴桂花就在这间小屋里生下了孩子，仍是个女的，依照郑五生前的嘱咐，给这个生下来就没父亲的女孩，仍然取用她惨死的姐姐的名字——玉侠。此中的曲折，真是一言难尽了，难怪去年郑玉侠烧教堂，把这桩隐情泄露出来后，不知细情的人们弄不明白为什么郑五死了二十九年，女儿却只有二十八岁。

卢万钟夫妇把对郑五的深深怀念，都表现在对他的弃子遗孀的同情与照顾上。后来，卢家相继有了大宝和大珍，仅卢万钟一人挣钱，再能干也养活不了两家六口人，生计很窘迫。不过他们从未提到或想到吴桂花再嫁的事，似乎想想这种事就对不起死去的郑五。吴桂花自己也从未流露出有再嫁的心思。她决意终身守节，与第二个玉侠相依为命。她的节操更引起卢家夫妇的尊敬。卢家再难，依旧节衣缩食来养活这母女俩，只让她在自家中做做家务，侍候孩子，不许她出去做活。

吴桂花心里都明白。但看到家境的艰难，她不忍心坐着吃穿，便不管卢家阻拦，还是到外边找了个差事干，去给人家做使唤佣人，主家就是估衣街上的侯家。活儿不重，每日洗衣服，买菜，收拾屋子。烧火做饭另有专人去做，用不着她。每天早去晚归，玉侠就带在身边。侯家的主人是侯善颐，那时侯善颐的老婆还在世呢！这婆娘刁钻得很，不好侍候。还有两个少爷，侯万棠和侯少棠，也很霸道。尤其是二少爷，常欺侮玉侠。据吴桂花说，老爷侯善颐为人宽和，颇通情理，很少对下人发火动怒。后来，侯善颐的老婆死了，她的精神压力小了，干得还算遂心。她很勤快，干活实实在在，主人家也挑不出什么毛病。每天回家虽然人累得像散了架子似的，心中却颇觉欣慰，因为这等于给卢万钟卸下了半个挑儿。

卢万钟觉得非常不安。他见吴桂花带着孩子整天劳顿不堪，心里对死去的郑五深深抱愧，便加倍关照吴桂花娘俩，好像赎自己什么罪似的。吴桂花家里女人不便出头的事，全由卢万钟代为包办。俗话说，寡妇门前是非多。这样日久天长，难免传些风言风语，但卢万钟不怕飞短流长。脚正不怕鞋歪，他亮堂堂的男子汉，什么事都敢在大街上说，只怕那些烂嘴巴不敢当他的面说……

可就在这时，吴桂花忽然怀孕了。

那是深秋的一天傍晚，吴桂花把陈菊香找去，说要把玉侠托给菊香，自己不想活了。陈菊香只当她给穷困和孤苦逼得活不下去，当初郑五刚死的时候，她也常常这么说。谁知这次怎么劝说也说不通，陈菊香便拿最牵心的话打动她："你死了，叫玉侠没爹没妈，一块小骨肉孤孤活在世上，你舍得？"

吴桂花受不住了，大哭一场，然后告诉给陈菊香她不想活的可怕原因，她已经有了两个月的身孕。陈菊香大吃一惊，但吴桂花不肯说出事情的真相与原委。

陈菊香自然生出许多猜想，也牵想到自己的丈夫。她一想丈夫平日的为人，便不再怀疑丈夫，只深恐此事败露出去，夕人们会在她丈夫的脸上涂黑。她也从来不否认吴桂花的节操，可这究竟是怎么回事？如何办才好？她没有多少主意，只好把事情告诉给卢万钟。这件意外的事使卢万钟大吃一惊。

陈菊香秘密请了个郎中，悄悄给吴桂花堕了胎。

事情过后，吴桂花再不到侯家做事去了。她自己想了另外一个谋生的法儿，每天从运河挑水到家中煮开了卖。侯家也曾两次派人来叫她再去做事，都给她回绝了。陈菊香卢万钟夫妻俩由此认定那件缺德的事是侯家人干的。侯家的谁呢？侯善颐？儿子侯万棠或是侯少棠？侯善颐是乡里间出名的正派人，侯少棠年纪尚轻，当时只有十八岁。侯万棠二十五岁，坏事大半是侯万棠干的。卢家夫妇相信他们的估计不会错，但吴桂花终不肯说，就不好给她出气，找侯家的少爷算账去！

那个给吴桂花堕胎的郎中，原来长个漏风的嘴巴。好事不出门，坏事传千里，吴桂花的隐情很快就传到附近一带人的耳中，受嫌者果然首推卢万钟。这真是跳进黄河也洗不清！一个人的嘴巴好堵，人人都说，该怎么办？卢万钟只好从此不再登吴桂花的门。但是他依然同情吴桂花的苦楚，没有怨怪她。替她想一想，这一桩桩倒霉的事全压在她身上，她活下来就够不易了。要不是为了玉侠，她早就下狠心给郑五做伴去了！故此，卢万钟仍旧设法帮助她，只不过都由陈菊香出面去做。

女人是比较敏感的。吴桂花对这一切都清楚极了！她也不再去卢家。表面上两家关系不如从前了，实际依旧相互帮助、怜惜，只是更加痛苦难言。后来，玉侠大了，卢家的孩子也长大了，孩子们之间很要好，常来常往。郑玉侠比卢大宝长七岁，比卢大珍长十岁，年龄上差距较大，使郑玉侠自小就处处护爱着这叔伯家的小弟小妹，相互之间比亲兄弟姐妹还亲，就像他们长辈之间的关系一样。两家的关系又被孩子们恢复如初，干涸的河道重新流过清汪汪的水，卢家夫妇和吴桂花见了都甚感欣慰。

郑玉侠已成年，已经能把家中里里外外的事都担在身上。苦难像一副重挑儿，不是把人压垮，就是把人磨炼得腰板强硬起来，能顶能扛。郑玉侠的个性中有她爹郑五的影子，使卢万钟很喜欢。卢万钟希望女儿大珍也这样，但这姐妹俩并不一样，这差别多半和个人的身世与境况有关。女孩子在父母身边是一样，整天在外面和各色各样的人打头碰脸又是一样。尤其在那时候，什么凶横诡诈、刁滑邪恶的人都有，一个姑娘没主意，没有种硬邦劲儿，怎么活呢？于是，卢万钟把武艺传授给她和大珍、大宝。世上妖魔太多，百姓们毫无保障，总该有些防身之术。郑玉侠这孩子聪颖得很，对于武道中的事，几乎一点她就透，又肯苦修苦练，虽然年纪轻轻，早已身手不凡。但饱经世事的卢万钟以为个人本领再大，也不能在外面惹事，否则杀身之祸依然难免。这是他在教案那年得出的教训，并时时这样告诫孩子们。他高兴的是，这几个孩子都老实守本分，不惹祸招灾，也和他一样，从不在人前显露本领。

然而有一件事使他很苦恼。郑五临刑那天，曾要求他等玉侠成人时，把那桩惨烈而冤屈的事告诉玉侠，如今玉侠已长大成人，该对她一五一十说清楚了，但好几次，话到了嘴边，他没有勇气说出来。他怕说出来会给玉侠一个残酷的打击，甚至会使这个刚烈的姑娘做出什么莽撞和失算的事。如果不说，又怎么对得起屈死在黄泉之下的郑五？这种矛盾的心情愈来愈强烈地折磨着他。后来，吴桂花通过陈菊香，要求卢万钟千千万万不要说出那件事，否则，出了事会更对不起郑五。卢万钟便下了决心，闭口不提那件事。反正他和陈菊香不说，吴桂花是不会告诉玉侠的。

他怎么也没料到，玉侠还是知道了。他肯定这是当妈的告诉给女儿的。吴桂花因何做出如此反常的事？这不是让女儿送死吗？这是他被押在狱里时想的。现在，他听卢大珍和卢大宝一说，更没料到事情弄到如此地步！本来是一桩冤枉案，屈死了十六条汉子，事情过了快三十年，已经换了一代人，哪知这桩案子还不算完结。难道非得这一辈人也都屈死才算完了吗？

早知如此，还不如当初把一切都告诉给玉侠，两家人一起跑到教堂，拼出命去，除掉仇人，死了也认了！然而，现在死的死，跑的跑，两家人都是家破人亡！自己的身子也废了！仇人们安然如故。郑玉侠连自己的参妈到底怎么回事还不见得都清楚呢！真冤呀！

谁给鸣冤？谁给报仇呢？

"你们要是见到玉侠，就把这一切都告诉她吧……"卢万钟沉了片刻，又忧虑地说，"告不告诉她，由你们吧！她是个女子，能有什么法子……"

　　大宝听得眼睛都直了。

　　大珍双手捂着脸，亮晶晶的泪水从手指缝流下来。她又难过，又痛悔，不住摇着头，连连低声地哀叫着："爹，您，您别说了，快别说了……"

第十一章
她朝那盏红灯跑去

给春雨濡湿了的南运河的岸滩上，有一串新踏过的十分清晰的脚印，顺岸边排成笔直的一条线往南去了。脚印似乎说明这个行路人是一直奔往他的目的地。然而，一到河湾处，脚印就散乱了。在这里，行路人好像登上岸边高坡四处寻望过……难道他的目标又是飘忽不定的吗？

这串足迹长长的，一直延续三十多里，突然又折返回来了。是行路人改变或放弃了原先的打算，还是失去了目标？不，他往回只走了半里多路，又掉转足尖，重新踏上先前留在湿漉漉的泥草地上的足迹，继续往南奔去……

天渐渐暗了。脚印消融在黑乎乎的夜色里不见了，行路人的身影却显现出来。她在将近杨柳青的地方停住了，原来是卢大珍姑娘。这时，在她睁大的一双眼珠上，亮着两个小小的红珠儿——在她面前的河边，停着一只单桅的木船，桅杆顶上悬挂一盏圆圆的小红灯笼。

周围是荒芜而漆黑的原野，头顶上是雨后分外清澄、深邃空远、闪着淡淡星光的夜空。一切都悄无声息，只有在黑暗中飞行的一两只夜鸟，偶尔发出羽翼搏击空气的"噗噗"的声音。那只船静静浮在水面上，在初夜的江天中只是一个孤孤的黑影。舱篷口透出闪闪忽忽的光，寂静中还有一种神秘的意味。桅顶上那盏小红灯，与浸入水中的灯影成了亮晶晶的一对儿。

卢大珍再也抑制不住自己，撒开腿朝着那盏红灯跑去。她跳上船板，一头钻进舱中。舱内坐着几个女子。她激动的目光在这几张脸上扫个来回，一眼瞧见了郑玉侠，就哭叫了一声："玉侠姐！我爹和大宝哥全完了！"

跟着，身子往前猛的一栽便昏了过去。

同时，舱内的女子认出了突然到来的卢大珍，几双手臂一齐把她抱住。

卢大珍躺在铺着被褥的木板榻上，眼瞅着郑玉侠，一边说，泪水一边止不住地像地泉那样往外冒，从眼角流泻到鬓旁，把褥子浸湿一大片。郑玉侠坐在榻边，双手握着卢大珍的一只手，脑袋低低垂在胸前，一动不动。三姑娘李月枝、傻妹子和另外两个姑娘站在眼前，眼睛里都晶莹闪烁，好像镶上了璀璨的珠子，不时抬起手背抹一下脸颊……

从卢大珍的述说中，姑娘们知道卢万钟得救后，一直隐藏在城南土城和白塘口之间的一家。隐蔽得倒还严密。卢万钟身体虚弱，加上刀伤，已然不行了，那天醒过来，由于说起郑玉侠的身世过于激动，病体不支，当晚又昏过去。整整一夜，叫着："孩子他妈，我害了你！"还叫着："郑大哥，你别总瞪着我。我卢万钟对不起你。你叫小鬼儿来把我抬走吧……"

次日天明，卢万钟神志昏迷，也不说了，喉咙里呼噜呼噜艰难地喘着气，咳嗽得厉害，痛苦地哼着。卢大珍、卢大宝和沈振海三个青年惶惶无措。卢大宝要进城去找倪长发请个郎中来。沈振海让卢大宝在家守着父亲，他去。卢大宝又非自己去不可，好像别人去他不太放心。沈振海怕他在外出事，伴随他去。两人怀里揣着防身的家伙，出门了。

他俩走后，卢万钟情况愈加不妙。后晌，他迷迷糊糊地向大珍要了半碗水喝下，就更坏了。直至下晌仍不见卢大宝和沈振海回来，眼前是奄奄一息的父亲，心挂着冒险出外的哥哥，叫卢大珍怎么办？她急得直哭。

忽然，沈振海回来了，带回一个极坏的消息。他们刚才在城内找到了倪长发和于环等人，被早在暗中盯梢的捕快们发现了，当即交上手。对方有十来个捕快，他们只有四个人。倪长发和于环拼力掩护他俩脱身。在混战中，沈振海亲眼见倪长发被捕快捉去。卢大宝突围出来了，但他急不择路，竟直往北城门跑去。

沈振海在几条小街上转来转去，甩掉追兵，混出南城。他不敢在此逗留再等待或寻找卢大宝。因为那群捕快中有一个是白塘口人，认得他，不知这个捕快会不会告密，必须赶快把卢万钟和卢大珍转移走。

天近黄昏。借着迷离的薄雾掩护，卢大珍和沈振海悄悄将卢万钟放在一块门板上抬出屋，放在小船上。就在这时，卢万钟忽然呼喊大珍，说了两句话，一蹬腿就断气了。下面的事，卢大珍也记不清楚了，因为她昏过去很长一段时间。醒来后，她和沈振海在近处一个乱葬岗子里掘个坑，埋了爹爹。没有棺材，只有抬来的那扇门板衬底，再用褥被盖上爹爹的遗体，撒上土……在几棵躯干扭曲、枝叶稀疏的小树底下，卢大珍趴在爹爹的湿漉漉新土堆起的小坟丘上，昏昏沉沉地度过了一天、两天、三天。沈振海一直陪伴着她。夜间，沈振海曾回家去一趟，打算拿些吃的用的。但发现他的家已被官兵焚毁，暗中还安下盯梢的。沈振海又两次冒险到城边打听消息。第二次，他恰巧碰到倪长发的朋友曹克胆。这人说，倪长发和于环已被捕获，官兵还在四处搜寻他、卢大宝、卢大珍、郑玉侠，以及已经长眠在地下的卢万钟。看来卢大宝跑掉了，估计卢大宝可能来找过他们，那时他们已经转移走了。卢大宝扑了空，现在不知到哪里去了，无法去找。

他们不能总待在这里，时间长了也有危险。

沈振海也没家了，他决定去文安县找他叔叔去。卢大珍怎么办？她如今无亲无故，孤孤单单，又是个姑娘，叫她到哪儿去才好？

卢大珍说："我有亲人，我找玉侠姐去！"

她想起那天李月枝留下的话：南运河里，挂红灯的小船……于是她和沈振海分了手，赶来了。

卢大珍说到这里忽然停住了。她发现郑玉侠一双眼睛瞪得很可怕，目光惊栗般地飘忽不定，好像是一种神经质发作。她与郑玉侠自小相处近二十年，从没见她有过这样的神情。郑玉侠眼盯着前面，口气非常急促又紧张地问："卢大叔临终说什么了？"

"他说……"卢大珍见郑玉侠莫名其妙的反常表情，犹豫一下，接着说，"他说了两句话。"

"哪两句？"

"他叫我和大宝哥找着你。叫咱们三人像亲姐妹、亲姐弟，永远也别分开。"

"还有呢……"郑玉侠声音抖颤起来。她用右手指使劲地戳着木板榻的边儿。

卢大珍想起爹爹临终的话，哭了，一边说："叫咱给他们报仇雪恨……可是，跟着他又叫咱忍着，逃得远远的，再别回来了！"这时，卢大珍忽发现郑玉侠戳榻板的手，是只残手。无名指断了一截，是给什么利器切断的，切口一直延长到手背上，留下一道深深的刀疤。她不知道郑玉侠什么时候什么原因受到了这样可怕的伤残，刚刚要问，只见郑玉侠目光灼灼逼人，浑身像怕冷那样猛烈地抖着，右手戳得榻边咚咚响，一下比一下重。"你……"卢大珍有些害怕了。

郑玉侠突然站起来，操起舱角一柄刀，疯狂一般蹿到舱门口想跑出去。但她哐当一声撞在门框子上，摔倒在地。未等李月枝跑过去扶她，她又翻身跃起，夺门跑了出去。

李月枝着急又慌张地对左右的姑娘说："小芬，你看着大珍！傻妹子快跟我来，追上她！巧妹，你也来，快！"

李月枝带着两个姑娘钻出舱，去追郑玉侠。

外边很黑，追去的这三个姑娘根本看不见郑玉侠。开始还能听到前边有人奔跑的脚步声，她们一边拼命追赶，一边呼叫。但郑玉侠跑得太快了，距离渐渐拉开，前面的跑步声逐渐小了。李月枝对傻妹子和巧妹说："别喊了，快追！"

前面的脚步声消失了。姑娘们更加奋力地追。跑着跑着，突然傻妹子被什么绊了一下，身子向前栽出去，要不是李月枝机灵地一把抓住她，必定摔个满脸花呢！傻妹子却叫道："人，是个人，呀！

玉侠姐!"

李月枝和巧妹上前低头一瞧,地上卧着一个人。才刚正是这人绊倒傻妹子的,再仔细瞧,果然是郑玉侠。

姑娘们呼唤着,叫醒了她,扶她坐起来,劝她回去。郑玉侠倚着李月枝的肩头,仰起脸,对她们痛苦地哀求着:"好妹妹,叫我去吧!卢大叔、卢大婶都为了我死了,我不能再活在世上了!"

李月枝哪能任从她去送死,对她千说百劝。李月枝的嘴可真行,劝说的话头头是道,顺情合理,但郑玉侠执拗地要与仇家一决生死,了却恩怨。李月枝说:"玉侠姐,我嫂子今天就该从静海回来了!说不定立刻就要大耍大闹一场,你为嘛先把命拼给他们呢?!"这句话好像有种奇特的力量,马上把她劝住。李月枝看准这句话的效力,便接着劝说下去。

郑玉侠翻过身,朝着东北边——埋葬卢万钟的方向,直直条条地跪着。然后弯下腰背,把额头使劲儿地撞着泥地,呜呜出声痛哭,并悲悲戚戚地说:"卢大伯!您一家人过得好好的,招惹谁了呢?您的家毁成这样,还不是我牵累的?您为嘛还这么惦记我,心疼我?为嘛不恨我呢?!您和大婶死得多冤,还不让我去和那群畜生拼一死!我知道,您叫他们害苦了,恨他们,想叫我给您报仇,但您又怕我死在他们手里!可是您说,我怎么活呢?我活得下去吗?卢大伯——"她从悲怆痛楚一转而为仇愤满腔,面对着苍茫无边、一片漆黑的天地,发誓一般决然地说:"您若有灵,就等着瞧吧!等我先叫他们一个个还了债、抵了命,再去见您,见大婶!"然后,她又连连叩头,放声痛哭。

李月枝几人上前把她扶起来。她好像大病之后那样,力不能支，浑身瘫软，站立不住。姑娘们架着她慢慢往回走，感到她抖得厉害。

陪伴卢大珍的姑娘叫作黄彩芬，静海王口人，年仅十七岁，身材修长，略显单薄。一张清俊的小脸，五官紧凑，好像一朵尚未开放的花苞，还有些孩子的模样。但脸上的表情不很生动，似乎落落寡合，不苟言笑。其实她挺爱说话，语气单纯亲切，很容易使人信赖，而把她当作一个可爱的小妹妹。

据她说，郑玉侠好像有种毛病。在特别冲动的时候，就像刚才那样：眼瞪得可怕极了，行为如狂，不能自已；浑身抖颤，那只残手狠戳着一个地方，仿佛是一种疯病。但只是偶然发作，发作之后便同好人一样。这些和她在一起的姑娘为此都很留意与小心，尽量不去刺激她。因此她很少发作，黄彩芬只赶上过一次，就是她们把卢大珍从混混儿手中救出来，卢大珍朝她喊了声"我恨你"便掉头跑了那次。

卢大珍很惊讶，她说她的玉侠姐从来没有这种毛病。这毛病叫人看了确实很可怕，她猜想多半是后来受了什么刺激所致。这是什么时候得的呢？究竟是什么原因？黄彩芬也不知道，但她知道郑玉侠手上刀疤的由来。她告诉给卢大珍，并讲了一些卢大珍所不知道的事情。

卢大珍听后才知道，几个月来，郑玉侠怎样想她、找她，设法搭救她，怎样想尽办法营救卢万钟。那次她与郑玉侠决绝而跑掉之后，郑玉侠冒着危险在城里城外到处寻找她的踪迹，直到劫救卢万钟时，从卢大宝口中得知她的下落，才放了心。但又不知卢万钟被他们藏在何处，担心卢万钟遭到官兵查获，再入网罗。

那几天，官府对劫刑车的人着力缉拿，风声颇紧。城门口设了岗哨，专门查验出城池女人的右手，找寻缺手指的郑玉侠。就在这时，她还在城边转来转去，好像一只失群的鸟儿，漫无目的，又不知疲倦地到处流连。她进不了城，曾派李月枝到城中去找倪长发和于环，倪、于二人不知这个来访的陌生的姑娘的底细，没敢告诉她实情。李月枝凭着机敏和大胆，居然跑到侯少棠家找到大凤，还找到了不曾认识的程秀娟，但这两个姑娘一无所知，也正在为匿逃的卢大珍担忧不已呢！这样大的城池到哪里去找？卢家人已经背离故土、远避他乡了？郑玉侠不肯相信这种假设。她不欺骗自己的良心，得不到卢家人确实的消息，即使这里再危险，哪怕官兵把她围起来，她也绝不挪动一步！

消息终于得到了！然而竟然这样坏！好像珍贵的东西到了手中，却已破碎不全。卢家剩下的三口人，只能见到卢大珍一个，另两个，一个失踪，一个死掉。死的恰恰是她最尊敬、疼爱、渴望见到的义父呀！多日来她想尽办法，出生入死，终未能把卢家人从虎口中安然解救出来，她痛悔极了！

"大珍！"黄彩芬说，"玉侠姐只当你爹也恨她。她总想对你爹说明白，结果没来得及跟你爹说一句话……"

卢大珍听了这句话、这些事，泪如雨下。其实，自从卢万钟对她讲了郑玉侠的身世，她与郑玉侠之间误会的墙就拆除净了。她愈加感到自己错怪了郑玉侠，委屈了郑玉侠。她扭身下了床，要去追郑玉侠，向这个可怜的被冤枉的好姐姐赔不是，再不能叫她伤心了！

黄彩芬阻止她去，卢大珍非去不可。就在这时，郑玉侠回来了，后面跟着李月枝、傻妹子和巧妹。郑玉侠神色悲戚而恍惚，头发挺乱，脸上的泪渍未干，还抹着一些污痕，膝头沾着两块黄泥印，肩头、胯边和裤腿上也满是泥巴。她直对卢大珍一步步走来。

"玉侠姐——"

卢大珍叫一声，跨上两步一下子投进郑玉侠的怀中，两人抱头痛哭起来。

这种情感太复杂、太强烈了，只有哭才能痛快地倾泻出来。心中的幽怨、哀苦、痛悔和深深的爱怜一时都混在哭声里了。卢大珍把郑玉侠的后襟抓得满是皱褶。郑玉侠双手捧起卢大珍泪涔涔的脸蛋贪婪地看着，然后把自己湿漉漉的脸颊紧紧靠上。

姑娘们坐在一起，静了好长一阵子，好像不知该说些什么。真奇怪！那么多话还没说的吗？许是大家都不愿意打破这种寂静，也许谁都不想再掀起这刚刚平息下来的痛苦的波澜，或许都希望这和解，这从死亡中获得的团聚，这幸福，能在无言中静静地多保持一会儿……卢大珍默默地靠着郑玉侠，她滚圆的小手放在郑玉侠的手掌里，时而心疼地抚摸着郑玉侠手上的刀疤，时而抬起晶莹的眼睛看郑玉侠一眼。郑玉侠露出宽慰的笑容，她已经从刚才可怕的激动恢复到平静。一种自小结成的手足情谊和共同患难中产生的相互怜惜的情感，交织在她们心中。这一切，在越过了误会的沟堑之后，就变得更亲切、更紧密、更珍贵了！命运把她们拴在一起，彼此成了唯一的知己与亲人。

过了许久，卢大珍想起一个问题。她问："玉侠姐，这些姐妹是怎么和你凑在一起的？……"她心中有许多疑问，譬如，这些姑娘是谁？从哪儿来的？她们凑在这条船上要做什么？下一步要到哪儿去？怎么生活？这许多问题，使她感到一阵迷惘，"你们……你们……唉，我真不知该怎么问了！"

这似乎是个颇有趣的问题，登时，舱内的气氛变得轻松愉快。姑娘们都笑了，笑得还挺神秘，连郑玉侠也是这副神气，卢大珍可更糊涂了。李月枝对她说："玉侠姐和你一样，也是像你今天这样跑来的。"然后又一个个指着傻妹子、巧妹、黄彩芬说："还有她，她，她，都是这样。"

卢大珍闪着晶莹的目光，求助于郑玉侠，郑玉侠对她沉静地说："我们要闹事！"

"闹事？跟谁？"

"跟那些不叫咱活的人！"

"谁？侯少棠？巴虎？神甫吗？"

"所有的！全算上！"

"要烧教堂吗？"

"烧！洋楼、洋行、洋毛子、二毛子、三毛子，全烧！"郑玉侠的口气既平静又肯定。

"呵，你们几个？"

傻妹子从旁插嘴道："还有你呀，大珍。"

"我？"卢大珍不禁手指着自己问郑玉侠。

"你怕吗？"郑玉侠反问她。

"不，不是怕。是说只咱们几个吗？"卢大珍被郑玉侠有力的反问所激励，立时就把自己加入到她们一伙中了。她感到自己又强大又渺小。感到强大，是郑玉侠有一种非凡的信心和勇气感染了她。郑玉侠外出数月，行迹神奇莫解，此刻口气又如此大，想必非同一般。至于她自感渺小，因为眼前这几个人，连同她在内，都不过是普普通通的姑娘。女孩子出头露面都很艰难，怎么做得了这些翻天覆地的事？这不可能，她不敢相信，但李月枝的一句话，就使她改变了这种想法。

"咱们有法！"

"法？嘛法？"

"佛法！"

"佛法？"卢大珍怔住了。要除妖降魔，似乎只有这看不见、摸不到、无边的法力，才可以信赖和寄予希望，"哪来的佛法？"

李月枝俊美的脸上神情庄重不阿，她说："洋毛子、二毛子坑害咱们，把神仙、佛爷都惹恼了。老天爷派下来好些神仙，黎山老母也下凡来了，专门降法给咱女的。咱学会了法，比义和拳本事还大，整治他们，一整一个准儿！"

"真的！"她似信非信，懵懵懂懂地问，"怎么学？黎山老母在哪儿呢！"

这时，忽然由船外传来一阵脚步声，来人正在蹬踏跳板。李月枝对郑玉侠说："我嫂子来了！"跟着回过头又对卢大珍说："你先藏到那幛子后边去！"

卢大珍见舱里端挂着一面黑布幛子。她不知谁来了，也不知怎么回事，忙走到舱里，钻到幛子后边躲起来。她刚用幛幔把自己的身体遮挡紧实了，就听有几个人走进舱来，舱内的几个姑娘好像都跪下一齐说："大师姐安！"随即发出一个平静的低音："安！"

郑玉侠说话的声音："大师姐刚从静海来？"

还是那平静的低音："是！"

"怎么样？"

"一切如意。各路团民打算下月入津。我会过诸位老师，都谈妥了。你们得赶快随我回静海县城，不能再在此耽搁了。"

李月枝清脆的声音："我们不会再耽搁了。今儿船上来个新人，您猜是谁？"

"卢大珍。"

刚来这人回答得简捷干脆。躲在幛子后边的卢大珍一惊，心想，这人是谁？怎么会知道我的姓名，又断定得如此确切？

"您猜得不错。"郑玉侠的声音，"她……"

"就剩下她一个人了吧？！"

答话依旧用那平静的低音，随后舱内阒然无声，似乎给来人出奇的判断力惊呆了。卢大珍更为惊奇，心想这个人莫非暗中跟踪过我吗？为何对我的事了如指掌？这是一位神人？卢大珍悄悄用手指拨动幔幛，想窥视一眼此人的容颜，却听这人说："我想卢大珍必然想见见我，何必让她躲在幛子后边，快叫她出来吧！"

卢大珍听了又一惊，反而一动也不敢动。幛布忽然撩开，李月枝伸进手拉她出来，只见舱内站着许多人，都是女子。除去郑玉侠她们几个，有五六个是刚来的，中间站着一人，身材略矮，十分俊美，头罩青布，穿一件偏襟儿的黑褂子，肥肥的袖管。她脸白，眼细，薄薄的嘴闭成一条缝，神色庄重又严厉，气度高雅，脱俗，卓尔不群。卢大珍恍惚觉得在哪里见过她，一时来不及想。李月枝扯了她一下，说："你不要见圣母吗，这就是。"

卢大珍非常惊讶。郑玉侠朝她微微点点头，意思告诉她这事不假。卢大珍感到一阵慌乱，她双腿一屈朝圣母跪下，额头触地。郑玉侠对圣母说："我大珍妹的哥哥跑失了，我卢大伯没了。大珍妹来找我，想随您学会神法，去烧仇人，您就收下这弟子吧！我担保她绝无二心！"郑玉侠为卢大珍向圣母恳求。

圣母却面朝卢大珍问道："这是你的意思？"

"是！"卢大珍恳切地答道，额头仍旧触着船板。她以为圣母会马上收了她。

不料，圣母冷淡地说："我此番降世，只收弟子八千。如今为数已满，不能再收了。你先回去吧！"

卢大珍抬起头来，心里焦急，眼泪就淌下来，急渴渴哀求着说："圣母！我孤身一人到哪里去呢！我的事，玉侠姐都知道。离了这儿，我活也活不成呀！"

圣母不说话，好像不为卢大珍的话所动，脸色还是那样严厉。郑玉侠和李月枝等人都替卢大珍说情，请圣母破例收下这个举目无亲、孤苦可怜的姑娘。这些姑娘对圣母说话时，神态恭谨，吐话拘泥，举止带着十分的崇敬，尽管极想让卢大珍加入进来，也不敢对圣母露出半点勉强。李月枝在圣母面前显得稍微活泼一些，也毫不放纵，同样抱着尊崇的神情。但圣母不表示许可，她们都没办法。卢大珍难过地说："既然圣母不予收留……我只好另外求您一件事！"

圣母问："什么事？"

卢大珍一撇嘴角，下狠心似的说："借给我一把刀！"

圣母的眉梢微微向上一挑，问她："干什么用？"

"找仇家拼死去！"

"你不想活着了？"

"他们不叫我活！我也不叫他们活！"

卢大珍激动得脸蛋通红。郑玉侠好像被她的激情感奋起来，正要说话，圣母忽然说："好，我收了你！"说话的声音依旧是那样平静的、近乎没有感情的低音。周围的姑娘们都非常高兴，忙把卢大珍拉起来，郑玉侠一下将她搂到怀里。卢大珍兴奋又感激地望了望圣母，见圣母表情依旧，脸上那种严厉又庄重的神色好像刻画上去似的，永远不变。如果她不是偶然眨眨眼皮，简直就如一尊塑像。李月枝问她："何时叫大珍入坛？回静海吗？"

"不！现在。在这儿！"圣母说。

姑娘们听了都向卢大珍抛来为她高兴和祝贺的目光。郑玉侠拉着卢大珍的手钻出舱，站在船头上，带着夜凉的微风吹在脸上非常清爽；空气中有种湿雾和新鲜的芦苇的气息，沁人肺腑。大地黑沉沉的，寂寞极了，可现在在卢大珍的眼里却分外开阔、深远。她心里边朦朦胧胧的，好像装着一个很大的亮闪闪的流金铄石般的光团，内里满是神奇的想象，怪诞的猜测，成仙的假设与渴望。实在的是些什么，她想不出说不清，也不知把这堆搅在一起的问题该先抽出哪个来问："玉侠姐！这是真的吗？……她真是圣母下凡吗？你怎么遇上她的？你也学会了神法？能有多大的本事？……哎，玉侠姐，咱可有个名号？"

郑玉侠扶着她的肩头，用嘴唇拨开她耳边缭乱的鬓发，悄悄说："回头我再慢慢对你说。咱的名号叫作……"郑玉侠说到这儿停住口，抬抬下巴示意卢大珍回头看。

卢大珍偏过脸向上仰望，只见半空中有一盏小红灯笼放射着艳丽明亮的光辉，把它周围的夜色也照得红红的。它好像突然出现在漆黑的天宇上，随即，卢大珍明白这就是挂在船桅上的那盏红灯。刚才，她在绝望中渴望它，寻找它，朝它跑来……现在它就在头上，更令人觉得特殊亲切了。这不是一盏普通的灯笼。在昏天黑地中间，在冷漠的人世间，它仿佛有一种神奇的魅力和魔法，在鼓舞、吸引、召唤着她……"咱叫'红灯照'！"她耳畔响着郑玉侠的声音。

卢大珍唰的扭过头来，晶莹的眼睛一眨一眨，小小的红色的灯影在郑玉侠一双眸子里亮着，像一对璀璨的小火苗。"红灯照！"卢大珍默念着这个奇妙、悦耳、富于魅力、给人勇气的名号。

郑玉侠冲动地把卢大珍搂在臂弯里，说："好妹妹，咱们了不得呀！"

卢大珍觉得自己像在梦境里那样缥缈和自由。

李月枝在舱里边喊，叫卢大珍快进舱拜圣母，入坛。郑玉侠陪着卢大珍入舱。刚一撩开帘儿，卢大珍就被一片强烈的红光照得睁不开眼。她定睛望去，迎面放着一张香案，罩着金黄色崭新的桌围，上绣勾云卷浪、日月星辰。桌案上摆了一整套庙观里所用的黄铜供具，煌煌夺目。正中间立着一块厚厚的木头神牌，恭正地写了一行扁长的墨笔字。前面是一碗清水、两沓符纸和一口道家用的降魔宝剑。一尊形状丑怪的陶泥大香炉里插了整整三股香，香头亮了一片，烟气缓缓上升。香炉两边各立四根红烛。浓烟裹着烛火，又在舱中篷顶聚了厚厚的浮动着的一层烟雾。桌案两旁各立四个姑娘，一色红衣红裤，齐眉扎着大红头巾，左手插在腰窝上，右手提着点亮的圆肚儿的大红灯笼。红光把一切都照红了，她们好像戏台上的小媳妇，脸蛋搽了浓艳的胭脂。卢大珍仔细一瞅，正是刚才那几个姑娘，其中一个是黄彩芬，还有傻妹子、巧姐和李月枝。李月枝显得更加俊美了。

卢大珍在惊愕间，只见眼前的光雾里隐隐透出了圣母的身容。她坐在桌案后一个高高的位置上，穿着绣金花的红衣，披着光亮的红绸长斗篷，包着她柳斜向下的肩膀。她的脸显得那样精致和光洁，如同象牙雕刻的一样，安详地垂着眼帘，不露目光，一双细巧的小手合掌于胸前，庄严、高雅、圣洁，简直和天后宫神龛里的娘娘一模一样。飘散的香烟使她一会儿隐没了，一会儿又清晰地显现在眼前，虚幻不定。卢大珍好像看见圣母通身在微微闪出一种奇异的光。她相信，这绝非是幻觉，而是她确确实实看到了的。

"大珍，你还不快拜圣母？"郑玉侠在一旁小声说。

卢大珍怀着虔诚的心情与懵懂、奇妙的感觉，在一片透明的红光里屈下双腿来。

1979 年 1 月北京
1981 年 1 月天津